企业员工知识贡献动机内化机制及效果研究

刘灿辉 著

中国社会科学出版社

图书在版编目（CIP）数据

企业员工知识贡献动机内化机制及效果研究/刘灿辉著．—北京：中国社会科学出版社，2020. 5

ISBN 978－7－5203－6105－7

Ⅰ. ①企…　Ⅱ. ①刘…　Ⅲ. ①企业管理—人事管理—研究　Ⅳ. ①F272. 92

中国版本图书馆 CIP 数据核字（2020）第 042543 号

出 版 人　赵剑英
责任编辑　刘　艳
责任校对　陈　晨
责任印制　戴　宽

出　　版　中国社会科学出版社
社　　址　北京鼓楼西大街甲 158 号
邮　　编　100720
网　　址　http://www.csspw.cn
发 行 部　010－84083685
门 市 部　010－84029450
经　　销　新华书店及其他书店

印　　刷　北京明恒达印务有限公司
装　　订　廊坊市广阳区广增装订厂
版　　次　2020 年 5 月第 1 版
印　　次　2020 年 5 月第 1 次印刷

开　　本　710×1000　1/16
印　　张　18
插　　页　2
字　　数　243 千字
定　　价　99. 00 元

凡购买中国社会科学出版社图书，如有质量问题请与本社营销中心联系调换
电话：010－84083683

目　　录

第一章 绪论

第一节 研究背景

“知识就是力量”，弗兰西斯·培根爵士的名言在21世纪的今天得到了完全的应验。继农业经济、工业经济之后，人类社会已步入知识经济时代。根据经济合作与发展组织（Organization for Economic Co-operation and Development，OECD）所发布的报告，所谓知识经济，即“以知识为基础的经济”（Knowledge-based Economy），这种经济直接依赖于知识和信息的生产、分配及使用。知识经济概念的提出表明知识作为一个生产要素，不仅与传统的土地、资本、劳动等要素形成竞争，而且已成为推动经济增长的“主导生产要素”。正如德鲁克所说的：“知识已成为关键的经济资源，而且是竞争优势的主导来源，甚至可能是唯一的来源。”①

为了更好地获取、存储、检索、定位、整理、分发及利用宝贵的知识资源，许多企业纷纷开展了形式多样的知识管理（Knowledge Management）实践。随着研究的深入，学者们逐步意识到，知识共

① ［美］德鲁克：《大变革时代的管理》，赵干城译，上海译文出版社1999年版。

享（Knowledge Sharing）是知识管理的核心与关键[①②③]。不同于土地、资本等有形的生产要素，知识的重复使用并不会造成自身的损耗，也不存在边际收益递减的情况。知识共享对于组织的重要性主要体现在以下几个方面：首先，可以节约时间和成本，提高工作效率[④]；其次，有助于将个人知识转化为组织知识，防止知识流失[⑤⑥]；最后，可以通过知识整合促进知识创造[⑦]。

按照知识的流向，知识共享可分为知识贡献和知识获取两个维度[⑧⑨⑩]。实践表明，知识共享的瓶颈在知识贡献环节，知识的拥有者有充足的理由隐匿知识而不是与他人共享。比如个体为获取知识付出了大量的时间、精力，如果将这些知识贡献出来，他肯定会担心之前的付出是否能得到足够的补偿；知识作为一种宝贵的资源，能为其拥有者带来经济收入、职业安全感、社会地位甚至权力，如果个人知识经由知识共享变成了尽人皆知的常识，那么上述回报也将不复存在；

---

① Wu Sheng, Lin Cathy S., Lin Tung Ching, "Exploring Knowledge Sharing in Virtual Teams: a Social Exchange Theory Perspective", *Proceedings of the Hawaii International Conference on System Science*, 2006.

② 薛会娟：《知识分享的困境及突围策略研究》，《情报杂志》2010 年第 3 期。

③ Ruggles Rudy, "The State of the Notion: Knowledge Management in Practice", *California Management Review*, Vol. 40, No. 3, 1998.

④ Cummings Jonathon N., "Work Groups, Structural Diversity, and Knowledge Sharing in a Global Organization", *Management Science*, Vol. 50, No. 3, 2004.

⑤ 丁德明、茅宁、廖飞：《组织惯性、激励机制与新型企业的治理实践》，《经济管理》2007 年第 5 期。

⑥ Okhuysen Gerardo A., Eisenhardt Kathleen M., "Integrating Knowledge in Groups: how Formal Interventions Enable Flexibility", *Organization Science*, Vol. 13, No. 4, 2002.

⑦ Nonaka Ikujiro, Takeuchi Hirotaka, *The Knowledge-Creating Company: how Japanese Companies Create the Dynamics of Innovation*, Oxford University Press, 1995.

⑧ 李涛、王兵：《我国知识工作者组织内知识共享问题的研究》，《南开管理评论》2003 年第 5 期。

⑨ Van Den Hooff Bart, De Ridder Jan A., "Knowledge Sharing in Context: the Influence of Organizational Commitment, Communication Climate and CMC Use on Knowledge Sharing", *Journal of Knowledge Management*, Vol. 8, No. 6, 2004.

⑩ 黄新萍、杨池、肖石英、李梅芳：《组织支持感对员工知识共享行为的影响：自我效能的中介效应》，《财经理论与实践》2015 年第 4 期。

如果知识被证明是无效的，那么其贡献者的声誉往往会受到影响。但这种情况的出现有可能是因为知识本身有误，也可能是因为获取者在学习或运用知识时出现了偏差，这种风险的存在也会导致知识的拥有者保持沉默。

在知识共享活动中，知识贡献是第一位的，如果大家都选择隐匿私有知识，后续的知识获取也就无从谈起。如何有效地激励员工贡献私有知识，成为知识共享乃至整个知识管理活动的核心。按照激励理论提供的一般思路，管理者要想引导员工行为，首先必须识别特定行为背后的动机（Motivation），然后有针对性地通过激励机制（Incentive Mechanism）进行管理干预，从而达到预期目的。因此，知识贡献研究的第一步就是要了解个体贡献私有知识的动机是什么。

围绕着知识贡献动机问题，学者们进行了大量的研究，也取得了丰硕成果[①②③④]。波特和劳勒（Porter & Lawler，1968）[⑤]、德西（Deci，1971）[⑥] 等将动机划分为内在动机（Intrinsic Motivation）和外在动机（Extrinsic Motivation）。内在动机是指个体因行为本身而获得满足，如完成工作带来的成就感、帮助他人的愉悦感等；外在动机则是指个体期望获得的、可与行为本身分离的回报，如经济奖励、良好的人际关系、个人声誉等。按照内在动机/外在动机的划分标准，我们可将已识别出的知识贡献动机分为两类：知识贡献的自我效能感（Self-Efficacy）、成就感、助人的愉悦感等属于内在动机；经济奖励、

---

① 张爽：《企业内部员工知识共享动机的实证研究》，博士学位论文，大连理工大学，2010 年。

② 龚立群、方洁：《虚拟团队中知识提供者的知识共享动机及其激励机制研究》，《图书情报工作》2013 年第 12 期。

③ 赵书松、廖建桥、张可军：《个体知识共享动机：国外研究综述与本土化的理论拓展》，《情报杂志》2010 年第 1 期。

④ 赵书松：《中国文化背景下员工知识共享的动机模型研究》，《南开管理评论》2013 年第 5 期。

⑤ Porter Lyman W.，Lawler Edward E.，*Managerial Attitudes and Performance*，Prentice Hall，1968.

⑥ Deci Edward L.，"Effects of Externally Mediated Rewards on Intrinsic Motivation"，*Journal of Personality and Social Psychology*，Vol. 18，No. 1，1971.

声誉、期待的互惠关系（Expected Reciprocity）等属于外在动机。

在上述两种动机中，管理者最熟悉的莫过于经济奖励。考察前述阻碍知识贡献的因素，大多也与员工切身的经济利益有关，因此采用经济手段激励员工贡献知识，成为许多管理者的第一选择。但令人失望的是，经济奖励并没有达到预期的效果。正如方识华（2016）所言，“通过货币奖励分享知识是一个神话”[①]。经济奖励失效，可能的原因有二：首先，巴托尔和斯瑞瓦斯特瓦（Bartol & Srivastava, 2002）指出，外部奖励要想有效，必须满足两个前提条件：其一是组织能够观察、记录拟奖励的行为；其二是能评估其价值[②]。这两点在激励知识贡献时都是很难做到的。金辉（2013）[③]与马斯特森等（Masterson et al., 2000）[④]的研究都表明，大量的知识贡献行为发生在非正式场合，具有很强的偶发性和隐蔽性，管理者无法对其进行实时监控和记录。此外，评估知识（特别是隐性知识）的价值十分困难。其次，经济奖励对内在动机的挤出效应（Crowding-out Effect）不容忽视。员工完全有可能在内在动机的驱使下贡献知识，如私下帮助同事解决问题。此时，来自管理者的奖励很可能会“画蛇添足”，干扰个体的归因过程，使其注意力从内转向外，从而降低了内在动机水平，即存在所谓的挤出效应。

外部奖励对内在动机的挤出在现实生活中是普遍存在的。有个小故事可以形象地说明这一点：一群小孩天天在某位老人家门口踢球，喧哗吵闹令老人非常烦恼。为了赶走这些小孩，老人许诺给孩子们奖

---

① 詹泽慧、刘选：《知识管理在香港：通过货币奖励分享知识是一个神话——与香港理工大学方识华博士的对话》，《现代远程教育研究》2016年第2期。

② Bartol Kathryn M., Srivastava Abhishek, "Encouraging Knowledge Sharing: the Role of Organizational Reward Systems", *Journal of Leadership & Organizational Studies*, Vol. 9, No. 1, 2002.

③ 金辉：《内、外生激励因素与员工知识共享：挤出与挤入效应》，《管理科学》2013年第3期。

④ Masterson Suzanne S., Lewis Kyle, Goldman Barry M., Taylor M. Susan, "Integrating Justice and Social Exchange: the Differing Effects of Fair Procedures and Treatment on Work Relationships", *Academy of Management Journal*, Vol. 43, No. 4, 2000.

金，邀请他们来踢球，但奖金的数额逐日减少。孩子们刚拿到奖金时很开心，但随着奖金越来越少，他们越来越不满。最后，当老人不再发放奖金时，孩子们也不来了。在这个故事中，老人成功的秘诀在于通过使用经济奖励干扰了孩子们的归因过程，使踢球的行为由内在动机（踢球的快乐）驱动变成了外在动机（为了获得金钱回报）驱动，一旦外部的奖励消失，这种行为也就停止了。除了经济奖励，其他形式的外部奖励也会产生挤出效应。例如，我们发现组织里公认的专家、能手要比一般员工更加爱惜羽毛，在发表意见时往往十分慎重。这有可能是因为他们对问题复杂程度的理解超过一般人，但也可能是因为他们对外在动机（声誉）的关注超过了内在动机（贡献知识、帮助他人的快乐）。

学者们已经注意到了挤出效应的存在，并将其称为“奖励的隐藏成本”（Hidden Costs of Reward）[①②]。但这一问题在一般的工作情境下并不严重，这可能是因为企业内部的大量工作都是程序性的重复工作，驱动员工的主要是外在动机（薪酬）而不是内在动机，管理者也能为这些工作设计较为准确的激励方案，故而内在动机的削弱并未造成严重的负面影响。但具体到知识贡献这种组织难以监控、个体享有高度自主权的行为，高水平的内在动机是必需的，它在很大程度上决定了员工是否贡献知识、贡献什么样的知识。

鉴于监控知识贡献难度过高，以及奖励可能产生的挤出效应，很多企业实际上并没有将知识贡献纳入正式的薪酬体系[③④]。采取这种做法的管理者将目光聚焦于激发知识贡献的内在动机，他们认为，知识贡献是员工职责范围以外的助人行为，应将其归入组织公民行为

---

① Deci Edward L.，“Effects of Externally Mediated Rewards on Intrinsic Motivation”，*Journal of Personality and Social Psychology*，Vol. 18，No. 1，1971.

② Frey Bruno S.，Palacios-Huerta Ignacio，*Not Just for the Money：an Economic Theory of Personal Motivation*，Edward Elgar Pub.，1997.

③ 金辉：《内、外生激励因素与员工知识共享：挤出与挤入效应》，《管理科学》2013年第3期。

④ 廖飞、冯帆、杨忠：《组织激励与知识员工的信息产出》，《经济管理》2008年第1期。

（Organizational Citizenship Behavior，OCB）的范畴[①]，可以通过组织文化倡导、领导支持等方式鼓励员工贡献知识。但实践表明，单纯的呼吁、宣传、教育很难推动员工的知识贡献，不谈回报、只讲奉献对大多数人是行不通的。

由此可见，管理者在激励员工贡献知识时面临着一个两难的选择：如果为这种行为提供外部奖励，那么如何设计精确的奖励机制？如何避免外部奖励的挤出效应？如果不提供外部奖励，知识贡献者合理的利益诉求要如何解决？

个体为获取知识付出了大量的时间和精力，这些知识也为其职业发展提供了保障。员工甘冒风险、不辞辛劳地将这些知识贡献出来，帮助他人或企业提升绩效，这种行为应该也必须得到补偿。许多学者持类似观点，他们认为，解决知识贡献激励问题的关键在于设计精确的奖励方案[②③④]。所谓挤出效应，主要是因为员工在以往的奖励方案下未能得到公平对待，产生了大量负面情绪所导致的[⑤]。这一派学者多以博弈论（Game Theory）、委托—代理理论（Principal-Agent Theory）等作为工具，通过求解复杂的数理模型得出结论[⑥⑦⑧⑨]。但此类

---

① 闵锐、和金生、戴万亮：《基于组织公民行为的知识共享分析》，《图书馆理论与实践》2011 年第 10 期。

② 陈搏：《知识距离与知识定价》，《科学学研究》2007 年第 1 期。

③ 陈搏、王苏生：《基于知识距离的知识定价决策模型及其应用》，《预测》2008 年第 5 期。

④ 诸葛剑平：《知识密集型组织内实现知识共享的激励策略选择》，《科学学与科学技术管理》2008 年第 5 期。

⑤ Hackman J. Richard，Oldham Greg R.，"Motivation through the Design of Work：Test of a Theory"，*Organizational Behavior and Human Performance*，Vol. 16，No. 2，1976.

⑥ 樊斌：《非合作博弈条件下企业内部知识共享激励机制研究》，博士学位论文，哈尔滨工业大学，2009 年。

⑦ 戴俊、盛昭瀚：《企业内部知识市场交易机制的模型建构与研究》，《预测》2004 年第 4 期。

⑧ 刘忠诚：《企业内部知识市场自发式交易机制的研究》，《经济研究导刊》2012 年第 21 期。

⑨ Matson Eric，Patiath Pradip，Shavers Tim，"Stimulating Knowledge Sharing：Strengthening Your Organization's Internal Knowledge Market"，*Organizational Dynamics*，Vol. 32，No. 3，2003.

研究的缺陷也比较明显：首先，这些研究往往基于经济人假设，只权衡经济利益的得失，忽略了其他因素；其次，考虑到知识的特殊复杂性，要想精确地计量知识贡献的成本与收益十分困难；最后，这些研究对挤出效应的理解也失之简单。

笔者认为，要想解决这样一个两难问题，关键在于回到知识贡献行为本身，而动机则是理解个体行为的钥匙。20 世纪 80 年代以来，一种新的动机理论——自我决定理论（Self-Determination Theory，SDT）逐渐引起学术界的广泛关注。以往的动机理论大多以静态、对立的视角看待内在动机和外在动机，SDT 则采用了一种动态、转化的视角看待这两者之间的关系。该理论的提出者德西和瑞安（Deci & Ryan）认为，内在动机是高度自主的动机；外在动机按自主程度由低到高可分为四类，分别是外部调节（External Regulation）、内摄调节（Introjected Regulation）、认同调节（Identified Regulation）和整合调节（Integrated Regulation）①。前两种外在动机（外部调节和内摄调节）自主程度较低，又被称为受控动机（Controlled Motivation）；后两种外在动机（认同调节和整合调节）自主程度较高，因此与内在动机一起被称为自主动机（Autonomous Motivation）②。受自主动机驱使的个体往往能体验到更多的积极情感，行为也更加主动。SDT 认为，个体的动机不是一成不变的，通过合理的外部干预，我们可以提升其内在动机水平，并促使其外在动机从外部调节向整合调节转化，即实现外在动机内化（Internalization）③，内化机制的提出使得管理者规避挤出效应成为可能。以往的激励理论大多将个体动机视为给定的外

① Gagné Marylène，Deci Edward L.，"Self-Determination Theory and Work Motivation"，*Journal of Organizational Behavior*，Vol. 26，No. 4，2005.

② Deci Edward L.，Ryan Richard M.，"Facilitating Optimal Motivation and Psychological Well-Being across Life's Domains"，*Canadian Psychology*，Vol. 49，No. 1，2008.

③ Deci Edward L.，Ryan Richard M.，"The 'What' and 'Why' of Goal Pursuits：Human Needs and the Self-Determination of Behavior"，*Psychological Inquiry*，Vol. 11，No. 4，2000.

生变量，按照“识别动机→施加激励”的思路来设计激励机制。这一思维范式忽略了动机本身的复杂性和动态性，也没有考虑到不同动机之间的相互作用，在动机多样的知识贡献领域遭遇困境是很自然的，而SDT的出现为我们解决知识贡献的激励问题指明了新方向。

综合上述分析，我们可以看到一条清晰的逻辑主线：“知识经济→知识管理→知识共享→知识贡献→知识贡献动机”，如何激发个体的知识贡献动机，推动其贡献更多有价值的私有知识，已成为整个知识管理活动的关键问题。如果说知识贡献的重要性及其面临的激励困境表明了研究这一问题的必要性，那么SDT等动机理论的进一步发展则向我们展示了解决这一问题的可能性。以上就是本书的研究背景。

第二节 研究意义

一 理论意义

本书的理论意义主要体现在两个方面：

（1）以动态、发展的视角全面审视企业员工的知识贡献动机。动机作为理解个体行为的钥匙，在知识贡献的研究中占据着特殊重要的位置。中外学者已围绕该问题展开了大量研究，但仍存在一些缺憾有待弥补：首先，知识贡献动机的本土化研究有待加强。动机是在个体需求（Needs）的基础上产生的①，而需求的内容在很大程度上是由文化决定的②，这很可能导致我国企业员工的知识贡献动机不同于西方个体。张爽（2010）、赵书松（2013）在知识贡献动机的本土化方

① Maslow A. H., Green Christopher D., “A Theory of Human Motivation”, *Psychological Review*, Vol. 50, No. 1, 1943.

② 费孝通：《乡土中国》，北京出版社2009年版。

面做了许多工作[1][2]，但他们的研究结果并不一致，需要做进一步的验证；其次，现有的关于知识贡献的研究大多以静态、对立的视角看待内在动机和外在动机，忽视了两者之间的相互作用。SDT 认为，管理者可以通过合理的外部干预，促进动机内化，规避挤出效应。因此，将动机视为内生变量，探讨个体知识贡献动机的形成与转化机制是很有意义的。

（2）尝试将 SDT 引入企业员工知识贡献行为的研究中。SDT 自提出以来，就被广泛应用于教育、体育训练、心理健康等领域，其有效性也得到多次验证[3]。但 SDT 在企业领域的应用相对较少[4]，其原因也并不复杂。对大部分企业员工来说，工作的目的就是赚钱养家，而 SDT 则认为，对经济利益的追求将会削弱个体的内在动机，因此管理者要慎用或少用经济奖励，但这在很多情况下是不可行的[5]。

虽然将 SDT 应用于一般的工作情境面临许多困难，但我们还是可以尝试使用 SDT 来分析个体的知识贡献行为，这主要是由知识贡献自身的特性决定的。员工的知识贡献行为背后隐藏着复杂的内外动机，我们不能否认经济回报等外在动机的存在，但对相当一部分员工来说，这些动机只是从属性的，他们看重的有可能是个人的成长，也可能是助人带来的快乐。因此，管理者在激励员工贡献知识时，适当淡化与之相联系的经济回报，转而强调该行为本身的意义，或许就不会那么突兀了。

---

① 张爽：《企业内部员工知识共享动机的实证研究》，博士学位论文，大连理工大学，2010 年。

② 赵书松：《中国文化背景下员工知识共享的动机模型研究》，《南开管理评论》2013 年第 5 期。

③ 刘靖东、钟伯光、姒刚彦：《自我决定理论在中国人人群的应用》，《心理科学进展》2013 年第 10 期。

④ 赵燕梅、张正堂、刘宁、丁明智：《自我决定理论的新发展述评》，《管理学报》2016 年第 7 期。

⑤ Gagné Marylène, Deci Edward L., "Self-Determination Theory and Work Motivation", *Journal of Organizational Behavior*, Vol. 26, No. 4, 2005.

二 实践意义

预期本书的研究成果将有助于我国企业突破知识贡献的激励困境，推动更多的员工贡献私有知识，从而改善组织的知识管理实践。安达信咨询公司曾就知识管理提出过一个影响甚广的公式：$K = (I + P)^S$①。在这个公式中，K（Knowledge）指的是企业可以利用的知识资源；I（Information）指的是企业内部的信息存量；P（People）指的是员工；S（Share）指的是知识共享；公式中的“+”也有实际意义，指的是技术（Technology）。这个公式表明，企业的知识资源与信息（或知识）基础、员工素质、信息技术、知识共享等因素有关，但前三个因素的影响仅是简单的算术叠加，唯有知识共享能使知识资源实现指数级的增长。如前所述，知识共享的瓶颈在知识贡献，现有的管理实践多从交换视角切入，在激励员工贡献知识方面并无良策。本书的研究将注意力转回到个体知识贡献行为本身，围绕贡献的内外动机展开分析，预期能为实务界突破知识贡献的激励困境提供一些建议。

第三节 研究内容

本书的研究将紧扣“企业员工知识贡献动机内化机制及效果研究”展开，主要包括两方面的内容，分别是知识贡献动机内化的机制，以及知识贡献动机内化的效果。

（1）知识贡献动机内化的机制

动机内化的机制对应的是“重要他人的支持→基本心理需求→知识贡献动机”的中介过程，重要他人的支持通过满足个体的基本心理需求促进动机内化的过程体现了 SDT 的核心理念。为探明动机内化过

① 柯平：《知识管理学》，科学出版社 2007 年版。

程的具体细节，本书将首先对该过程涉及的三个核心构念进行界定，然后基于调研数据检验基本心理需求的中介作用。

具体而言，有关动机内化机制的研究主要包括以下几个子问题：

第一，何为重要他人？他们的支持都包括哪些内容？在工作情境下，重要他人一般指领导，他们控制着组织资源的分配，对下属员工拥有考核及奖惩的权力，在企业的运作中发挥重要作用[①②]。因此，基于 SDT 的工作动机研究往往将领导的自主支持作为重要的前因变量[③]。但笔者认为，知识贡献与一般工作任务的显著区别在于它往往是在人与人的互动中完成的，员工贡献知识的对象大多是自己的同事，预期他们的反应也会对个体产生较大的影响。此外，以往的研究比较强调自主需求，因此特别关注来自外部的自主支持。但正如德西等（2008）[④]、胡小勇等（2009）[⑤] 所指出的，胜任需求、关系需求的满足对动机内化同样重要。综合上述分析，本书拟将研究视野放宽，不再局限于领导的自主支持，而是全面考察领导、同事的各种支持对知识贡献动机内化过程的影响。

第二，个体基本心理需求的普适性及相对重要性问题。SDT 认为，个体普遍具有三种基本心理需求，分别是自主需求（Needs for Autonomy）、胜任需求（Needs for Competence）和关系需求（Needs for Relatedness）[⑥]。在这三种基本心理需求中，一般认为自主需求更

---

① Williams G. C., Gagné M., Ryan R. M., Deci E. L., "Facilitating Autonomous Motivation for Smoking Cessation", *Health Psychology*, Vol. 21, No. 21, 2002.

② 刘金栋、郑向敏：《变革型领导和交易型领导理论研究综述》，《区域经济评论》2012 年第 10 期。

③ 张剑、张微、冯俭：《领导者的自主支持与员工创造性绩效的关系》，《中国软科学》2010 年第 S1 期。

④ Deci Edward L., Ryan Richard M., "Facilitating Optimal Motivation and Psychological Well-being across Life's Domains", *Canadian Psychology*, Vol. 49, No. 1, 2008.

⑤ 胡小勇、郭永玉：《自主—受控动机效应及应用》，《心理科学进展》2009 年第 1 期。

⑥ Ryan R. M., Sheldon K. M., Kasser T., Deci E. L., *All Goals Are Not Created Equal: an Organismic Perspective on the Nature of Goals and Their Regulation*, Guilford Press, 1996.

为重要[①②③④]，“自我决定理论”的名字似乎也暗示了这一点。但笔者认为，SDT 源自西方，其对自主的看重很可能与西方社会个人主义的文化背景有关。中国文化带有鲜明的集体主义特点，再加上中央集权、计划经济等历史因素的影响，预期我国企业员工应更尊重传统、等级或集体规范，他们对关系需求的重视程度也许会超过自主需求。此外，上述三种基本心理需求在中国企业员工中是否普遍存在，也需要进一步验证。

第三，基于 SDT 识别并梳理中国文化背景下企业员工的知识贡献动机。目前，国内的研究多直接采用西方学者开发的知识贡献动机量表，本土化程度略显不足。本书拟在张爽（2010）[⑤]、赵书松（2013）[⑥] 等学者工作的基础上，进一步整合知识贡献动机本土化的研究。SDT 按自主程度的高低将外在动机分为四类，依次是外部调节、内摄调节、认同调节和整合调节[⑦]。现有的研究大多只是罗列了知识贡献外在动机的内容，并没有关注其自主程度的高低，本书也拟在这方面做一些尝试。此外，虽然学者们在知识贡献动机识别方面已经取得了很多成果，但在分析具体问题时，大多数研究者却仅选取了其中的一部分作为内外动机的代表，知识贡献动机的识别与应用出现了一定程度的分离。本书考虑将识别出的所有内外动机都纳入理论模型，以弥补这一缺憾。

---

① Deci Edward L.，Ryan Richard M.，“The ‘What’ and ‘Why’ of Goal Pursuits：Human Needs and the Self-Determination of Behavior”，*Psychological Inquiry*，Vol. 11，No. 4，2000.

② 张剑、郭德俊：《内部动机与外部动机的关系》，《心理科学进展》2003 年第 5 期。

③ 陈志霞：《社会心理学》，人民邮电出版社 2016 年版。

④ 恽广岚：《动机研究的新进展：自我决定理论》，《南通大学学报》（教育科学版）2005 年第 3 期。

⑤ 张爽：《企业内部员工知识共享动机的实证研究》，博士学位论文，大连理工大学，2010 年。

⑥ 赵书松：《中国文化背景下员工知识共享的动机模型研究》，《南开管理评论》2013 年第 5 期。

⑦ Gagné Marylène，Deci Edward L.，“Self-Determination Theory and Work Motivation”，*Journal of Organizational Behavior*，Vol. 26，No. 4，2005.

（2）知识贡献动机内化的效果

动机内化的效果对应的是“重要他人的支持→知识贡献动机→知识贡献行为”的中介过程。对企业来说，仅仅实现员工知识贡献动机内化是不够的，只有当员工在动机的驱使下真正发生了知识贡献行为时，企业才会从中获益。因此，动机内化的效果也是本书关注的重点。在有关这一问题的研究中，本书将基于调研数据检验知识贡献动机的中介作用，以及自主/受控动机对显性/隐性知识贡献行为的不同影响。

第四节　研究思路

本书的研究思路可简述如下：

第一，在实地调研和文献梳理的基础上提出本书的研究问题：如何通过恰当的管理干预来满足个体的基本心理需求，进而提升其知识贡献的内在动机，促进相关外在动机内化，并最终促使其更积极地贡献知识。

第二，针对研究的具体问题对国内外文献进行梳理和归纳。在回顾已有研究时，本书将特别注意以下两个方面：

（1）从“动机—激励”视角审视相关研究。就个体层面而言，知识贡献本质上是一种高度自主的个人行为，动机的有无、强弱以及相应的激励措施是否得当基本决定了知识贡献的频率和质量。因此，本书在梳理相关文献时，将侧重从“动机—激励”的视角审视已有研究。

（2）关注知识贡献研究的理论基础。知识贡献研究涉及的理论很多，我们大致可将其分为两类：一类将知识视为个体手中的“筹码”，强调知识贡献的交换属性，这类理论主要有经济交换理论（Economic Exchange Theory）和社会交换理论（Social Exchange Theory）；另一类则从管理学、社会心理学的视角切入，将研究重点聚焦于知识贡献行为的具体发生机制，这类理论主要有理性行为理论（Theory of Reasoned Action，TRA）、计划行为理论（Theory of Planned Behavior，TPB）、MOA 模型（Motivation-Opportunity-Ability，MOA）、社会影响理论（Social Influence Theory，SIT）以及上文提到的 SDT 等。繁杂的理论基础提供了多样的视角，丰富了我们对知识贡献行为的理解。虽然已有研究在其理论框架内部大多是自洽的，但基于不同理论所得出来的结论却很难直接对话。这些研究成果能否整合、如何整合，是每一个后来的研究者都必须面对的问题。

第三，构建理论模型，提出研究假设。本书主要基于 SDT 展开相关研究，理论模型的总体框架如图 1－1 所示：

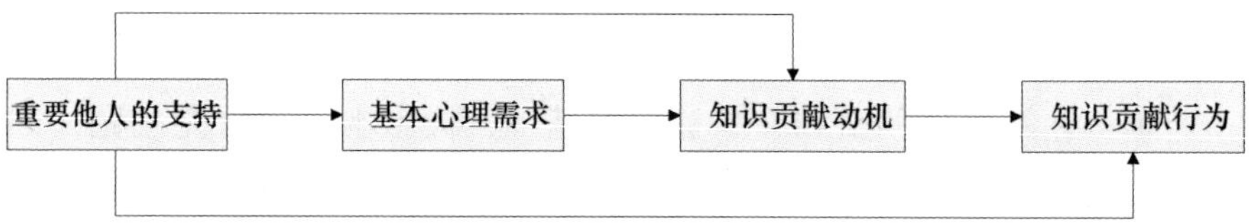

图 1－1　理论模型的总体框架

第四，对理论模型和研究假设进行实证检验。本书的实证检验部分拟分为两步：（1）问卷的开发与修订。本书共涉及四个核心构念：重要他人的支持、个体的基本心理需求、知识贡献动机以及知识贡献行为。这些构念的测量大多已有成熟量表，但仍需要根据本书研究的具体情境进行局部调整。（2）收集数据，对模型和假设进行检验。为提高样本的代表性，笔者将向全国多个省区的企业发放问卷。在后续的数据分析中，本书拟使用的软件是 SPSS22.0 和 AMOS17.0 等，具体的分析方法包括验证性因子分析（Confirmatory Factor Analysis，CFA）、多元回归分析以及结构方程模型（Structural Equation Model，SEM）检验等。

第五，对实证检验的结果进行讨论，提出管理建议并展望后续研究。在分析实证检验结果时，要特别注意那些尚未得到验证的假设，这些研究过程中的“意外收获”往往暗示着后续研究的方向。

本书总体的技术路线如图 1－2 所示：

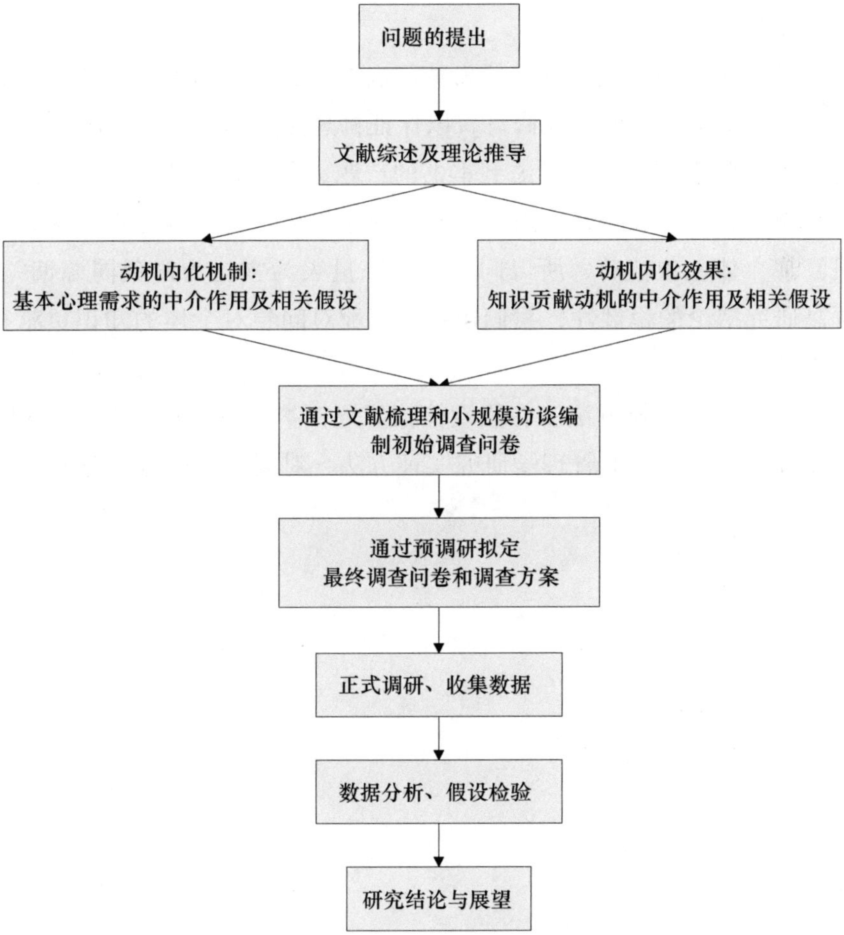

图 1－2　技术路线图

第五节　研究方法

本书采用的研究方法主要有文献研究法、实地访谈法、问卷调查法以及统计分析方法等。

（1）文献研究法。在全面回顾和总结文献的基础上，通过理论演绎的方法构建研究框架，基于 SDT 阐述外部情境因素、个体基本心理需求、知识贡献动机和贡献行为之间的内在关联，并提出一系列相应的研究假设。

（2）实地访谈法。在正式发放问卷之前，笔者拟通过专家访谈和预调研对量表进行前测和修订，以保证构念测量的信度和效度。

（3）问卷调查法。考虑到本书的选题，我们将主要针对企业内部的知识型员工发放问卷。因为待测量的核心构念（基本心理需求、动机）属个体主观范畴，所以问卷以自陈量表为主。为避免同源偏差，提高研究结论的稳健性，我们还将使用配对问卷对个体的知识贡献行为进行测量。

（4）统计分析方法。在假设检验部分，本书将使用 SPSS、AMOS 等软件，遵循规范的管理学研究实证方法，对问卷数据进行分析。

第二章 文献综述

本章围绕绪论所提出的问题，对以往的研究进行简要回顾。具体内容包括以下几个方面：首先，结合知识贡献的研究主题，介绍有关知识及知识管理的一般研究成果；其次，对知识共享、知识贡献等术语进行辨析和界定；最后，从纵向（研究范式）和横向（影响因素）两个维度对知识贡献的相关研究进行梳理。

第一节 知识与知识管理

一 知识的定义、特点及分类

（一）知识的定义

虽然我们在日常生活中常常会用到知识这一术语，但究竟什么是知识，学术界尚未就这一问题达成共识。

翻检中外辞书，可以得到如下有关知识的定义：《辞海》对知识的解释是：人类认识的成果或结晶，包括经验知识和理论知识。经验知识是知识的初级形态，系统的科学理论是知识的高级形态①。《现代汉语词典》的解释：人们在实践中获得的认识和经验②。《韦伯斯特词典》的解释：知识是通过实践、研究、联系或调查获得的关于事物的事实和状态的认识，是对科学、艺术或技术的理解，是人类获得

---

① 辞海编辑委员会：《辞海》，上海辞书出版社 1989 年版。

② 中国社会科学院语言研究所词典室：《现代汉语词典》，商务印书馆 2012 年版。

的关于真理和原理的认识的总和。

除辞书外，许多研究者也提出了自己的见解。德鲁克认为，知识是一种能够改变某些人或某些事物的信息①。竹内弘高和野中郁次郎（2006）沿用了知识的传统定义，他们认为，知识是“经过验证的真实信念（Justified True Belief）”②。达文波特和普鲁萨克（Davenport & Prusak，1998）认为，知识是一种源于智者思想的流动的综合体，它包括结构化的经验、价值观、专家的见解和直觉等；知识可以为评估、利用新经验和新信息提供框架③。

关于知识的准确定义，学术界众说纷纭，并无定论。但这些定义并无本质冲突，表述的差异大多只是反映了研究视角的不同。纯粹的知识定义往往基于唯物主义哲学的认识论观点，强调知识来源于人类改造自然界及社会的实践，知识的正确性需要经过实践检验。经济学家或管理学家则更看重知识的有用性，即知识可用于指导实践，帮助组织构建竞争优势。具体到知识管理领域，达文波特和普鲁萨克（1998）的观点得到了比较广泛的认可，本书对知识的理解也将主要基于他们的定义。具体而言，在知识管理领域，知识一般是指个体从实践中获得的、正确性已得到实践检验的、关于事物状态及发展规律的认识，这些认识能够指导人们的实践活动，提升个体与组织绩效④⑤。

诗人埃利奥特（Eliot）在一首诗中写道：“信息迷失在数据中，知识迷失在信息中，而智慧迷失在知识中。”正如诗人所言，数据、信息、知识和智慧等概念在实践中关系密切，极易混淆。为更准确地

---

① ［美］德鲁克等：《知识管理》，杨开峰译，中国人民大学出版社 1999 年版。

② ［日］竹内弘高、野中郁次郎：《知识创造的螺旋：知识管理理论与案例研究》，李萌译，高飞校译，知识产权出版社 2006 年版。

③ Davenport Thomas H.，Prusak Laurence，*Working Knowledge：how Organizations Manage What They Know*，Harvard Business Press，1998.

④ ［日］竹内弘高、野中郁次郎：《知识创造的螺旋：知识管理理论与案例研究》，李萌译，高飞校译，知识产权出版社 2006 年版。

⑤ Davenport Thomas H.，Prusak Laurence，*Working Knowledge：how Organizations Manage What They Know*，Harvard Business Press，1998.

把握知识的内涵，有必要对这四个概念进行辨析。

数据（Data）是关于事实的离散的客观记录和描述，它的具体表现形式有数字、文本、图片、音频及视频等。数据本身无所谓重要或不重要，它不会提供判断和解释，也不会告诉个体应该如何行动。但数据作为一个整体对企业非常重要，因为它是生产信息及知识的原材料。

信息（Information）是经过加工和处理的、有意义的数据。德鲁克认为，“信息是赋予了背景和目的的数据”①。对数据进行再加工，使其变为信息的方式有很多，有学者将这些方式归纳为五个 C，分别是：加入语境（Contextualized），了解收集数据的背景和原因；分类（Categorized），对数据按特定标准进行归类；计算（Calculated），使用数学或统计方法进行分析；改正（Corrected），查找并剔除错误数据；压缩（Condensed），浓缩数据，提取数据的主要成分。信息会改变个体对某事物的印象，进而影响其判断和行为②。

知识（Knowledge）的概念已在本节的前半部分进行了详细的讨论。如果说信息源自于数据的再加工，那么知识就源自于信息的再加工。从信息到知识的转变离不开人的参与，知识的形成集中体现了人类认识过程的主观性和社会性。麦克德莫特（McDermott，2000）③、竹内弘高和野中郁次郎（2006）④ 的研究都强调了知识与人的密切联系。首先，知识是人类思考的结果（Residue of Thinking），它与个体的信念、投入有关，反映了特定的立场、视角或意图；其次，知识的目的总是指向人的行动（Human Act）；最后，信息可以编码的形式储存在数据库、书籍或文件中，而知识则大多存在于人类的大脑中，要想将知识完整地剥离出来单独存放是十分困难的。

---

① ［美］德鲁克等：《知识管理》，杨开峰译，中国人民大学出版社 1999 年版。

② 廖开际：《知识管理原理与应用》，清华大学出版社 2010 年版。

③ Mcdermott Richard, “Why Information Technology Inspired but Cannot Deliver Knowledge Management”, *Knowledge & Communities*, Vol. 41, No. 4, 2000.

④ ［日］竹内弘高、野中郁次郎：《知识创造的螺旋：知识管理理论与案例研究》，李萌译，高飞校译，知识产权出版社 2006 年版。

智慧（Wisdom）这一概念在日常生活中也常被提及，一般公众所理解的智慧大多与人生哲理、感悟有关，但具体到本书的研究情境，我们对智慧的理解要更加细化、明确。维娜·艾莉（1998）认为，智慧就是获取、运用知识的能力①。在企业管理中，知识往往偏向于已知领域，如提供解决特定问题的方案、法则；智慧则偏向于未知领域，它常表现为某种直觉、预感或洞察力。拥有智慧的个人能够敏锐地觉察到事物的发展趋势，发现并定义高度复杂、模糊的战略问题②。

从上述概念辨析中可以看出，数据、信息、知识和智慧形成了明显的阶层关系，即存在所谓的知识层级（Knowledge Hierarchy）。随着层级上升，人的介入和参与越来越多，对应层级的价值也越来越高。特别是从信息到知识的转变，个体的深度介入使得层级发生了巨大的飞跃。另外，还有一点需要说明，如果我们将智慧界定为“获取、应用知识的能力”，那么本书所说的知识实际上也包含了智慧。这种相对宽泛的理解是知识管理领域的一般做法，有助于我们更深刻地理解知识的意义。

（二）知识的特点

综合已有的研究，笔者认为，知识主要有以下四个特点：

（1）可复用性。首先，知识与资本、土地、劳动等生产要素一样，能为企业创造价值。但与上述要素不同的是，同一项知识可以同时为多人所用且互不干扰，有形的生产要素（如资本、土地等）则无法做到这一点。其次，知识在使用过程中并不会发生一般意义上的折旧或损耗，也不存在边际收益递减的情况，除非有更新、更好的知识被发现。最后，知识在传播、扩散的过程中很容易催生出新的知识，由此带来的边际收益递增也是很普遍的③。

---

① 柯平：《知识管理学》，科学出版社2007年版。

② 廖开际：《知识管理原理与应用》，清华大学出版社2010年版。

③ Nonaka Ikujiro, Takeuchi Hirotaka, *The Knowledge-Creating Company: how Japanese Companies Create the Dynamics of Innovation*, Oxford University Press, 1995.

（2）自主性。在知识的生产过程中，人们必须通过体验、诠释和推理等方式才能将零散的数据、信息加工成知识，深度的主观介入使得知识与个体密不可分。人们对于储存在大脑中的知识具有高度的自主权，这就决定了企业在管理个人知识时，只能采取鼓励、引导等柔性措施，而不能采取控制、强迫和惩罚等强硬手段。

（3）建构性。人们获取知识的过程实际上是一种学习行为。按照建构主义的观点，学习是个体基于自身已有的知识积累、思维方式，对外来信息进行再加工，并最终生成意义、建构理解的过程[①]。个体因其成长经历、教育背景不同而具有差异化的认知基础，这些认知基础与外来知识相互作用的结果也必然是差异化的。换言之，知识的获取者以个性化的方式重新建构了对外来知识的理解，即所谓的“一千个人眼里有一千个哈姆雷特”。知识的建构性暗示我们，知识在个体间的转移（Knowledge Transfer）过程往往也是知识创造（Knowledge Creation）的过程，两者是统一的。

（4）黏滞性（Stickiness）。知识总是依附于特定的个体，很难将其完整地剥离，即存在所谓的黏滞性[②][③]。知识的黏滞性可能源自其自然属性，比如，对知识的理解、运用与个体原有的认知结构密切相关，大量的知识高度依赖于具体的情境，等等。黏滞性还可能源自知识的社会属性。虽然知识因其非竞争性和非排他性而具有公共物品的性质，但员工往往倾向于将专业的工作技能（Work Expertise）视为私人物品，如个人在工作中总结的经验、诀窍或心得等[④]。在缺乏回报预期的情况下，员工常常选择隐匿知识而不是与他人分享，由此

---

① 钟志贤：《建构主义学习理论与教学设计》，《电化教育研究》2006 年第 5 期。

② Jensen Robert, Szulanski Gabriel, "Stickiness and the Adaptation of Organizational Practices in Cross-Border Knowledge Transfers", *Journal of International Business Studies*, Vol. 35, No. 6, 2004.

③ Szulanski Gabriel, "The Process of Knowledge Transfer: a Diachronic Analysis of Stickiness", *Organizational Behavior and Human Decision Processes*, Vol. 82, No. 1, 2000.

④ Constant David, Kiesler Sara, Sproull Lee, "What's Mine Is Ours, or Is It? A Study of Attitudes about Information Sharing", *Information Systems Research*, Vol. 5, No. 4, 1994.

也会导致知识的黏滞性①。

（三）知识的分类

作为一个复杂概念，知识可按多种标准进行分类。考虑到本书的研究主题，本节将主要介绍三种分类方法。

（1）OECD对知识的分类

在1996年发布的报告《以知识为基础的经济》中，OECD将知识分为四类，如表2－1所示：

表2－1 **OECD对知识的分类**

类别	含义
事实知识（Know-what）	关于事实的知识，与数据、信息比较接近，易于计量。
原理知识（Know-why）	关于客观原理、自然规律的知识，类似于科学，是技术进步、产品和工艺发展的基础。
技能知识（Know-how）	关于做某些事情的技艺、能力，比如销售经理评估市场，人事主管招募员工，等等。
人力知识（Know-who）	关于人力资源的知识，比如了解专家的特长，与之建立联系以利用其知识，等等。

OECD将前两类知识称为编码知识（Codified Knowledge），将后两类知识称为意会知识（Tacit Knowledge）。编码知识能在一定程度上脱离认知主体，借助符码系统传播、扩散，员工可以通过阅读、听讲座、检索数据库等正式渠道获取编码知识。意会知识高度依附于认知主体，难以用文字、公式、图表等进行表述，它主要通过实践获取。OECD对知识的分类继承和发展了传统的知识概念，特别是将经验、能力、技巧、诀窍等明确纳入知识范畴，这对于指导企业实践、解决实际问题都是极有帮助的。

萨维奇（Savage，1999）在OECD报告的基础上，又增加了两类知

① Davenport Thomas H.，Prusak Laurence，*Working Knowledge：how Organizations Manage What They Know*，Harvard Business Press，1998.

识，分别是空间感（Know-where）和节奏感（Know-when）[①]。笔者认为，萨维奇的补充基本遵循了OECD的思路，是对原有的技能知识（Know-how）的进一步细化，强调了在应用知识时要注意特定的时空背景。

（2）个人知识和组织知识

林东清（2005）[②]、伦纳德（Leonard，1995）[③]、柯林斯（Collins，1993）[④] 等学者都认为，我们可以按存储位置不同将知识分为个人知识（Employee Knowledge）和组织知识（Organizational Knowledge）。

个人知识是员工自己的知识，包括技术、经验、能力、对公司业务的理解、价值观、信念，等等。个人知识高度依附于特定的个体，一旦这个员工离开，企业就无法继续利用他的知识。以乔布斯为例，这位苹果公司的创始人对人性具有深刻的洞察力，能将科技与艺术完美地结合在一起，这些都是属于乔布斯的个人知识。在他去世之后，苹果公司虽然在商业上仍然很成功，但其创新能力下降也十分明显。马云、埃隆·马斯克（Elon Musk）等杰出的商业领袖所拥有的企业家才能都是属于他们自身的个人知识。

组织知识内含于企业的实体系统，这些知识不依附于特定的个体，员工个人无法将其带走。具体而言，组织知识可分为两类：内含于组织运作的知识（Embedded Knowledge）、内含于组织文化的知识（Encultured Knowledge）[⑤]。内含于组织运作的知识相对具体，指的是企业内部优秀的作业流程，完善的规章、制度等；内含于组织文化的知识相对抽象，指的是经过长期积累所形成的企业文化、共识和价值观。组织知识依附于企业的实体系统，它使得企业不至于因为核心员

---

① Savage Charles M., *The Ethics of Teaming: the Key to the Knowledge Economy*, Springer Berlin Heidelberg, 1999.

② 林东清：《知识管理理论与实务》，电子工业出版社2005年版。

③ Leonard Barton Dorothy, "Wellsprings of Knowledge: Building and Sustaining the Sources of Innovation", *Long Range Planning*, Vol. 39, No. 1, 1995.

④ Collins H. M., "The Structure of Knowledge", *Social Research*, Vol. 60, No. 1, 1993.

⑤ Ibid.

工离职而陷入停顿。

员工在工作中获取的个人知识的所有权应该归谁？是员工还是企业？笔者认为，纠结这样的问题并无太大意义。即便我们能从法理上证明这些知识的所有权属于组织，但由于知识储存在员工的大脑中，企业不可能采取强硬措施将其直接提取出来。因此，员工事实上拥有了个人知识的所有权，企业只能采取柔性措施鼓励、引导其贡献知识，除此以外并无良策。

从某种意义上讲，知识管理或知识共享的目的就是为了将个人知识转化为组织知识。个人知识、组织知识的二分法还使得知识共享的研究同时在个体、组织两个层面展开，关于这一点，我们将在本章后续部分进行讨论。

（3）显性知识和隐性知识

基于知识的可呈现度，将其分为显性知识（Explicit Knowledge）和隐性知识（Tacit Knowledge）的做法在知识管理领域影响深远，因此为众多学者和实务界人士所接受。需要说明的是，在中文里“显性”与“隐性”相对应，但在英文文献中与“Explicit Knowledge”同时出现的大多是“Tacit Knowledge”，而非“Implicit Knowledge”。事实上，将“Tacit Knowledge”译为隐性知识并不十分准确，更恰当的翻译应该是默会知识或暗默知识，但为了更好地与其他学者交流，本书仍将使用隐性知识这一术语。

波兰尼（Polanyi，1958）首先提出了隐性知识的概念，他认为，“我们知道的要多于我们能够言说的”（We can know more than we can tell）。① 在波兰尼之后，竹内弘高和野中郁次郎（2006）②、王众托（2004）③ 等国内外学者也对显性知识和隐性知识的内涵进行了深入

① 柯平：《知识管理学》，科学出版社 2007 年版。

② ［日］竹内弘高、野中郁次郎：《知识创造的螺旋：知识管理理论与案例研究》，李萌译，高飞校译，知识产权出版社 2006 年版。

③ 王众托：《知识系统工程》，科学出版社 2004 年版。

的探讨。综合各家观点，我们可以得出如下结论：显性知识可以通过文字、公式、图表等符码系统呈现，较为客观；它的存储、传播和扩散不依赖于特定的个体，可以借助文件、手册、数据库等方式实现；显性知识有助于完成结构化、程序化的工作。隐性知识难以编码，它主要包括直觉、经验、技巧、想象力、洞察力等高度个性化的内容，"只可意会，不可言传"；隐性知识主要源于实践经验的积累，它储存于人类的大脑，只能通过面对面的沟通、示范、模拟等方式传递；隐性知识对于非结构化的突发问题、新问题的解决意义重大。

方识华（2016）认为，在传统的显性知识、隐性知识之间，还存在着一类知识，即内在知识（Implicit Knowledge）[①]。所谓内在知识，是指那些暂时没有以有形形式呈现，但是可以转化为显性知识的知识。笔者认为，这一观点与传统的显性/隐性知识的二分法并不矛盾。首先，知识的显性或隐性并不是一个非黑即白的概念，我们可以将知识的显性或隐性程度想象成一个连续的光谱（Spectrum），光谱的两端分别是纯粹的显性或隐性。大部分的知识都位于两个端点之间，同时具有显性和隐性的成分，只是在程度上有差异而已[②]。其次，知识的隐性程度并不是一成不变的，显性知识与隐性知识总是在不停地相互转化。隐性知识可以通过系统的总结、归纳显性化；当人们用显性知识指导实践时，也可以通过"干中学"的方式将显性知识升华为隐性知识。从上述分析可以看出，不管是从静态角度还是动态角度观察，现实世界中的知识都是一种显性与隐性混杂的状态，传统的二分法基于知识的可呈现度进行分类，标准清晰、简洁，已被学术界和实务界广泛接受，本书将沿用这一分类方法。

二　知识管理的流程：以知识共享为中心

本书的研究主题并非完整意义上的知识管理，而只是知识管

① 詹泽慧、刘选：《知识管理在香港：通过货币奖励分享知识是一个神话——与香港理工大学方识华博士的对话》，《现代远程教育研究》2016 年第 2 期。

② 廖开际：《知识管理原理与应用》，清华大学出版社 2010 年版。

理的核心环节——知识共享（贡献）。本小节将简要回顾知识管理领域的研究，以阐明知识共享（贡献）何以成为知识管理的关键与瓶颈。综合前人的研究①②，笔者认为，企业的知识管理活动应该包括以下具体流程，分别是知识的获取、存储、创造、应用及共享。

（一）知识的获取

企业获取知识的方式有很多，可以自设研发部门进行技术攻关，也可以直接从外部市场购买，比如Google通过收购DeepMind公司获取了大量人工智能方面的知识。但越来越多的企业开始意识到，既然自己可以外购知识，那么竞争对手当然也可以，能够在市场上以货币购买的知识并不足以构建企业独特的竞争优势。真正有价值的知识是那些储存在个体大脑中的关于企业运作的隐性知识，这些知识极具个性，内容也十分丰富。企业获取这些个人知识的过程，实际上就是激励员工贡献知识的过程。

（二）知识的存储

信息技术的发展使得企业可以对海量知识进行快速的存储、检索、定位及提取，但人们很快发现，信息技术只善长于处理可以编码的显性知识，隐性知识的存储及管理仍然要依赖人的大脑。在上文的分析中，我们按存储位置不同将知识分为个人知识和组织知识。只能依附于个体存在的知识往往是隐性知识，组织知识则同时具有显性（业务流程、规章制度）和隐性（企业文化、价值观）的成分。从某种意义上讲，知识管理的目的就是为了将个人知识转化为组织知识，唯有如此，才能使知识为更多人所用，企业也可以避免对某些核心员工的依赖。要实现这种转化，一个重要的前提是个体愿意将私有知识贡献出来，以便企业对这些知识进行归纳、整理，并最终将其一般化为组织知识。

① 易凌峰、朱景琪：《知识管理》，复旦大学出版社2008年版。

② 张欣：《企业知识管理研究综述》，《中国科技论坛》2011年第3期。

（三）知识的创造

“刻舟求剑”的寓言告诉我们，以静止的眼光看待不断发展变化的客观事物，机械套用旧的知识，在现实生活中就很容易遭遇失败。为应对复杂、激烈的市场竞争，企业必须不断创造新的知识，这也是知识管理实践中非常重要的环节。

竹内弘高和野中郁次郎（2006）所提出的SECI模型清晰地揭示了知识创造的四个阶段，分别是社会化（Socialization）、外部化（Externalization）、组合化（Combination）和内部化（Internalization）①。其中，社会化指的是隐性知识向隐性知识的转化，比如个体可以在日常工作中通过观察、模仿等方式从同事那里直接获取隐性知识；外部化指的是隐性知识向显性知识的转化，比如个体采用隐喻、类比等方法将隐性知识用清晰的概念和语言表达出来；组合化指的是显性知识和显性知识的组合，即个体将已掌握的显性知识重新归纳、整理并使之形成体系；内部化指的是显性知识到隐性知识的转化，即个体对显性知识进行消化、吸收，并用于指导自己的工作，在实践中将其升华为隐性知识。以上四个阶段循环往复，不断上升，因此，SECI模型又被称为知识创造的螺旋。

SECI模型对组织创造知识的全过程进行了细致入微的刻画，同时也提出了操作性很强的建议和指南。因此，SECI模型一经提出就深受学术界与实务界推崇，迅速成为知识管理领域最有影响力的理论之一。但SECI模型并不完美，它的顺利实施需要满足一个重要的前提条件，即员工愿意与他人共享自己的私人知识。野中郁次郎等认为，高度个人化的隐性知识是知识创造的源泉，也是组织知识管理的起点。在知识螺旋的第一阶段，即社会化阶段，员工在创始场中与其他同事交流、互动，通过模仿、观察直接获取隐性知识。如果隐性知识的拥有者不愿意贡献知识，反而有意识地隐匿知识，对他人的观察

① ［日］竹内弘高、野中郁次郎：《知识创造的螺旋：知识管理理论与案例研究》，李萌译，高飞校译，知识产权出版社2006年版。

学习不积极配合，那么社会化过程就很可能会失败。在知识螺旋的第二阶段，即外部化阶段，要求个体将私人拥有的隐性知识显性化。组织很难介入这个过程，而只能寄希望于员工的自觉。对员工来说，隐性知识的显性化费时费力，而且一旦“独门”技艺变成了尽人皆知的常识，对自己后续的职业发展会很不利。因此，尽管有可能得到组织的奖励，但员工依然缺乏将隐性知识显性化的动力。从上述分析可知，在知识螺旋的启动阶段，社会化和外部化过程能否顺利完成，在很大程度上取决于个体是否愿意将私有知识贡献出来。换言之，企业在基于 SECI 模型推进知识创造前，必须要首先解决个体的知识贡献问题。

除了 SECI 模型，我们还可以在更一般意义上考察知识的创造问题。企业创造知识的方法或途径有很多，比如通过有意识的研发活动来创造新知识，但大量的知识创造发生在知识的流动或共享中。试举数例：首先，知识的建构性表明，个体获取知识的过程实际上是基于已有认知结构重新建构理解的过程，因此，知识在个体间的流动必然伴随着新知识的创造。其次，教学相长促进了知识的创造。知识共享实际上是一个教与学的过程，在这个过程中，贡献知识的一方有可能会发现原有知识的改进空间或者拓展新的应用场景，此时，知识的贡献者很可能通过传授他人知识而创造、获取新的知识。最后，知识的创造还可能源自于更高的观察视角。个体所拥有的知识也许是零碎、片段、无意义的，但如果经由知识贡献将这些知识碎片收集起来并聚合在一起，那么更新的知识、更深层次的意义就有可能自动浮现。这有点类似拼图游戏，单个的小图片看不出什么，只有把它们拼合在一起才能看到完整的图案。

综上，知识创造与知识共享关系密切，在 SECI 框架下，知识共享是知识螺旋启动的前提条件。此外，有相当一部分知识创造是通过知识共享实现的。

（四）知识的应用

企业获取、创造知识的目的就是为了应用。知识共享能让有价值的知识为更多人所用，从而有助于提高工作效率，提升个人及组织绩效。知识的获取、创造固然不易，但如何更好地利用得到的知识同样考验企业的智慧。Nokia、柯达、摩托罗拉等煊赫一时的商业巨头都曾经耗费大量资源用于研发，甚至在某些关键技术上遥遥领先于竞争对手。但令人遗憾的是，他们在研发中获取的宝贵知识往往被束之高阁，从未正式投入商业应用，也许正是这种“重研发、轻应用”的组织文化加速了这些明星企业的衰落。总之，把握特定的时空背景，在恰当的情境中应用恰当的知识并不容易，知识的应用也是知识管理实践中非常重要的一环。

（五）知识的共享

就个体层面而言，知识共享又可分为两个维度，分别是知识贡献和知识获取。正是在人与人的交流、互动中，有价值的知识逐步传播、扩散到整个企业中，新的知识也被创造出来，原本依附于员工的个人知识也有可能转化为组织知识。有学者在谈及这一过程时，使用了知识转移（Knowledge Transfer）、知识扩散（Knowledge Diffusion）等术语，本书将在后文分析这些概念与知识共享的细微差别。

在上文的分析中，我们探讨了知识获取、知识存储、知识创造、知识应用等知识管理具体流程的内涵，以及这些流程与知识共享的密切联系。表 2－2 对上述分析进行了简单归纳。

表 2－2　　　　**知识共享与其他知识管理流程的关系**

知识管理的流程	与知识共享的关系
知识获取	企业获取个人知识的过程，就是员工贡献知识的过程。
知识存储	个体必须先将知识贡献出来，组织才能对其进行归纳、整理，并最终将其一般化为组织知识。
知识创造	SECI 模型发挥作用的前提在于个体愿意贡献私有知识； 员工在获取知识时，通过对知识的重新建构实现知识的创造； 教学相长促进了知识的创造； 个体贡献的知识碎片聚合在一起，也有可能产生新知识。
知识应用	通过知识共享，可以使更多人直接应用已被证明的正确知识，避免了费时费力的自行摸索。

资料来源：作者自行整理。

从表 2 -2 可以看出，知识共享与知识管理的其他流程关系密切，其成败在很大程度上决定了其他流程能否顺利进行[①]。因此，将知识共享视为知识管理的核心与关键并不过分。事实上，知识共享之所以如此重要，主要在于它能使原本静止的知识资源流动起来，从而彻底释放知识所蕴藏的巨大能量。我们可以借用物理学中势能（Potential Energy）的概念来说明这一点。一块高台上的石头具有很大的重力势能，但如果这块石头始终稳居高处，它所蕴藏的能量也就无从释放。只有当石头从高处跌落时，势能才会转化为动能或其他能量。知识总是依附于个体而存在，如果企业内部缺乏有效的互动和沟通，每个人都像一座"知识孤岛"，那么我们就只能看到一种"蓄势待发"的状态。知识共享就好像那只把石头推下高台的手，随着静止的知识被激活，蕴藏于知识内部的潜在的"势"终于有可能转化为现实的"能"，并最终推动企业走向成功。

第二节 知识共享（贡献）研究综述

一 知识共享（贡献）：术语的界定及使用

回顾已有的文献，我们会发现，学者们对于知识共享内涵的理解存在差异。有的学者认为，知识共享是一个双向互动的过程，既包括知识拥有者的贡献行为，也包括知识接受者的获取行为，如李涛等（2003）[②]、胡弗等（Hooff et al.，2004）[③]、黄新萍等（2015）[④]；另外一些学者

① Ruggles Rudy，"The State of the Notion：Knowledge Management in Practice"，*California Management Review*，Vol. 40，No. 3，1998.

② 李涛、王兵：《我国知识工作者组织内知识共享问题的研究》，《南开管理评论》2003 年第 5 期。

③ Van Den Hooff Bart，De Ridder Jan A.，"Knowledge Sharing in Context：the Influence of Organizational Commitment，Communication Climate and CMC Use on Knowledge Sharing"，*Journal of Knowledge Management*，Vol. 8，No. 6，2004.

④ 黄新萍、杨池、肖石英、李梅芳：《组织支持感对员工知识共享行为的影响：自我效能的中介效应》，《财经理论与实践》2015 年第 4 期。

则将知识共享单纯地理解为知识贡献，基本不考虑知识获取问题，如博克和金（Bock & Kim，2002）[①]、林（Lin，2007）[②]、金辉（2013）[③] 等。

笔者认为，导致上述情况的原因是多方面的：首先，共享（港台学者多用“分享”）一词对应的英文是 Share，就大众的生活体验而言，共享意味着贡献、给予，如幼童与伙伴分享食物或玩具。面对他人的善意，多数人都不会拒绝，所以与“贡献”相对的“获取”一般不构成共享的障碍；其次，具体到知识共享情境，理论和实践均表明，知识共享的瓶颈在贡献环节[④]。员工获取知识的行为有可能源自组织的强制要求，如入职培训、在岗学习等，也可能是问题驱动的，如为了解决工作难题而向同事请教。在前一种情况下，企业可以通过考核、奖惩等方式监控员工的知识获取行为；在后一种情况下，员工为解决问题一般都具有比较强烈的知识获取意愿，会自动自发地搜索、获取知识。总体而言，企业在推动员工获取知识方面，一般不会遇到特别棘手的困难。当然，为了使知识获取能够更加顺利地进行，企业可能需要优化信息系统建设，为员工之间的交流创造条件，但这些基本都是技术层面的问题，解决起来相对容易。知识贡献问题则要复杂许多，如前所述，员工有充足的动机隐匿知识而不是与他人分享，企业在激励知识贡献行为时又面临多重困境：是否要对知识贡献行为给予经济奖励？如果确定要给予经济奖励，如何设计并实施具体的激励方案？如何避免奖励对内在动机的挤出效应？对于这些复杂问

① Bock Gee W., Kim Young-Gul, “Breaking the Myths of Rewards: an Exploratory Study of Attitudes about Knowledge Sharing”, *Information Resources Management Journal*, Vol. 15, No. 2, 2002.

② Lin Hsiu-Fen, “Effects of Extrinsic and Intrinsic Motivation on Employee Knowledge Sharing Intentions”, *Journal of Information Science*, Vol. 33, No. 2, 2007.

③ 金辉：《内、外生激励因素与员工知识共享：挤出与挤入效应》，《管理科学》2013 年第 3 期。

④ Ruggles Rudy, “The State of the Notion: Knowledge Management in Practice”, *California Management Review*, Vol. 40, No. 3, 1998.

题，学术界实际上并无明确答案，故而大量的研究将注意力集中在了知识贡献而非知识获取。以上分析可能部分解释了为什么大量的知识共享文献实际上只研究了知识贡献问题。但笔者认为，从概念上来讲，知识共享应该同时涵盖贡献、获取两个维度，虽然知识贡献的重要性、复杂程度要超过知识获取，但笼统地将知识共享等同于知识贡献并不合适。为更清晰地界定研究范围，本书将直接采用知识贡献这一术语，而不是更为常见的知识共享。

除知识共享外，知识转移、知识扩散等术语也常出现在相关文献中，许多学者对这些概念的细微差别进行了辨析[①②③]。但笔者认为，这些辨析工作并无太大意义。原因如下：概念辨析的前提在于这些概念具有公认的、相对固定的含义，换言之，我们无法比较含义不停变化的概念或术语。不幸的是，在知识共享领域，这种情况一再出现，试举数例：（1）石智文等（2004）认为，知识扩散是一个宏观问题，一般在区域或国家层面讨论[④]。李莉等（2007）则认为，知识扩散指的是科技知识信息通过传播使不同个体实现知识共享的过程[⑤]。（2）林东清（2005）认为，知识共享更多的是一种非组织主导的、无固定目标与对象的非正式行为。玛若夫（Marouf，2007）[⑥]、万青等（2011）[⑦] 则否认知识共享的无目的性，强调组织对个体知识共享行为的主动控制与引导。（3）苏兰斯基（Szulanski，2000）认为，知识

① 林东清：《知识管理理论与实务》，电子工业出版社 2005 年版。

② 万青、陈万明、胡恩华：《知识扩散与知识共享的涵义及其关系研究》，《图书情报工作》2011 年第 12 期。

③ 谭大鹏、霍国庆、王能元、吴磊、蒋日富、喻缨、董纪昌：《知识转移及其相关概念辨析》，《图书情报工作》2005 年第 2 期。

④ 石智文、姜彦福：《动态网络框架下的知识扩散的规模经济》，《数量经济技术经济研究》2004 年第 11 期。

⑤ 李莉、党兴华、张首魁：《基于知识位势的技术创新合作中的知识扩散研究》，《科学学与科学技术管理》2007 年第 4 期。

⑥ Marouf Laila Naif, "Social Networks and Knowledge Sharing in Organizations: a Case Study", *Journal of Knowledge Management*, Vol. 11, No. 6, 2007.

⑦ 万青、陈万明、胡恩华：《知识扩散与知识共享的涵义及其关系研究》，《图书情报工作》2011 年第 12 期。

转移包含了知识的整合[①]。达文波特和普鲁萨克（1998）则将知识转移与知识吸收视为两个独立的过程[②]。（4）谭大鹏等（2005）认为，知识扩散强调的是新知识、新技术的传播，但其他学者的研究并未突出这一点。类似的例子还有很多，本书不再赘述。从这些例子可以看出，即便是同一个术语，不同学者、不同研究情境对其的理解、界定都存在差异，这也使得相关的概念辨析工作很难进行。尽管如此，笔者认为这三个概念还是有许多共通之处。知识共享、知识转移与知识扩散都反映了知识的一种流动状态，这种流动可能是无意识的，也可能是有意识的；可能跨越组织边界，也可能局限在组织内部；可能发生在人与人之间，也可能发生在人与组织或组织与组织之间；等等。但不管具体形式如何，有价值的知识通过流动实现了扩散和传播，并有可能在此过程中实现知识的创造。在本书的研究中，我们将继续使用知识共享一词，这与当前学术界的大趋势基本一致。此外，仅从字面意义来看，知识转移、知识扩散等术语更关注知识流动过程中客观性的一面，而知识共享则兼顾了人的因素，这与本书行为学派的研究取向也是一致的。

二　知识共享的研究层次：个体层面和组织层面

知识共享的一个重要目的就是将个人知识转化为组织知识，这一转化过程表明，对知识共享的研究既可以在个体层面（Individual Level）展开，也可以在组织层面（Unit Level）展开。在本节的论述中，笔者将对这两个层面的研究进行比较。

（一）个体层面的知识共享

就个体层面而言，知识共享是一种典型的个体行为。对个体行为

---

① Szulanski Gabriel, "The Process of Knowledge Transfer: a Diachronic Analysis of Stickiness", *Organizational Behavior and Human Decision Processes*, Vol. 82, No. 1, 2000.

② Davenport Thomas H., Prusak Laurence, *Working Knowledge: how Organizations Manage What They Know*, Harvard Business Press, 1998.

的定义和描述可以基于行为的过程，也可以基于行为的目的。表2－3列出了一些典型的知识共享定义以及它们所采取的研究视角。

表2－3　　知识共享的定义及研究视角

研究视角	提出者	具体表述
基于过程	亨德里克斯（Hendriks，1999）①	知识共享是组织成员相互沟通的过程，具体可细分为两个维度，分别是知识的拥有者（Knowledge Owners）外化、发送知识，以及知识的重构者（Knowledge Reconstructors）内化、吸收知识。
	胡弗和里德（Hooff & Ridder，2004）②	知识共享是组织成员交换各自的隐性与显性知识，并共同创造新知识的过程。
	达文波特和普鲁萨克（1998）③	知识共享的实质就是知识交易；知识共享＝知识转移＋知识吸收。
	魏江（2004）④	个人知识通过多种方式为组织其他成员所共同分享，从而转化为组织知识的过程。
基于目的	波斯特鲁姆（Bostrom，1989）⑤	知识共享的意义在于促进组织成员相互理解与尊重。
	迪克逊（Dixon，2004）⑥	知识共享就是使他人知晓，并与他人共有知识。
	圣吉（Senge，1998）⑦	知识共享并不是简单的信息传递，知识的拥有者不仅要将知识告诉他人，还应该帮助他人学习、掌握这种知识，并最终发展为行动能力。

资料来源：作者自行整理。

---

① Hendriks Paul, "Why Share Knowledge? The Influence of ICT on the Motivation for Knowledge Sharing", *Knowledge and Process Management*, Vol. 6, No. 2, 1999.

② Van Den Hooff Bart, De Ridder Jan A., "Knowledge Sharing in Context: the Influence of Organizational Commitment, Communication Climate and CMC Use on Knowledge Sharing", *Journal of Knowledge Management*, Vol. 8, No. 6, 2004.

③ Davenport Thomas H., Prusak Laurence, *Working Knowledge: how Organizations Manage What They Know*, Harvard Business Press, 1998.

④ 魏江、王艳：《企业内部知识共享模式研究》，《技术经济与管理研究》2004年第1期。

⑤ Bostrom Robert P., "Successful Application of Communication Techniques to Improve the Systems Development Process", *Information & Management*, Vol. 16, No. 5, 1989.

⑥ Dixon, "Common Knowledge: how Companies Thrive by Sharing What They Know", *Aorn Journal*, Vol. 79, No. 4, 2004.

⑦ Senge Peter, "Sharing Knowledge", *Executive Excellence*, Vol. 15, No. 6, 1998.

需要说明的是，国内外学者给出的知识共享定义有数十种之多，以上仅列出了有代表性的一些，而非全部。从表 2-3 可以看出，这些定义并无实质矛盾，具体表述的差异只是反映了研究视角的不同。本书比较认同亨德里克斯（1999）的观点，即知识共享就是知识贡献与知识获取的统一①。但知识的贡献与获取绝非简单的一予一取，知识本身的复杂性使得知识共享的难度和深度要远远超过有形物品甚至信息的共享，具体表现在以下几个方面：首先，知识共享的交互性。知识共享并不是一次性的行为，在组织的存续期间内，知识共享会在成员之间频繁发生，知识贡献者与获取者的角色也会经常发生转换。这种角色转换甚至有可能在单次的知识共享中出现，比如在上文提到的教学相长过程中，知识的拥有者很可能在贡献知识的同时创造并获取了新的知识。这种贡献与获取的转换或融合在其他的共享行为中并不多见。其次，知识共享往往伴随着知识创造。在上文对知识创造的分析中，这一点已有说明。知识共享内含的知识创造主要有三种：（1）个体在获取知识时，通过对知识的重新建构实现知识创造；（2）教学相长促进知识创造；（3）个体贡献的知识碎片聚合在一起，也有可能创造新知识。最后，知识共享有助于实现个人知识向组织知识转化。

（二）组织层面的知识共享

知识共享的一个重要目的就是将个人知识转化为组织知识，这种转化可以使有价值的知识为更多人所用，也可以避免企业对核心员工的依赖。需要强调的是，并非所有的个人知识都可以顺利转化为组织知识，比如乔布斯等商业领袖所具有的杰出的企业家才能就很难脱离个体而存在。当然，这可能是因为乔布斯过早离世造成的，但其核心原因在于某些隐性知识的内隐程度过高，或者其拥有者缺乏贡献知识

① Hendriks Paul, "Why Share Knowledge? The Influence of ICT on the Motivation for Knowledge Sharing", *Knowledge and Process Management*, Vol. 6, No. 2, 1999.

的动机，以至于我们无法将这部分个人知识外化并上升为组织知识。

组织作为一个独立的主体，它对知识的存储、提取、加工、利用以个体行为为基础，但又有许多独特之处。经过系统的文献梳理，我们发现，组织层面的知识共享主要有两种形式，分别是共享心智模型（Shared Mental Models，SMM）和交互记忆系统（Transactive Memory Systems，TMS）。在本节的论述中，笔者将对这两个概念的内涵及差异进行简要的介绍。

坎农和萨拉斯（Cannon & Salas，1990）首先提出了共享心智模型的概念，用来解释为什么成功组织内成员间的交流与互动能以一种流畅、内隐的方式进行①。所谓共享心智模型，是指组织成员共享的、对组织情境中关键要素的、系统的理解和心理表征②。根据马修等（Mathieu et al.，2000）的归纳，共享心智模型大致包含两个维度：一类与作业有关。比如关于技术或设备、工作任务的心智模型；另一类则与成员有关。比如关于职责、角色划分、互动模式的心智模型③。共享心智模型的形成绝非一朝一夕之功，它既需要管理层通过宣讲、培训等方式进行有意识的推动，更离不开组织成员间的知识共享。正是在知识共享的过程中，大家就组织的目标、使命达成了共识，对组织拥有的资源、能够利用的技术也有了清晰的认识，更重要的是，在分享知识的互动中，组织成员可以了解同事的脾气秉性、行事风格，这些都有助于我们提前预判他人行为，减少摩擦和冲突。从某种意义上讲，知识共享的目的就是为了使组织形成高水平的、全面的共享心智模型，当所有的成员认同组织目标、了解组织资源、相互配合默契

---

① Cannon Bowers J.，Salas E.，"Cognitive Psychology and Team Training: Shared Mental Models and Team Training"，*Proceedings of the Fifth Annual Meeting of the Society for Industrial and Organizational Psychology*，1990.

② Klimoski Richard，Mohammed Susan，"Team Mental Model: Construct or Metaphor?"，*Journal of Management*，Vol. 20，No. 2，1994.

③ Mathieu John E.，Heffner Tonia S.，Goodwin Gerald F.，Salas Eduardo，Cannon Bowers Janis A.，"The Influence of Shared Mental Models on Team Process and Performance"，*Journal of Applied Psychology*，Vol. 85，No. 2，2000.

时，组织的潜力才有可能被彻底激发出来[①]。

共享心智模型对组织的积极意义已得到多项研究证实。特别是当组织成员工作负荷高、时间压力大，或者在时空上距离较远（如跨国公司或虚拟团队）时，共享心智模型就显得益发重要[②③]。但进一步的研究也表明，共享心智模型这一概念并不完美。首先，随着竞争的加剧、不确定性的增强，组织需要掌握的知识越来越多、越来越复杂，但留给个体学习的时间却在缩短。这其间的矛盾使得组织很难形成高水平的共享心智模型，特别是在某些任务细节上，要求组织成员都达到相似的认知水平是不现实的[④]。其次，如本节开头所述，某些隐性知识完全依附于个体存在，因为各种原因我们无法通过知识共享使其他组织成员都掌握这一知识。最后，高水平的共享心智模型意味着组织成员的知识结构、认知模式存在大量的相似或重叠，此时组织的同质性也是较高的[⑤]。但也有研究表明，高度同质化的组织容易陷入群体迷思（Group Thinking），不利于提升组织绩效[⑥]。事实上，对于某些非常规的创新性工作而言，异质性的认知资源是不可缺少的[⑦]，

---

① Rentsch Joan R.，Klimoski Richard J.，"Why do 'Great Minds' Think Alike? Antecedents of Team Member Schema Agreement"，*Journal of Organizational Behavior*，Vol. 22，No. 2，2001.

② Cannon Bowers J.，Salas Eduardo，"Reflections on Shared Cognition"，*Journal of Organizational Behavior*，Vol. 22，No. 2，2001.

③ Cannon Mark D.，Edmondson Amy C.，"Confronting Failure：Antecedents and Consequences of Shared Beliefs about Failure in Organizational Work Groups"，*Journal of Organizational Behavior*，Vol. 22，No. 2，2001.

④ Moreland Richard L.，Argote Linda，Krishnan Ranjani，*Socially Shared Cognition at Work：Transactive Memory and Group Performance*，Sage Publications，1996.

⑤ Rentsch Joan R.，Klimoski Richard J.，"Why do 'Great Minds' Think Alike? Antecedents of Team Member Schema Agreement"，*Journal of Organizational Behavior*，Vol. 22，No. 2，2001.

⑥ Williams Katherine Y.，O'Reilly Charles A.，"Demography and Diversity in Organizations：a Review of 40 Years of Research"，*Research in Organizational Behavior*，Vol. 20，No. 1，1998.

⑦ Gruenfeld Deborah H.，Mannix Elizabeth A.，Williams Katherine Y.，Neale Margaret A.，"Group Composition and Decision Making：how Member Familiarity and Information Distribution Affect Process and Performance"，*Organizational Behavior and Human Decision Processes*，Vol. 67，No. 1，1996.

而这些异质性资源的存在，又会降低组织共享心智模型的水平。

由上述分析可知，在组织内部一味追求高水平的共享心智模型既不可行，也无必要。因此，学者们开始探讨另一种在组织层面共享知识的方式：交互记忆系统。交互记忆系统是组织成员之间形成的一种彼此依赖的，用以编码、存储和提取不同领域知识的合作性分工系统①。它主要包含三个维度：（1）专门化（Specialization），即组织成员所拥有的知识各具特色，互不相同。（2）可信性（Credibility），即组织成员相信他人的知识是可靠的。（3）协调性（Coordination），即组织成员在利用他人知识时，能够互相协作，有效配合。交互记忆系统承认并保留个体在知识结构、认知方式等方面的差异，并不要求所有成员在各种事务上都达到一致的理解程度。它会给各成员分发一张详尽的知识目录②，上面列明“谁知道什么”。当员工遇到无法解决的问题时，他可以通过查询知识目录迅速找到组织内的专家，并把问题交给专家处理。交互记忆系统的存在可以降低知识传递的成本，减轻个体的认知负担，进而提高组织的工作效率③④。每个员工都可以将精力放在最擅长的工作上，通过在不同情境中反复应用自己的专门知识，成为相关领域的专家和能手⑤。薛会娟（2010）用“不求所有，但求所用”来概括交互记忆系统的特点⑥，笔者认为这主要是针对个体，就组织而言，交互记忆系统突破了传统知识共享的限制，有

① Liang Diane Wei, Moreland Richard, Argote Linda, “Group versus Individual Training and Group Performance: the Mediating Role of Transactive Memory”, *Personality and Social Psychology Bulletin*, Vol. 21, No. 4, 1995.

② Lewis Kyle, Lange Donald, Gillis Lynette, “Transactive Memory Systems, Learning, and Learning Transfer”, *Organization Science*, Vol. 16, No. 6, 2005.

③ Lewis Kyle, “Measuring Transactive Memory Systems in the Field: Scale Development and Validation”, *Journal of Applied Psychology*, Vol. 88, No. 4, 2003.

④ Hollingshead Andrea B., “Communication, Learning, and Retrieval in Transactive Memory Systems”, *Journal of Experimental Social Psychology*, Vol. 34, No. 5, 1998.

⑤ 薛会娟：《共享心智模型和交互记忆系统：对立或协同？——基于知识管理视角》，《心理科学进展》2010 年第 10 期。

⑥ 薛会娟：《知识分享的困境及突围策略研究》，《情报杂志》2010 年第 3 期。

助于增加组织知识的广度和深度。

共享心智模型和交互记忆系统清晰地揭示了组织如何存储、加工、处理其知识资源。总体而言，共享心智模型体现了整合性的思路，更关注组织成员间相似、重叠的部分，着眼点在“同”；交互记忆系统则体现了分化性的思路，更关注成员之间互补、协作的部分，着眼点在“不同”。共享心智模型和交互记忆系统在概念上存在对立，这决定了在同一个组织中，两者很难同时处于高水平。但这两者除了对立，还有融合。交互记忆系统会形成一张知识目录，而所有的组织成员共用同一张知识目录，这体现了大家个体认知的重叠，属于共享心智模型；至于知识目录的具体内容，“谁知道什么”，则属于交互记忆系统。此外，交互记忆系统并不只是一个存储知识的静态仓库，它还涉及知识的提取、应用等动态过程。当组织成员通过该系统向专家寻求帮助时，他人之所以愿意伸出援手，原因就在于大家同属一个组织，有共同的目标和愿景，这些都属于共享心智模型的范畴[①]。事实上，共享心智模型这一概念在提出之初，就已经注意到了不同知识在组织内部的互补与协调，只是在其后的发展中，该模型中强调相似、重叠的部分得到了更多关注。

组织在推进知识共享时，应坚持抓大放小、求同存异的原则。所谓抓大放小，是指管理者应促使组织成员在关键要素上形成共享心智模型，对工作的具体细节不做苛求；所谓求同存异，是指在前述共享心智模型的基础上，管理者应尊重成员的个体差异，为组织保留更多的异质性认知资源。组织好比一个交响乐团，管理者就像乐团的指挥，交互记忆系统里存储的异质性知识就像演奏者手中的各种乐器，而共享心智模型就是大家共用的乐谱。有了高明的指挥、统一的乐谱，再加上不同乐手的认真演奏，我们才可能欣赏到悦耳动听的音乐。团队之道，亦是如此。

---

① Moreland Richard L.，Argote Linda，Krishnan Ranjani，*Socially Shared Cognition at Work：Transactive Memory and Group Performance*，Sage Publications，1996.

需要说明的是，许多关于共享心智模型、交互记忆系统的研究是针对团队展开的。在组织行为学中，团队是一个介于个体和组织之间的概念。但本节所提到的组织主要与个体相对，强调知识共享的行为主体是多人形成的群体而非单个组织成员，因此我们并未刻意区分团队和组织的差别。从本节的分析可以看出，组织层面知识共享的行为主体是由多个成员组成的集合，故而表现出整合性、分化性等特点，这是以单独成员为行为主体的个体层面知识共享所不具备的。但细细探究起来，组织层面知识共享的两种具体形式（共享心智模型和交互记忆系统）更多地体现了一种状态或结果。这种理想状态的出现有赖于组织成员在个体层面积极地进行知识共享。换言之，个体层面的知识共享是前提，也是基础，如果没有这个前提或基础，组织层面的知识共享也就无从谈起。因此，本书将研究层次限定在个体层面，在后文的论述中，如无特别说明，所有研究都将在个体层面展开。

三　知识贡献的研究范式

范式（Paradigm）的概念由美国学者库恩于 1962 年在《科学革命的结构》一书中首次提出①。所谓范式，是指“特定的科学共同体从事某一类科学活动时所必须遵循的公认的模式，它包括共有的世界观、基本理论、范例、方法、手段、标准等与科学研究有关的所有东西”。与研究视角相比，研究范式要更为宏观。回顾以往文献，笔者认为，有关知识贡献的研究大致体现出四种范式，这四种范式分别将知识贡献视为技术问题、经济问题、政治或社会问题，以及个体的自主行为。

（一）作为技术问题的知识贡献

知识管理首先被认为是一个技术问题，这反映了知识管理与信息管理之间千丝万缕的联系。早期的知识管理研究者大多具有计算机或

---

① ［美］库恩：《科学革命的结构》，金吾伦、胡新和译，北京大学出版社 2012 年版。

信息科学的教育背景，他们往往将研究重点聚焦于信息系统的设计和推广，所依据的理论有技术接受模型（Technology Acceptance Model，TAM）理论等。在这些研究者看来，感知易用性（Perceived Ease of Use）是影响员工使用知识管理系统意愿的重要因素。朱和李（Joo & Lee，2009）指出，操作不便、难以进行搜索和整合严重阻碍了知识管理系统的推广①。随着研究的深入，人们很快发现，信息技术的进步为我们带来了更智能、更人性化的知识管理系统，但组织的知识管理实践却并未得到显著改善。这背后的原因也很简单，人们并不会因为某个系统方便易用就去频繁地使用它，作为理性的个体，人们使用知识管理系统的目的在于从中获益。TAM 理论的另一个核心变量感知有用性（Perceived Usefulness）关注的就是接受并采用新技术能给个体带来什么好处②。就知识的贡献者而言，他们从知识管理系统中获取的益处可能很少。知识的拥有者通过信息系统贡献知识会面临许多风险：比如丧失对知识的独占性，以及基于这种独占性的利益和权力；贡献的知识有可能被错误地使用，由此带来的不良后果会损害贡献者的声誉；等等。知识的拥有者贡献知识后能获得的补偿也具有很大的不确定性。有的企业会为知识贡献行为提供经济回报，但这种回报能否弥补知识拥有者之前的付出，以及贡献知识后的隐性损失往往存疑，更不用说有的企业将贡献知识视为员工工作的一部分，并不会提供额外奖励。此外，通过信息系统实现的知识共享大多是间接的，贡献者很难获得直接的反馈。康斯坦特等（Constant et al.，1994）研究发现，许多人乐于在非正式场合帮助同事，却不愿意将同样的知识输入到数据库中，因为知识的贡献者很可能不认识甚至反感那些访问数据库的人。数据库就像一个沉默的黑

---

① Joo J.，Lee S. M.，“Adoption of the Semantic Web for Overcoming Technical Limitations of Knowledge Management Systems”，*Expert Systems with Applications*，Vol. 36，No. 3，2009.

② Khanam Liza、秦远建：《从员工角度看知识管理系统的采用》，《经营管理者》2016年第22期。

洞，它吞噬了知识，却没有感激，没有微笑，也没有其他的反馈[①]。

从上述分析可以看出，将知识贡献视为技术问题，试图通过信息技术的进步来推动员工贡献知识并不现实。感知易用性的提升无助于增强员工贡献知识的意愿；信息技术的局限也使得员工感知到的知识管理系统的有用性十分有限。哈斯和汉森（Haas & Hansen，2007）的研究也证实了这一点，他们发现，大量公司投入巨资构建了昂贵的信息技术系统，却因为无人使用而被迫闲置[②]。许多学者由此得出结论，信息技术仅仅为个体的知识共享行为提供了必要的技术条件，推进知识共享的关键在于激发员工贡献知识的意愿[③]。笔者认为，信息技术既不是知识共享的充分条件，也不是必要条件。在信息技术尚不普及的年代，许多技艺通过师徒间的口传心授也得到了很好的传承。当然，在知识爆炸的今天，信息技术可以极大地提升知识共享的效率和效果，但技术的改进和优化应该交给计算机专家来完成，管理学视阈下的知识共享研究还是应将重点聚焦于人。

（二）作为经济问题的知识贡献

在大量的事实面前，那些将知识贡献视为技术问题的研究者们终于意识到，技术因素从来都不是知识共享的核心障碍，先进的设备并不能说服员工将宝贵的私有知识贡献出来，要想推动知识共享，关键在于激发个体的知识贡献动机。那么，个体贡献知识的动机是什么？当被问及这一问题时，大多数人的第一反应就是经济利益。“天下熙熙皆为利来，天下攘攘皆为利往”，员工加入企业并为之工作，当然有成就自我、服务社会的考虑，但获取经济报酬肯定是诸多工作动机

---

① Constant David, Kiesler Sara, Sproull Lee, “What's Mine Is Ours, or Is It? A Study of Attitudes about Information Sharing”, *Information Systems Research*, Vol. 5, No. 4, 1994.

② Haas Martine R., Hansen Morten T., “Different Knowledge, Different Benefits: toward a Productivity Perspective on Knowledge Sharing in Organizations”, *Strategic Management Journal*, Vol. 28, No. 11, 2007.

③ Davenport Thomas H., Prusak Laurence, *Working Knowledge: how Organizations Manage What They Know*, Harvard Business Press, 1998.

中非常重要的一个。达文波特和普鲁萨克（1998）明确提出："那些认为知识无需经济激励就可以自然扩散的想法是乌托邦式的，在没有回报预期的条件下人们不太可能贡献出具有价值的知识。"达文波特和普鲁萨克（1998）还提出了企业内部知识市场的概念，在这个市场中，知识就像其他的有形商品一样被拿来交易，买卖双方通过讨价还价达成一致。西蒙（Simon，1999）也认为，在社会的经济系统中，知识作为商品被交易的现象是普遍存在的，生产知识需要成本，获得知识需要对价①。

沿着上述思路，许多研究者开始将知识贡献视为一个经济问题②③④⑤。在他们看来，知识共享就是知识的拥有者与获取者之间的知识交易（Knowledge Transaction），其中拥有者是卖方，获取者是买方，交易的标的物就是知识。拥有知识的一方为什么不愿意贡献知识？原因很简单，买方的出价太低。当然，盲目地提高知识的报价会损害买方的利益，使得交易不可持续。因此，要想让知识交易（也就是知识共享）顺利进行，关键在于解决知识的定价问题，以及对双方的履约过程进行必要的监控。

（1）个人知识的定价

本书所关注的知识主要是依附于个体而存在的个人知识，这些知识储存在员工的大脑中，与特定的工作情境有着紧密的联系，其隐性程度往往较高。综合已有的研究，学者们普遍认为，对这些个人知识

① Simon Herbert A.，"The Many Shapes of Knowledge"，*Revue D Économie Industrielle*，Vol. 88，No. 1，1999.

② 戴俊、盛昭瀚：《企业内部知识市场交易机制的模型建构与研究》，《预测》2004年第4期。

③ Desouza Kevin C.，Awazu Yukika，"Constructing Internal Knowledge Markets：Considerations from Mini Cases"，*International Journal of Information Management*，Vol. 23，No. 4，2003.

④ Desouza Kevin C.，Awazu Yukika，Yamakawa Shigetaka，Umezawa Masashi，"Facilitating Knowledge Management through Market Mechanism"，*Knowledge & Process Management*，Vol. 12，No. 2，2005.

⑤ 纪慧生、陆强：《知识交易与知识定价模型研究》，《华东理工大学学报》（社会科学版）2010年第1期。

定价是非常困难的，原因如下：

首先，买方对知识交易的深度介入使得标的知识的效用难以认定。知识的贡献与获取不同于一般的有形商品，无法通过简单的一予一取来实现。知识在贡献者与获取者之间的成功转移离不开双方的共同努力，这是一个复杂的教与学的过程。OECD（1996）的报告明确指出，没有任何一个确定的生产函数会告诉我们投入某项知识会带来怎样的产出，与实体资源相比，知识的效用带有很大的不确定性，它不仅取决于知识本身的质量，也取决于个人能力、外部环境等因素。即便我们可以算出卖方提供的知识的效用，如何明确交易双方各自的贡献也将会是一个非常棘手的问题。试举一例：买方从卖方处购买知识，实际应用后未能达到预期效果，这究竟是因为知识本身无价值，还是因为买方没有投入足够的时间、精力去掌握知识？反之亦然。

其次，卖方为获取知识所付出的成本难以计量。在知识定价过程中，卖方为获取知识所付出的成本是一个重要的参考因素。虽说知识的价值与获取知识的成本并无必然联系，但成本是卖方所能接受的最低价格，在定价时我们必须考虑到这一点①。知识的获取、甄别、加工及创造过程大多发生在个体的大脑中，这种脑力劳动的具体消耗是管理者无法观察的。一个人闲坐在办公桌前，外人无法得知他是在发呆，还是在思考重大的技术问题。如果我们要求卖方自行评估、报告获取知识的成本，毫无疑问会带来更多问题。

最后，卖方因知识的分形转移而损失的垄断收益难以计量。分形（Fractal）的概念源自数学，主要用来描述某些图像或过程的部分与整体表现出的自相似性。所谓知识的分形转移，是指买方在获取知识后，完全有可能在正常使用知识的同时将其转售给第三方②③。分形转移体现了知识的可复用性，也是知识交易区别于一般的有形商品交

① 陈搏：《知识距离与知识定价》，《科学学研究》2007 年第 1 期。

② 尤玉平：《知识贸易机理研究》，博士学位论文，华南农业大学，2002 年。

③ 高汝熹、周波：《知识交易的经济特征》，《研究与发展管理》2007 年第 3 期。

易之处。如果知识交易发生在以市场为主要调节机制的企业外部，那么专利权等知识产权制度会限制买方的转售行为，从而保护知识拥有者的利益。但我们现在所关注的知识交易发生在知识产权制度缺位的企业内部，而且管理者开展知识管理的目的就是为了促进个人知识在组织内部快速流动和扩散，因此，企业一般不会限制知识的分形转移，知识拥有者因独特的个人知识而享有的垄断收益（包括经济回报、声誉、权力等）也会被快速稀释。为打消知识卖方的顾虑，知识的最终成交价格应该能够涵盖卖方因为知识的分形转移而损失的垄断收益。但这部分收益如何计量，学术界尚无定论。

（2）对知识贡献行为的监控

基于知识交易的思路来解决企业内部的知识共享问题会遇到另一个难以克服的障碍，即组织如何监控员工的知识贡献行为。

首先，在知识交易中，管理者的监控或介入是必需的，但知识交易或知识共享的隐蔽性使得管理者的缺席成为常态。知识的获取者购买知识并不是为了个人利益，而是为了工作。知识交易的最大受益者是企业而不是员工个人，由组织出面作为第三方向知识的卖方付费要更符合逻辑①②。陈搏和张喜征（2006）进一步提出了在企业内部设立专门的知识经纪人或知识做市商以撮合知识交易的设想。笔者认为，这样的安排过于刻意，不具有可操作性。企业内部的知识共享并不总是那么正式的，一些看似随意的日常沟通、互动往往就伴随着知识的转移和扩散，难道我们要派出专门的知识中介去监控员工在休息间的闲聊？这无疑是很荒谬的。

其次，即便管理者成功地注意并监控到了所有的知识交易行为，知识交易本身的复杂性也会使得这种监控流于形式。阿罗信息悖论深

① 应力、钱省三：《企业内部知识市场的知识交易方式与机制研究》，《上海理工大学学报》2001 年第 2 期。

② 陈搏、张喜征：《组织内部知识市场交易博弈模型及其实证分析》，《科学学与科学技术管理》2006 年第 4 期。

刻地揭示了当交易标的是无形的信息、知识或技术时，买卖双方可能面临的困境[①][②]。阿罗信息悖论指的是买方在付费之前无法像购买有形商品那样事先验货，因为检验知识的质量必然涉及了解知识的具体细节，而买方一旦掌握了这些细节，他就无须再为之付费。阿罗信息悖论导致知识交易的双方处于高度的信息不对称状态，给交易的顺利完成带来了诸多障碍。完善的知识产权制度有助于破解阿罗信息悖论，比如卖方可以为自己的知识申请专利并主动公开相关技术细节，买方则可以利用这些公开信息评估知识的质量，但在付费取得卖方许可之前，不能将知识投入使用[③]。遗憾的是，企业内部并不存在这样的知识产权制度。交易双方的信息不对称状态很容易导致机会主义行为，比如卖方故意隐匿关键知识点，在交易进行到一半时，要挟买方追加付款；买方也可以指责卖方将劣质知识包装成优质知识出售，从而将知识复用失败的责任全部推卸给卖方。当买卖双方在知识交易中出现纠纷时，即便管理者在场并观察到了整个交易过程，也很难在短时间内准确做出裁决，毕竟交易的标的是无形的知识而非有形的实物，这使得管理者对知识交易的监控往往流于形式。

从上述分析可以看出，由于个人知识难以定价，管理者无法监控员工的知识贡献行为，导致我们很难基于知识交易的思路解决企业内部的知识共享问题。

企业与市场的边界是由什么因素决定的？科斯的回答是交易费用[④]，而格兰特（Grant，1996）的回答则是知识的可交易性[⑤]。以知

---

① Teece David J.，“The Market for Know-How and the Efficient International Transfer of Technology”，*The Annals of the American Academy of Political and Social Science*，Vol. 458，No. 1，1981.

② Anton James J.，Yao Dennis A.，“Expropriation and Inventions：Appropriable Rents in the Absence of Property Rights”，*American Economic Review*，Vol. 84，No. 1，1994.

③ 周波：《知识能否交易：一个文献述评》，《经济学家》2011 年第 5 期。

④ Coase R. H.，“The Nature of the Firm”，*Economica*，Vol. 4，No. 16，1937.

⑤ Grant Robert M.，“Toward a Knowledge-Based Theory of the Firm”，*Strategic Management Journal*，Vol. 17，No. S2，1996.

识为基础的企业理论将知识视为企业最重要的生产要素，认为获取、整合、利用知识以取得并保持竞争优势是企业的核心任务。如果知识是可交易的，那么这部分知识的生产与配置就可以交给市场，比如管理咨询，技术服务，以及知识链上产学研各单位之间的合作，等等。这些知识交易的主体都是逐利的企业，交易的客体则是高度形式化、规范化的知识（如专利、技术解决方案等）。如果知识是不可交易的，那么这部分知识的生产与配置就应该在企业内部解决。比如，我们为什么会招募一位技术专家成为企业的员工，而不是直接在市场上付费购买他的知识？这是因为个体的动机除了经济利益以外，还包括被尊重、自我实现等非经济因素，而且专家的技术直觉、洞察力等隐性知识的经济价值也很难评估。总之，纯粹的市场机制难以满足个体的多样化需求，它也无法处理高度依附于个体存在的隐性知识，我们只能将个人知识的生产、整合、扩散及利用留在企业内部，寄希望于管理者通过知识管理实践解决这一问题①。

综合上述分析，我们可以发现，从经济人假设出发，基于知识交易的思路来解决企业内部知识贡献问题是不可行的。但这并不意味着要否定知识贡献的经济动机，事实上，员工在贡献知识时所期待的经济回报也许并不是像流水线计件工资那样的即时、精确的奖励，他们所期待的应该是一种长远的、总体准确的回报。没有人比员工更了解自身知识的隐性程度，因此，如果企业未能就某次特定的知识贡献行为给予其准确的经济奖励，员工应该能表示理解和接受。个体贡献知识的经济动机更多地指向一种与组织达成的、心照不宣的、未形诸文字的隐形契约，即员工为了企业发展贡献自己的知识，而企业则承诺会给员工公平的回报。有鉴于此，管理者要做的是：尊重、信守与员工的隐形契约，倾听并解决员工合理的利益诉求，使每个员工相信，自己的知识贡献行为并不会被组织忽视。只有这样，我们才能引导员工逐

① 高汝熹、周波：《知识交易的经济特征》，《研究与发展管理》2007 年第 3 期。

步淡化知识贡献行为背后的经济动机，转而关注这一行为本身的乐趣和回报，使员工在内在动机的驱使下，更加积极、主动地贡献知识。笔者认为，也许这才是知识交易范式所面临的困境带给我们的最大启示。

（三）作为政治或社会问题的知识贡献

当员工贡献知识的动机不再是纯粹的经济利益，而是声誉、互惠、成就感、自我成长等多种因素混杂而成的复合体时，知识贡献就由一个单纯的经济问题转化为复杂的政治或社会问题，这也是近年来知识共享领域的主流研究范式。当知识贡献不再被视为单纯的技术问题或经济问题时，如何识别员工的需求，有针对性地予以激励，并最终激发员工贡献知识的动机逐渐成为研究的焦点。管理学视阈下的激励理论大致可分为两类，分别是内容型激励理论和过程型激励理论。

内容型激励理论主要包括马斯洛（Maslow）的需求层次理论、赫茨伯格（Herzberg）的双因素理论、麦克莱兰（McClelland）的成就需要理论及奥尔德弗（Alderfer）的 ERG 理论等①。该类激励理论的提出者认为，激发员工动机的关键在于识别个体的需求并有针对性地予以满足。表 2 -4 列出了上述理论的主要研究成果。

表 2 -4 **内容型激励理论**

理论	学者	所识别的个体需求（需要）
需求层次理论	马斯洛（1943）	生理需求、安全需求、社交需求、尊重需求和自我实现需求
双因素理论	赫茨伯格（1959）	保健因素、激励因素
成就需要理论	麦克莱兰（1961）	成就需要、亲和需要、权力需要
ERG 理论	奥尔德弗（1969）	生存的需要、相互关系的需要、成长发展的需要

注：需求、需要对应的英文都是 Needs，具体的译法遵从惯例。

内容型激励理论背后的逻辑并不复杂，——员工需要什么就满足

① 刘永芳：《管理心理学》，清华大学出版社 2016 年版。

什么，如此就能激发他们的动机。但企业的实践表明，简单地投其所好往往无法得到员工的积极回应。比如，企业为某项任务设置高额奖金，但那些平日里很看重经济利益的员工却反应冷淡，这种现象是内容型激励理论所无法解释的。内容型激励理论面临的困境促使学者们更深入地观察个体动机的产生过程，并提出了一系列的过程型激励理论，比如弗罗姆（Vroom）的期望理论、洛克和休斯（Locke & Huse）的目标设置理论、波特和劳勒的综合激励理论及韦纳（Weiner）的归因理论等。与传统的内容型激励理论不同，过程型激励理论认为，员工感知到来自外界的与其需求相契合的刺激（亦即诱因）后，并不会自动产生相应的动机及行为，这其中还涉及许多复杂的心理或认知过程。

以期望理论为例，弗罗姆认为，管理者为员工提供契合其需求的奖励仅是激发员工动机的必要条件，而非充分条件。奖励能否激发员工动机取决于三个因素，分别是效价 V（Valence）、期望 E（Expectancy）和工具性 I（Instrumentality），用公式表示即为 $M = V \times E \times I$。效价是指奖励对于个体的重要程度；期望是指个体主观认定的通过努力达到工作绩效的可能性；工具性则是指员工达到一定工作绩效后获得组织奖励的概率[①]。期望理论的三个核心变量分别对应了三个重要关系：效价，对应“奖励—个人目标”关系；期望，对应“努力—绩效”关系；工具性，对应“绩效—奖励”关系。只有当个体非常看重奖励（高效价），认为通过努力很可能达到预期绩效（高期望），达到绩效后很可能从组织获得奖励（高工具性）时，奖励才能成功地激起员工的动机。在期望理论看来，高额的经济奖励未能得到员工的积极回应，也许并不是因为奖励本身缺乏吸引力，而是因为员工估计完成该项工作的概率很低（低期望），或者该项工作难以考核，员工认为，即便顺利完成工作，也无法得到预期的全部奖励（低工具

① Vroom Victor Harold, *Work and Motivation*, John Wiley & Sons, 1964.

性)。总之，早期的内容型激励理论仅关注了效价问题，而过程型激励理论则详细考察了个体从感知到诱因到产生动机、采取行动的整个心理过程，因而具有更强的解释力和实践指导意义。

回顾已有文献，我们发现，大量的知识贡献研究都是基于过程型激励理论的框架展开的，学者们仔细梳理了多种因素（如知识贡献的主体、客体及情境因素）对个体知识贡献动机的形成过程的影响，并提出了相应的管理建议。这些研究丰富了我们对个体知识贡献动机及行为的理解（更详细的总结和归纳将在下文“知识贡献的影响因素”一节给出），但仍存在一些不足。

首先，忽视了内在动机与外在动机之间的相互作用。当企业采取不同的激励措施激发员工动机时，不同动机之间并不是简单的线性叠加关系，而是存在着复杂的相互作用。波特和劳勒（1968）认为，企业激发员工外在动机的措施也有助于提升其内在动机水平，或者至少不会抑制内在动机①。但更多的学者注意到，外在动机对内在动机的挤出效应是普遍存在的，企业在激发员工知识贡献动机时常面临“顾此失彼”的窘境，即外在动机水平的提升是以内在动机水平的下降为代价的②。挤出效应能否避免？如何避免？如何从“动机拥挤”(Motivation Crowding) 走向“动机协同”(Motivation Synergy)③？这些重要的问题并未得到很好的回答。

其次，对员工知识贡献动机理解的深化并未使我们摆脱“交换”的思路。当知识贡献被视为经济问题时，学者们所依据的是经济交换理论，即贡献知识，得到经济回报；当知识贡献被视为政治或社会问题时，学者们所依据的是社会交换理论，即贡献知识，得到的不仅有

---

① Porter Lyman W., Lawler Edward E., *Managerial Attitudes and Performance*, Prentice Hall, 1968.

② 金辉：《内、外生激励因素与员工知识共享：挤出与挤入效应》，《管理科学》2013年第3期。

③ Frey Bruno S., Jegen Reto, “Motivation Crowding Theory”, *Journal of Economic Surveys*, Vol. 15, No. 5, 2001.

经济回报，还有互惠、声誉、社会赞赏和尊重，等等。在交换的思路下，知识被视为个体手中的“筹码”，用于换取各种报酬，知识贡献本身只是手段，而非目的。理论和实践均表明，基于交换思维的知识贡献是十分脆弱的，极易受到各种因素的干扰而中断。不管是经济交换还是社会交换，作为一种交换，其核心原则都是等价、有偿。组织作为知识贡献回报的主要提供者，要想贯彻等价原则，就必须对员工的知识贡献行为进行评估，而对知识交易研究的回顾已经证明这种评估是非常困难的。此外，员工对私有知识的估价是很主观的。所谓“敝帚自珍”，也许某些知识在外人看来并不重要，但却是个体花费了许多时间、精力才掌握的，故而对其格外珍惜。这种主观估值“虚高”的知识很难在交换的框架下实现共享，因为他人所能提供的回报也许和知识拥有者的预期相差甚远，而管理者或同事又无法用强制的方式直接获取知识，其结果就是这些知识始终依附于个体，无法和他人共享。

领导理论从交易型领导（Transactional Leadership）到变革型领导（Transformational Leadership）的发展也带给我们许多有益的启示。交易型领导强调“交换”，领导者向下属分配工作，阐明对下属的具体要求，以及下属完成任务后所能获取的回报。交易型领导的过程就是领导者向下属提供报酬以换取其服从和工作的过程。变革型领导强调“改变”，领导者通过个人魅力和积极的沟通，使员工认识到工作的重要意义，进而激发下属的高层次需求，并最终使员工为了自我成长及组织利益而全身心地投入工作①。交易型领导简单、直接，它能使员工在最短时间内行动起来，按照领导者的期望行事。但交易型领导无法使员工明了工作的意义，久而久之，员工很可能变成一个随考核标准而动的、机械的傀儡，其工作的积极性和创造性也就无从谈起。变革型领导将员工视为积极的、有着自我实现需求的社会人，认为领

① 刘金栋、郑向敏：《变革型领导和交易型领导理论研究综述》，《区域经济评论》2012 年第 10 期。

导者应通过鼓励和关怀激发员工工作的内在动机。

领导从来都不是一个抽象的概念，它体现在组织管理实践的各个方面。具体到员工的知识贡献问题，基于经济交换理论或社会交换理论的解决思路让我们想起了同样强调“交换”的交易型领导。当然，交易型领导并非一定过时，在特定的情境下，它甚至有可能优于变革型领导。但对于知识贡献这种高度自主、复杂灵活的活动而言，也许变革型领导所激发出的员工的积极性、创造性才是管理者最需要的。总之，领导理论的发展从一个侧面提示我们，如果管理者能设法淡化知识贡献的“交换”色彩，引导员工不再将知识贡献视为换取各种报酬的手段，而是将其本身视为目的，那么企业突破知识共享激励困境的可能性或许会大大增加。

（四）作为个体自主行为的知识贡献

从上述分析可以看出，学者们对知识贡献动机理解的深化推动着相关研究范式不断发展：当知识贡献被视为技术问题时，动机并不是研究的重点；当知识贡献被视为经济问题时，学者们只关注个体的经济动机；当知识贡献被视为政治或社会问题时，个体动机不再仅仅局限于经济利益，而是包括了声誉、互惠、成就感、自我成长等多种复杂因素；本小节讨论的新的研究范式（将知识贡献视为个体的自主行为）所识别的知识贡献动机与已有的研究基本相同，新范式的最大特点在于将内在动机置于中心位置，知识不再是个体手中用于交换的“筹码”；知识贡献这一行为本身就是目的，而不再是达成目的的手段。

事实上，在社会交换理论的框架内，知识贡献也不全然是手段，在某些情况下，它也可能被视为目的。布劳（Blau，1964）认为，个体从社会交往中得到的奖励可分为两类，分别是内在报酬和外在报酬①。内在报酬源自交往本身，如爱、赞赏、感激、乐趣、陪伴，等

① Blau Peter Michael, *Exchange and Power in Social Life*, Transaction Publishers, 1964.

等；外在报酬源自交往之外，如金钱、信息、帮助、服从，等等。仅涉及内在报酬的社会交换本身就是目的，仅涉及外在报酬的社会交换被视为实现目的的手段，同时涉及两种报酬的社会交换则兼具目的与手段的性质。当个体在内在动机的驱动下自觉、主动地贡献知识时，他从知识贡献行为本身就得到了自己所期望的报酬，从而不会再斤斤计较于经济利益、个人声誉等外部得失，管理者也无须投入大量资源用于监控和评估员工的知识贡献行为。

文献梳理表明，推动个体贡献知识的内在动机主要有三种，分别是自我效能感、学习或自我成长动机及利他动机。这三种动机都指向知识贡献行为本身，可与贡献的结果相分离。

自我效能感的概念来自于班杜拉（Bandura，1977），它是指人们对于自己能否利用所拥有的技能去完成特定工作的自信程度①。具体到知识贡献情境，当个体发现自己的知识能帮助同事解决问题时，他很自然地就会体验到一种成就感或自豪感，进而对自己的知识充满信心，自我效能感也会因此增强②。

学习或自我成长动机在知识共享的研究中也常被提及，但它更多地被视为知识获取者的动机。事实上，所谓“教学相长”，在知识的转移过程中，贡献知识者有机会重新审视、整理自己原有的知识，并从中获益。在某种意义上，知识的获取者扮演了苏格拉底所言的“知识助产士”的角色，他们对知识细节的追问、盘诘迫使贡献者去修补可能存在的漏洞，从而使原有的知识体系更加严密、系统化。即便知识本身没有问题，知识的贡献者也有可能在传授知识的过程中了解应用知识的新情境、新领域。由此可见，对知识的拥有者而言，贡献知识并不意味着纯粹的单向付出，他们同样可以在这个过程中学到新知

① Bandura Albert，“Self-Efficacy：toward a Unifying Theory of Behavioral Change”，*Psychological Review*，Vol. 84，No. 2，1977.

② Bock Gee-Woo，Zmud Robert W.，Kim Young-Gul，Lee Jae-Nam，“Behavioral Intention Formation in Knowledge Sharing：Examining the Roles of Extrinsic Motivators，Social-Psychological Forces，and Organizational Climate”，*MIS Quarterly*，Vol. 29，No. 1，2005.

识，实现自我的成长①②③。以往的研究对知识贡献者的学习或自我成长动机关注不足，本书将在后续的分析及实地调研中对此予以重点关注。

“施比受更有福”，帮助他人可以使助人者感到愉悦，这一点在知识贡献行为中同样成立。在亚当·斯密的经典著作《国富论》中，利己被认为是人的天性，人们从事各种经济活动，其目的就是为了实现自身利益的最大化。但在斯密的另一本著作《道德情操论》中，个体不再是冷冰冰、毫无感情的经济人，他们富有同情心，愿意帮助他人。这种看似矛盾的论述凸显了人性的复杂。笔者认为，《国富论》对人天性自私的假设更多的是一种抽象或简化，与当时社会财富相对匮乏的现实也比较契合；随着研究假设的放宽，以及社会财富的不断积累，《道德情操论》的描述也许更接近现实，利己与利他都是人性的一部分。在知识贡献的研究中，有相当多的学者注意到了利他动机对个体知识贡献行为的促进作用④⑤。

内在动机并不是凭空出现的，它的产生与发展有着深刻的社会学及生物学根源，我们可以在进化论中找到相关的依据。在生存条件恶劣的远古时代，那些乐于学习，对自己的能力充满信心的个体有更大的存活概率。同样，如果个体积极帮助他人，因利他行为而被集体接纳并留在集体内部，那么他就可以借助团队的力量对抗风险；反之，

---

① Yu Jie, Jiang Zhenhui, Chan Hock Chuan, “Knowledge Contribution in Problem Solving Virtual Communities: the Mediating Role of Individual Motivations”, *Proceedings of the ACM Sigmis CPR Conference on Computer Personnel Research*, 2007.

② Nam Kevin Kyung, Ackerman Mark S., Adamic Lada A., “Questions in, Knowledge in? A Study of Naver's Question Answering Community”, *Proceedings of the International Conference on Human Factors in Computing Systems*, 2009.

③ Lou Jie, Fang Yulin, Lim Kai H., Peng Jerry Zeyu, “Contributing High Quantity and Quality Knowledge to Online Q&A Communities”, *Journal of the Association for Information Science and Technology*, Vol. 64, No. 2, 2013.

④ Chennamaneni Anitha, *Determinants of Knowledge Sharing Behaviors: Developing and Testing an Integrated Theoretical Model*, The University of Texas at Arlington, 2006.

⑤ 袁留亮：《QQ 群成员知识交流意愿的实证研究——基于自主动机理论》，《图书馆学研究》2013 年第 10 期。

极端自私的个体往往会被逐出集体，面临死亡的威胁。换言之，“求发展”“亲社会”这两大特性有助于个体在残酷的生存竞争中幸存下来，经过漫长岁月的自然选择，这两大特性逐渐演变为人的天性。总体而言，自我效能感、学习或自我成长动机大致对应“求发展”，利他动机大致对应“亲社会”。

具体到知识贡献这种高度自主的行为的激发，学术界普遍认为，内在动机发挥的作用要大于外在动机①②③④。当个体在内在动机的推动下贡献知识时，他才有可能做到知无不言言无不尽，充分地、毫无保留地帮助他人。如果推动个体的是外在动机，那么其知识贡献行为的质与量都会大打折扣。

一般认为，推动个体贡献知识的常见外在动机有经济利益、声誉、互惠等。如果个体看重经济利益，那么他在贡献知识前肯定要权衡相关的投入与产出是否相称，其结果很可能导致个体只愿意在管理者能够关注的场合贡献易于评估的显性知识，而在管理者看不到的非正式场合保持沉默，也不愿意贡献难以评估的隐性知识。如果个体看重声誉，那么他很可能不愿意与同事分享尚未考虑成熟的知识，因为知识的不成熟或者错误会导致贡献者的声誉受损。那些受学习或自我成长动机推动的个体则不然，他们会积极地与他人交流、互动以发展、完善知识，可能的声誉受损并不是他们关注的重点。如果个体看重互惠，那么他对知识贡献的对象就会有所选择。位高权重，或者掌握特殊资源的求助者会优先得到帮助，而那些普通的同事则很可能被忽视。总之，外在动机推动下的知识贡献者的注意力更多地指向知识

① 金辉：《内外生激励、知识属性与组织内知识共享治理研究》，博士学位论文，南京大学，2013 年。

② Gagné Marylène，“A Model of Knowledge-Sharing Motivation”，*Human Resource Management*，Vol. 48，No. 4，2009.

③ 袁留亮：《基于自我决定理论的在线科研社群知识共享研究》，《现代情报》2016 年第 2 期。

④ 袁留亮：《环境支持对 QQ 群成员持续共享的意愿影响——自主动机的中介作用》，《电化教育研究》2016 年第 6 期。

贡献行为的结果，而非贡献行为本身，这导致他们在贡献知识时或多或少都有所保留。管理者即便意识到了这一点，也很难直接予以纠正，因为知识存储在个体的大脑中，组织无法以强迫、命令等方式要求员工在所有的场合，向所有的求助者毫无保留地贡献自己的知识。管理者过于强势的干预甚至会引起员工的反感，他们很可能直接宣称自己不掌握相关知识，从而将知识共享的大门彻底关闭①。

综合前述分析，笔者认为，知识管理的核心是知识共享，而知识共享的瓶颈在知识贡献②，要想解决这一瓶颈问题，动机可能是一个很好的切入点。企业应通过合理的管理干预，促进员工知识贡献外在动机内化，同时提升其知识贡献内在动机的水平。管理者要努力使员工意识到，知识贡献不仅有利于其他同事及企业，它对员工的个人福祉与自我成长也具有重要意义，——这是一个多赢的局面。当员工真正意识到这一点时，他就会发自内心地积极贡献知识，实现从“要我贡献”到“我要贡献”的转变。

已有学者开始尝试从动机（特别是内在动机）视角研究知识共享问题，并取得了许多成果。袁留亮（2013，2016）在多篇论文中以自我决定理论为基础，探讨了QQ群等在线社区情境下环境支持、个体基本心理需求、知识共享动机及意愿的相互关系③④⑤⑥。黄新萍等（2015）研究了组织支持感如何通过自我效能的中介作用促进员工的

---

① 周其仁：《市场里的企业：一个人力资本与非人力资本的特别合约》，《经济研究》1996年第6期。

② Ruggles Rudy，“The State of the Notion：Knowledge Management in Practice”，*California Management Review*，Vol. 40，No. 3，1998.

③ 袁留亮：《QQ群成员知识交流意愿的实证研究——基于自主动机理论》，《图书馆学研究》2013年第10期。

④ 袁留亮：《基于自我决定理论的在线科研社群知识共享研究》，《现代情报》2016年第2期。

⑤ 袁留亮：《环境支持对QQ群成员持续共享的意愿影响——自主动机的中介作用》，《电化教育研究》2016年第6期。

⑥ 袁留亮：《基于自我决定理论的QQ学术群知识共享意愿实证研究》，《情报杂志》2013年第6期。

知识贡献及知识获取[①]。赵书松（2013）研究了中国文化背景下个体知识共享动机的具体维度及相互关系[②]。王和侯（Wang & Hou, 2015）探讨了不同奖励与两种利他动机之间的相互作用，以及它们对知识共享行为的影响[③]。

上述研究有助于我们更深刻地理解动机与知识贡献行为之间的关系，但仍存在一些不足：首先，多数研究只是挑选了部分典型动机展开分析，得出的结论或许失之片面。比如黄新萍等（2015）仅关注了自我效能感，王和侯（2015）则将重点放在了利他动机上。鲜有研究将已归纳的各种知识贡献动机都纳入理论模型。其次，动机被视为给定的外生变量，影响动机的前因变量未得到充分研究。比如袁留亮（2013）、赵书松（2013）所提出的理论模型都将动机放在最左侧，这样的研究设计不利于我们提出有针对性的管理对策，削弱了研究的现实意义。最后，许多基于 SDT 展开的知识贡献研究是针对 QQ 群、在线论坛等虚拟情境的，对现实生活中的企业所面临的问题关注不足。人们在网络等虚拟情境中的行为大多由个人兴趣驱动，较少涉及物质回报，这与 SDT 重视外在动机内化及内在动机的思路基本契合。反观现实中的企业，员工需要获取工资薪金来维持生活，其工作行为背后的经济动机是无法避免的，也不能否定。SDT 存在一个隐含的前提，即个体的生理需求已基本得到满足，自主、胜任及关系等心理需求才是人们关注的焦点。因此，学者们在使用 SDT 分析一般工作行为时，如何妥善地处理员工的经济动机将会是一个比较棘手的问题。笔者认为，与员工正式的工作职责相比，知识贡献相对边缘化，

① 黄新萍、杨池、肖石英、李梅芳：《组织支持感对员工知识共享行为的影响：自我效能的中介效应》，《财经理论与实践》2015 年第 4 期。

② 赵书松：《中国文化背景下员工知识共享的动机模型研究》，《南开管理评论》2013 年第 5 期。

③ Wang Wei-Tsong, Hou Ya-Pei, "Motivations of Employees' Knowledge Sharing Behaviors: a Self-Determination Perspective", *Information and Organization*, Vol. 25, No. 1, 2015.

它带有明显的助人及亲社会性质，和组织公民行为比较类似[①]。事实上，有许多员工在贡献知识时并未期望获得经济奖励、声誉等外部报酬，他们这样做，更多的是出于内在动机。有鉴于此，将 SDT 用于分析现实企业中的知识贡献行为在理论上是可行的，在实践上也是必要的。

从本节对知识贡献研究范式的回顾来看，作为一种高度复杂的个体行为，自主性是知识贡献最为突出的特点。在管理实践中，我们既不能忽视知识贡献的动机，也不能简单地从交换的角度来理解相关动机。要想突破知识贡献的瓶颈，可能的解决之道在于激发员工的内在动机，促进外在动机内化，使员工自觉、自愿地将宝贵的私有知识贡献出来。

四　知识贡献的影响因素

知识贡献研究的梳理可以从两个方向展开：其一是纵向的，即知识贡献的研究范式；其二是横向的，即知识贡献的影响因素。归纳已有研究，学者们普遍认为，影响知识贡献的因素大致可分为三类：分别是主体因素、客体因素和情境因素。

（一）主体因素

影响知识贡献的主体因素与人有关，其中最重要的是动机和能力。知识贡献的动机问题贯穿本书始终，在此不再详细展开。作为一项高度复杂的活动，知识共享能否成功完成与贡献者的沟通、表达能力及获取者的学习、吸收能力密切相关[②③]。仅就贡献者而言，出众的沟通能力能够帮助他准确了解获取者的知识需求，在对方遇到学习障碍时也能快速做出反应；优秀的表达能力则能帮助他将难以编码的

---

① 闵锐、和金生、戴万亮：《基于组织公民行为的知识共享分析》，《图书馆理论与实践》2011 年第 10 期。

② 田鹏：《Web2.0 环境下组织知识共享机制研究》，博士学位论文，华中师范大学，2011 年。

③ 陈则谦：《基于互联网的知识获取行为动力模型及实证分析》，《情报杂志》2013 年第 4 期。

隐性知识尽可能地显性化。在某些信息化程度比较高的企业中，贡献者还必须掌握一定的计算机和网络知识。总之，仅有一腔热情或强烈的动机并不足以确保知识共享顺利完成，一定的共享能力也是必需的。

动机与能力相互影响、相互促进，但在两者相互作用的过程中，动机是第一位的，能力是第二位的[①②]，原因如下：首先，在知识贡献涉及的各项能力中，有一些与天赋有关，但大部分都是后天习得的。只有当个体具有很强的知识贡献动机时，他才会投入时间、精力去提升相关的能力。其次，能力本身并不会激发、维持个体的某种行为，换言之，我们并不会仅仅因为“能做”某件事就去做这件事，只有动机才会激发、维持个体行为。因此，与知识贡献动机、能力相关的完整的逻辑链条应该是这样的：个体在内外动机的驱使下发生知识贡献行为，当该行为遇到障碍时（比如贡献者的能力有所欠缺），足够强烈的动机会推动个体努力提升能力，以便将贡献行为继续下去。能力的提升又可以增强个体的自我效能感，从而强化其知识贡献的内在动机。由此可见，“动机→能力→动机→……”形成了一个循环往复、不断强化的逻辑链条。有研究者从整个链条中截取了“能力→动机”的片段，认为能力的提升有助于强化动机[③④]，这样的假设往往也能得到实证数据的支持，但从逻辑上来讲，类似的分析颇有点“倒因为果”的嫌疑，因为只有动机才是知识贡献的“第一推动”。

（二）客体因素

影响知识贡献的客体因素与知识有关，包括知识的自然属性和社

---

① MacInnis Deborah J., Moorman Christine, Jaworski Bernard J., “Enhancing and Measuring Consumers' Motivation, Opportunity, and Ability to Process Brand Information from Ads”, *The Journal of Marketing*, Vol. 55, No. 10, 1991.

② 陈则谦：《MOA 模型的形成、发展与核心构念》，《图书馆学研究》2013 年第 13 期。

③ Ajzen Icek, “The Theory of Planned Behavior”, *Organizational Behavior and Human Decision Processes*, Vol. 50, No. 2, 1991.

④ 段文婷、江光荣：《计划行为理论述评》，《心理科学进展》2008 年第 2 期。

会属性。

（1）知识的自然属性

概括而言，知识的自然属性主要是指其隐性程度，多种原因导致某些知识具有较高的隐性程度。

首先，这些知识可能是以行动为导向的程序性知识。比如游泳，没有任何人可以仅仅通过阅读文献、观看视频的方式学会游泳，游泳技能的习得必须要通过实践。在工作情境下，类似的操作性技能是很常见的。

其次，这些知识可能具有较高的嵌入性（Embeddedness）①。知识可能嵌入于特定的个体，比如某些知识与其拥有者的教育背景、思维方式、生活经历等有关；知识也可能嵌入于特定的情境，比如某些知识与具体的工作内容、劳动工具或产品、组织惯例等有关。嵌入于个体或情境的知识就好像一座冰山，我们所注意到的仅是水面上的一小部分，更多的知识隐藏在水面之下，少有人知。只有当我们试图将这些知识转移给其他个体，或是应用于新的情境时，才会发现其难度是非常大的。

（2）知识的社会属性

与知识的自然属性相比，知识的社会属性并未引起学术界充分的关注。阿格特等（Argote et al.，2003）较早注意到了这一问题，他们认为，除了关注知识的隐性或显性程度，我们还应关注知识的社会属性，即知识究竟是公共物品还是私人物品②。

企业员工在工作中拥有、掌握的知识究竟是个体私有还是组织公有？这一问题并无明确的答案。就企业而言，管理者倾向于将员工个人的知识视为组织的公共财产。比如，企业常常援引《专利法》的

---

① Argote Linda，Ingram Paul，"Knowledge Transfer：a Basis for Competitive Advantage in Firms"，*Organizational Behavior and Human Decision Processes*，Vol. 82，No. 1，2000.

② Argote Linda，Mcevily Bill，Reagans Ray，"Managing Knowledge in Organizations：an Integrative Framework and Review of Emerging Themes"，*Management Science*，Vol. 49，No. 4，2003.

相关规定，将员工所完成的发明创造认定为职务发明创造，并将其知识产权收归企业所有。康斯坦特等（1994）的研究表明，无形的工作技能（Work Expertise），比如个人在工作中总结的经验、诀窍或心得等，往往被视为是个人私有的；有形的工作信息（Work Information），比如工作流程、规章手册等，则往往被视为是组织公有的①。在企业内部，知识的自然属性与社会属性在一定程度上是重合的。隐性知识依附于个体，难以剥离，故而常被视为私有财产；显性知识能够脱离个体，以编码的形式存在，故而常被视为公有财产。也许正是这种重合导致学者们仅注意到了知识的自然属性，而忽视了知识的社会属性。

（3）知识属性对知识贡献的影响

就自然属性而言，随着知识的隐性程度越来越高，员工外化知识所需要的时间、精力也越来越多。此外，与贡献显性知识相比，贡献隐性知识的员工会面临一些额外的风险。首先，隐性知识的贡献及获取很可能涉及教学双方的示范、模仿、纠正、练习，等等，如果这些行为发生在非正式场合，管理者就无法准确评估贡献者的付出，也就无法给予其恰当的回报。其次，学习和掌握隐性知识并不是件容易的事，知识的获取者在此过程中往往会犯错，这些波折有可能使人怀疑隐性知识的质量，进而对贡献者的声誉造成不利影响。由此可见，贡献隐性知识费时费力，而且付出可能被忽视，甚至可能因为别人的失误而被质疑。面对如此多的不利因素，只有那些拥有强烈内在动机的员工才会不辞辛劳、不计风险、积极地贡献自己的知识。从另一个角度来看，许多知识之所以以隐性知识的形态存在，并不是因为将其显性化存在难以逾越的技术障碍，而只是因为知识的拥有者缺乏足够的动机将其显性化。

就社会属性而言，由于私有的隐性知识被视为个体参与社会交换

---

① Constant David, Kiesler Sara, Sproull Lee, "What's Mine Is Ours, or Is It? A Study of Attitudes about Information Sharing", *Information Systems Research*, Vol. 5, No. 4, 1994.

的“筹码”，它能为员工带来经济回报、声誉甚至权力，因此，一个很自然的推论就是，员工更倾向于共享作为公共物品的显性知识，而把宝贵的私有知识隐藏起来。但实证研究的结果表明，事实并非如此。康斯坦特等（1994）的研究表明，员工更愿意与同事分享工作经验、诀窍等私有知识，而不是组织流程、规章等公有知识[①]。贾文帕和斯特普尔斯（Jarvenpaa & Staples，2000）以高校教师为调研对象的研究也得出了类似的结论，即员工更愿意贡献私有知识而非公有知识[②]。学者们对这些看似反常的结论做出了比较合乎逻辑的解释：当知识被认为是归组织所有的公共物品时，管理者会认为员工有义务在组织内部传播、扩散这种知识，既然是义务，相应的回报就十分有限，以至于员工缺乏贡献公有知识的动力；私有知识则不然，正因为个体有隐匿私有知识的倾向，所以企业会有针对性地提供一些激励措施。换言之，与义务性的公有知识贡献行为相比，贡献私有知识更有成就感或满足感，也有可能获得各种回报，故而员工更倾向于贡献私有知识。从上述分析可知，如果企业的管理者尊重人才、尊重知识，承认某些知识在事实上是归员工私有的，并愿意为获取这些知识付出必要的代价，那么员工并不一定会坚持隐匿这些知识。通过恰当的管理干预，激发员工的知识贡献动机，在理论上是完全可行的。

（三）情境因素

个体的知识贡献行为总是在一定的时空背景中展开，这些背景构成了影响知识贡献的情境因素。相关的研究已有很多，本小节将择要介绍社会文化、信任、社会网络等因素对知识贡献的影响。

（1）社会文化

作为人文社科领域中最常见的术语之一，文化概念的内涵及外延

---

① Constant David，Kiesler Sara，Sproull Lee，“What's Mine Is Ours，or Is It? A Study of Attitudes about Information Sharing”，*Information Systems Research*，Vol. 5，No. 4，1994.

② Jarvenpaa S. L.，Staples D. S.，“The Use of Collaborative Electronic Media for Information Sharing：an Exploratory Study of Determinants”，*Journal of Strategic Information Systems*，Vol. 9，No. 2 – 3，2000.

非常宽泛，不同学科的研究者对“什么是文化”都有自己的理解。在知识管理领域，文化一般是指特定环境下人们共同拥有的思维方式、心理程序或价值观①。有学者认为，文化的概念可以在两个层面展开，分别是宏观层面的国家或社会文化，以及微观层面的组织文化②，本小节所谈及的文化主要指前者。

在早期的知识管理研究中，文化的影响并未引起足够的重视，正像霍尔登（Holden，2001）所说，知识管理似乎是发生在一个真空的环境中，语言、文化及人种方面的差异都被压缩进一个独立的变量，并被推到了一边③。近年来，随着全球化的不断发展，跨国公司越来越普遍，来自不同国家的员工的文化差异使得原本行之有效的知识管理策略逐渐失灵，文化因素对知识共享（特别是知识贡献）的具体影响及作用机制日益成为研究的热点。

周等（Chow et al.，1999）最早研究了宏观的文化因素对知识共享的影响④。在随后的十余年间，相关的研究大致可分为两类：其一是跨文化的比较研究，学者们分析了不同国家和地区个体知识共享行为的差异，并试图找出造成这种差异的文化根源。在此类研究中，以中美为代表的东西方文化最为常见，澳大利亚、俄罗斯、巴西等国的情况也有学者论及⑤；其二是基于中国传统文化的本土化研究。学者们开发了关系（Guanxi）、面子（Face）、圈子、集体主义等构念来刻

---

① Hofstede Geert, Bond Michael H., "Hofstede's Culture Dimensions: an Independent Validation Using Rokeach's Value Survey", *Journal of Cross-Cultural Psychology*, Vol. 15, No. 4, 1984.

② 黄彦婷、杨忠、金辉：《国家文化视角下的企业内部知识共享研究述评》，《贵州社会科学》2014 年第 8 期。

③ Holden Nigel, "Knowledge Management: Raising the Spectre of the Cross-Cultural Dimension", *Knowledge and Process Management*, Vol. 8, No. 3, 2001.

④ Chow Chee W., Harrison Graeme L., McKinnon Jill L., Wu Anne, "Cultural Influences on Informal Information Sharing in Chinese and Anglo-American Organizations: an Exploratory Study", *Accounting, Organizations and Society*, Vol. 24, No. 7, 1999.

⑤ Chow Chee W., Deng F. Johnny, Ho Joanna L., "The Openness of Knowledge Sharing within Organizations: a Comparative Study of the United States and the People's Republic of China", *Journal of Management Accounting Research*, Vol. 12, No. 1, 2000.

画中国传统文化的特点，并深入探讨了传统文化对中国员工知识共享行为的影响[①②③]。

经过二十余年的努力，有关文化与知识共享关系的研究取得了丰硕的成果，但仍存在一些不足有待弥补：

首先，有关中国传统文化的核心构念，如关系、集体主义等，并没有被普遍接受的定义和测量工具，以致相关研究各说各话，难以整合。以集体主义为例，中国、美国分别是集体主义、个人主义的代表，这似乎已是跨文化研究领域的共识，但也有学者对此提出了质疑。杨国枢（1993）认为，中国人的“集体主义”仅限于“家庭”或“家族”的范围，一旦超出这个边界，中国人是否仍表现出“集体主义”是很可疑的[④]。类似的争论表明，学者们尚未就该领域核心构念的内涵达成一致。

其次，相关研究的理论基础相对薄弱，文化因素对个体知识共享行为的具体作用机制并未得到详细阐明。翻检已有文献，大部分学者都基于霍夫斯塔德（Hofstede）的文化维度理论展开分析，但该理论作为跨文化研究的基础理论，仅关注了“文化”问题，对“知识共享”关注不足，以致文化对知识共享的具体作用过程仍处在黑箱之中。笔者认为，SDT 的引入有助于解决这一问题。与传统的动机理论相比，SDT 更强调动机的质而不是量[⑤]。SDT 认为，在内在动机或内化程度较高的外在动机推动下，个体更容易取得好的行为绩效，也更

---

① Ramasamy Bala, Goh K. W., Yeung Matthew C. H., “Is Guanxi (Relationship) a Bridge to Knowledge Transfer?”, *Journal of Business Research*, Vol. 59, No. 1, 2006.

② Tong Jin, Mitra Amit, “Chinese Cultural Influences on Knowledge Management Practice”, *Journal of Knowledge Management*, Vol. 13, No. 2, 2009.

③ Buckley Peter J., Clegg Jeremy, Tan Hui, *Cultural Awareness in Knowledge Transfer to China-the Role of Guanxi and Mianzi*, Springer, 2010.

④ 杨国枢：《中国人的心理与行为》，桂冠图书公司 1993 年版。

⑤ Deci Edward L., Ryan Richard M., *Handbook of Self-Determination Research*, University Rochester Press, 2003.

容易体验到满足、愉悦等积极情绪①。动机是在需求的基础上产生的②，而需求的内容在很大程度上是由文化决定的③。因此，文化塑造需求，需求影响动机，动机推动共享，基于 SDT 的“文化→需求→动机→行为”链条很好地解释了文化因素究竟是如何影响个体知识共享行为的，在某种程度上也弥补了已有研究的不足。但 SDT 是德西等学者基于北美的文化背景提出的，当我们试图在中国情境下使用这一理论时，一定要特别注意东西方文化差异的影响。

（2）信任

信任对知识共享的积极影响及作用机制已得到比较深入的研究。作为一个复杂构念，不同学者对信任的定义及测量也有区别。综合各家所言，特别是参考迈耶等（Mayer et al.，1995）④ 的研究，本书认为信任是指行为主体在未获得完全信息的情况下，基于对他人意愿、行为的积极预期，愿意暴露自己的弱点，从而使自己处于一种易受伤害（Vulnerable）境地的意愿。信任的对象可能是非人格化的，比如对组织、制度的信任。但更多的信任发生在人与人之间，也就是所谓的人际信任（Interpersonal Trust）。麦卡利斯特（McAllister，1995）将人际信任分成两类，即认知信任（Cognition-based Trust）和情感信任（Affect-based Trust）⑤。认知信任多产生于正式的工作场合⑥，它是个体基于他人表现出的可靠性、职业能力，评估其可信性后所给予的信任。情感信任则是指双方建立了密切的情感联系，相信对方不会伤

---

① Deci Edward L.，Eghrari Haleh，Patrick Brian C.，Leone Dean R.，“Facilitating Internalization：the Self-Determination Theory Perspective”，*Journal of Personality*，Vol. 62，No. 1，1994.

② Maslow A. H.，Green Christopher D.，“A Theory of Human Motivation”，*Psychological Review*，Vol. 50，No. 1，1943.

③ 费孝通：《乡土中国》，北京出版社 2009 年版。

④ Mayer Roger C.，Davis James H.，Schoorman F. David，“An Integrative Model of Organizational Trust”，*Academy of Management Review*，Vol. 20，No. 3，1995.

⑤ McAllister Daniel J.，“Affect-and Cognition-Based Trust as Foundations for Interpersonal Cooperation in Organizations”，*Academy of Management Journal*，Vol. 38，No. 1，1995.

⑥ 秦红霞、陈华东：《基于员工信任关系的企业知识共享研究》，《科学学与科学技术管理》2007 年第 10 期。

害自己而产生的信任。情感信任可能来自于特定的关系，比如血缘，子女对父母的信任就是典型的情感信任。但在组织情境下，情感信任主要来自于频繁的社会交往，这些交往包括但不限于与工作有关的互动，非正式场合发生的与工作无关的交流、互动也很重要。

认知信任产生的基础是主体收集到的各种信息，它反映了个体理性的一面。情感信任看似感性，实则不然。除了某些基于特定关系的情感信任外，组织内部的情感信任往往是在长时间的互动中逐渐产生的。我们通过大量事件进行反复考察、检验，最终认定某个同事是值得信赖的，并与之建立起情感纽带。麦卡利斯特（1995）认为，认知信任先于情感信任产生，与认知信任相比，情感信任更加深刻、复杂。情感信任实际上是一种简化机制[①]，它可以使我们摆脱对细节的纠缠，在复杂、多变的环境中更快、更准确地做出决策。

有学者认为，信任也是知识共享（或贡献）的诸多动机之一[②]，笔者认为，这一观点值得商榷。试举一例，父母和子女之间会因为血缘关系而产生很深的情感信任，但这种信任并不一定伴随着知识或信息的流动。恰恰相反，由于教育程度、生活背景的差异，父母和子女之间的代沟是普遍存在的，这种代沟也许不会阻碍家庭内部的情感交流，但却导致这些交流缺乏信息含量。

在企业内部的知识共享活动中，信任更多地扮演了一种“催化剂”或“润滑剂”的角色。在一个缺乏信任氛围的组织中，知识共享是很难进行下去的。首先，就知识的获取者而言，只有当他信任同事时，他才会向对方明确自己的知识需求。在现实生活中，企业内部的同事之间实际上是一种“竞合”的关系：一方面，大家同属一家企业，为了组织的利益合作共事；另一方面，组织的资源总是有限

---

① ［德］尼克拉斯·卢曼：《信任：一个社会复杂性的简化机制》，瞿铁鹏、李强译，上海人民出版社2005年版。

② 赵书松、廖建桥、张可军：《个体知识共享动机：国外研究综述与本土化的理论拓展》，《情报杂志》2010年第1期。

的，大家会为了更好的待遇、更高的职位展开竞争。在这种情况下，知识的获取者明确地说出自己的知识需求是有风险的。如果这一信息被管理者获悉，那么知识获取者的专业能力很可能会因此而受到质疑。此外，这些信息也将自己的弱点暴露给了潜在的竞争对手，使得知识的获取者很可能在随后的竞争中处于不利位置。即便员工在种种压力下公开了自己的知识需求，信任的缺失也将促使他花费大量的时间、精力去甄别、检验来自他人的知识，这一切都为知识共享的顺利实施设置了障碍。其次，就知识的贡献者而言，只有当他信任知识的获取者时，他才会毫无保留地贡献自己的知识。如前所述，知识在个体之间的成功迁移离不开贡献者与获取者双方的努力，在决定向他人传授知识之前，贡献者需要得到某种正式或非正式的保证，即万一知识迁移失败，获取者未能实现预期目标，相关的责任不应由知识贡献者一方承担；同样地，知识迁移的成功也不能只归功于获取者一方。此外，贡献者可能还希望获取者做出更多的保证，比如不利用学到的知识与“老师”展开正面竞争，不要出现“教会徒弟，饿死师傅”的情况；再比如尊重“互惠”的社会规范，如果将来贡献者有知识需求，获取者也应尽力提供帮助；等等。在现实的企业中，类似的保证大多体现为知识共享双方所达成的一种默契，很少刻意地形诸文字。在没有正式文本约束的情况下，如果知识的贡献者不信任他人，总是怀疑获取者会利用学到的知识对自己不利，那么隐匿知识就会成为其最自然的选择。

综合上述分析，我们认为，信任并不是知识共享的动机，它不会触发个体的知识共享行为，换言之，我们不会仅仅因为信任对方就与其发生知识的交流。信任是知识共享的必要非充分条件，当个体在各种动机的驱动下贡献或者获取知识时，信任能减少不必要的猜疑或摩擦，使知识共享进行得更加顺畅。当知识共享出现问题时，信任的存在会引导各方进行积极归因，而不是简单地指责对方，从而使知识共享能够顺利进行下去①。对于信任和知识共享的关系，我们应作如是观。

（3）社会网络

不同于其他的个体行为，知识的贡献与获取天然地发生在两个或多个主体之间，各参与主体之间的联系也就成为相关研究关注的重点。近年来，社会网络分析（Social Network Analysis）作为一种新的视角或工具被引入到知识共享的研究中来，也取得了丰硕的成果。网络的数学定义非常简单，它由节点和连线构成，包括了诸多对象及对象间的相互联系。当我们把网络的概念应用到社会学、管理学领域时，抽象的节点变成了具体的人或组织，节点间的联系也演变成利益交换、情感沟通的渠道，社会网络也就由此产生了②。通过对已有研究的回顾，我们发现，基于社会网络的知识共享研究重点关注了三个主题，分别是强弱联系、网络位置与结构洞及社会资本对知识共享的影响，下面我们依次简述这三个研究主题。

a. 强弱联系

强弱联系的概念是由美国社会学家格兰诺维特（Granovetter）于1973年提出的。格兰诺维特认为，我们可以从互动频率、情感强度、亲密程度和互惠交换四个维度来测量联系强度③。如果个体之间互动频繁、感情深厚、关系密切、互惠交换多，那么他们之间就存在强联系，反之则为弱联系。

强弱联系对知识共享的影响各有利弊，不可一概而论。如果知识的贡献者与获取者之间存在强联系，那么他们对彼此的信任一般较深，这将有助于知识共享活动的开展。此外，强联系往往产生于具有

---

① Williams Michele, "In Whom We Trust: Group Membership as an Affective Context for Trust Development", *Academy of Management Review*, Vol. 26, No. 3, 2001.

② 李纲、纪曼、陈璟浩、叶光辉：《基于社会网络的知识共享研究综述》，《信息资源管理学报》2013年第2期。

③ Granovetter Mark S., "The Strength of Weak Ties", *American Journal of Sociology*, Vol. 78, No. 6, 1973.

较多共性的个体之间，相似的教育背景、生活经历使他们的知识基础、思维方式及价值观等趋向一致，这对于复杂的隐性知识迁移是非常有利的。如果知识共享的双方之间存在弱联系，那么共同知识、信任的欠缺也许会给知识的迁移带来障碍，但我们可以通过弱联系从那些与自己生活交集甚少的个体处获得许多异质性的知识，而这些知识是无法通过强联系获取的[①②]。总之，伴随强联系而来的信任、共同知识使得各方有可能针对某一问题进行深入的探讨，从而拓展个体的知识深度；伴随弱联系而来的异质性知识则有助于拓展个体的知识广度；两者对知识共享的顺利开展都很重要，我们不应厚此薄彼[③]。

b. 网络位置与结构洞

当我们从整体的视角来观察企业内部的社会网络时，我们会发现，该网络中个体所处的位置往往存在较大的差异。某些个体，比如部门的主管或技术专家，他们与其他成员的联系较多，处于网络的中心位置；另外一些个体与企业内部成员的联系相对较少，他们处于网络的外围或边缘位置[④]。结构洞（Structural Hole）指的是社会网络中的“空隙”。例如 A 与 B 之间不存在直接的联系，但他们都和 C 有联系，那么在 C 看来，A 与 B 之间就出现了一个“缝隙”。如果类似 A 与 B 的节点很多，这些节点之间不发生直接联系，都通过 C 间接相连，那么 C 面对的“缝隙”也就越来越多，大量的“缝隙”交织在一起，就形成了一个“洞穴”，即所谓的结构洞，而 C 作为其他节点沟通的中介或“桥梁”，就占据了结构洞位置[⑤]。

---

① 邱均平、许丽敏、陈瑞：《社会网络视角下企业内部知识共享机制研究》，《图书情报工作》2011 年第 10 期。

② Hansen Morten T. , “The Search-Transfer Problem: the Role of Weak Ties in Sharing Knowledge across Organization Subunits”, *Administrative Science Quarterly*, Vol. 44, No. 1, 1999.

③ 李纲、纪曼、陈璟浩、叶光辉：《基于社会网络的知识共享研究综述》，《信息资源管理学报》2013 年第 2 期。

④ 张存刚、李明、陆德梅：《社会网络分析——一种重要的社会学研究方法》，《甘肃社会科学》2004 年第 2 期。

⑤ 任志安、毕玲：《网络关系与知识共享：社会网络视角分析》，《情报杂志》2007 年第 1 期。

个体在社会网络中的位置对其知识的贡献及获取行为都会产生重大影响[①]。占据中心位置的个体可以很方便地与他人建立联系，不管是贡献知识还是获取知识，他们所需要付出的时间及精力都比较少。位于边缘位置的个体与其他内部成员的联系不那么紧密，无形中增加了他们共享内部知识的难度。但这些个体有机会与外部网络建立联系，从而在两个网络之间充当“桥梁”角色，将更多的异质性知识引入企业内部[②③]。结构洞的出现与社会网络的疏密程度有关。如果一个网络的密度很大，各节点之间都存在直接的联系，那么这个社会网络也就不存在所谓的“缝隙”或“洞穴”了。但这种情况在现实生活中很难出现，也不是企业所追求的目标。过于稠密的网络实际上意味着节点间的联系强度很高，大量的强联系固然能促进同事间的信任，拓展知识共享的深度，但却使得企业很容易陷入思维定式或群体迷思[④]。适量的结构洞及与之相伴的弱联系能为企业带来异质性的知识，对企业的发展也是极为有益的。对参与知识共享的个体而言，占据结构洞的位置无疑将使自己掌握主动，因为占据这个位置的个体事实上决定了结构洞两端的共享参与者的知识能否流动，如何流动。对企业而言，在推进知识共享时，要特别注意激发占据结构洞位置的个体的知识共享动机，增强其知识共享能力，以保证这一“桥梁”顺畅[⑤⑥]。

c. 社会资本

科尔曼（Coleman，1994）在其著作《社会理论的基础》中指

---

① Chow Wing S.，Chan Lai Sheung，“Social Network，Social Trust and Shared Goals in Organizational Knowledge Sharing”，*Information & Management*，Vol. 45，No. 7，2008.

② 毛清华、高杨：《基于社会网络中心性分析的虚拟团队知识共享促进策略》，《情报杂志》2010 年第 10 期。

③ 姜鑫：《组织内非正式网络中心性对隐性知识共享的影响研究》，《图书情报工作》2011 年第 16 期。

④ Williams Katherine Y.，O'Reilly Charles A.，“Demography and Diversity in Organizations：a Review of 40 Years of Research”，*Research in Organizational Behavior*，Vol. 20，No. 1，1998.

⑤ 姜鑫：《基于“结构洞”视角的组织社会网络内隐性知识共享研究》，《情报资料工作》2012 年第 1 期。

⑥ 汪丹：《结构洞理论在情报分析中的应用与展望》，《情报杂志》2009 年第 1 期。

出，每个人生来就拥有三种资本，分别是人力资本、物质资本和社会资本。其中，人力资本与遗传天赋有关；物质资本是指土地、货币等物质性的先天条件；社会资本则源于自然人所处的社会环境①。该领域的另一位重要学者林南基于对社会网络的研究提出了社会资源理论，并在此基础上提出了自己的社会资本理论。林南认为，所谓资源，就是被群体认为有价值的东西，占有资源有助于个体的生存及发展。林南进一步将资源分为个人资源和社会资源，其中个人资源可以由个人支配，如个人拥有的财富、器物、自然禀赋、体能、知识等；社会资源则镶嵌于社会关系网络中，如权力、声誉等，获得社会资源的前提是与他人发生交往。林南认为，所谓社会资本，就是从社会网络中动员了的社会资源②。从以上论述可以看出，社会资本天然地与社会网络相联系，它依附于社会网络而存在。设想一个极端的例子，比如流落荒岛的鲁滨逊，他与世隔绝，没有任何的社会联系，因此，他只拥有科尔曼所言的人力资本、物质资本，或林南所言的个人资源，而不可能拥有社会资本。

有关社会资本的研究汗牛充栋，各派学者观点相左并不鲜见，但将社会资本划分为结构、关系及认知三个维度的做法得到了许多学者的认可③④⑤。笔者试图结合林南对社会资本的定义，来对这三个维度进行简单的阐释。如前所述，林南认为，社会资本就是从社会网络中动员了的社会资源。因此，社会资本概念的第一层含义应指向社会网络及其内含社会资源的存在性，这一点大致对应结构维度。结构维度主要刻画了社会网络的范围，以及疏密、联系强度、稳定性等特点。

---

① Coleman James Samuel, *Foundations of Social Theory*, Harvard University Press, 1994.

② 林南：《社会资本：关于社会结构与行动的理论》，上海人民出版社 2005 年版。

③ 李纲、纪曼、陈璟浩、叶光辉：《基于社会网络的知识共享研究综述》，《信息资源管理学报》2013 年第 2 期。

④ 侍文庚、蒋天颖：《社会资本、知识管理能力和核心能力关系研究》，《科研管理》2012 年第 4 期。

⑤ 章伟：《社会资本的三个维度和企业家成长》，《华中科技大学学报》（社会科学版）2008 年第 5 期。

社会资本的第二层含义应指向动员社会资源的可能性，这一点大致对应关系维度。关系维度的核心是信任，也包括行为规范、惩戒、义务、期望、身份识别等因素。关系维度关注的重点在于，当个体向网络中的其他节点提出资源的动员请求时，得到满足的可能性有多大。如果网络中的各个节点互相信任，或是共同遵守互惠等行为规范，对于违规的个体有明确的惩罚措施，那么通过社会网络将社会资源动员起来的可能性就很大；反之，可能性就很小。社会资本的第三层含义应指向动员社会资源的必要性，这一点大致对应认知维度。认知维度的核心是网络成员共有的价值观、意义系统及话语体系。认知维度通过对价值观、意义系统的界定为每个网络成员指明了组织目标，为了完成这一目标，每个成员都需要充分地利用个人资源，必要的时候，也可以通过社会网络动员社会资源。事实上，我们并不会仅仅因为身处一个关系融洽、和谐，富含大量资源的社会网络就随意地提出动员资源的请求，这种行为的发生需要有明确的动机，而认知维度的存在有助于解决这一问题。此外，也有学者将关系维度和认知维度合并，认为它们都反映了社会网络人格化的一面，而结构维度则反映了其非人格化的一面[①]，这种划分方法也有其合理之处。

社会资本理论试图阐明的是，作为社会网络节点的个体，如何有效地获取或利用镶嵌于社会网络上的各种资源，最终达到自己的目的。除了上述的微观视角，相关研究还可以从中观或宏观视角切入，在此不再赘述。事实上，社会资本理论所涉及的社会资源是一个很宽泛的概念，它不仅包括知识，也包括物质财富、情感支持、社会支持等，将社会资本理论仅用于研究知识的流动颇有点大材小用的感觉。但鉴于该理论在社会学、管理学领域所表现出的强大解释力，还是有

① 韩子天、谢洪明、王成：《结构和关系维度的内部社会资本对绩效影响的实证研究》，《科学学与科学技术管理》2008 年第 8 期。

学者做出了一些尝试[①②]。总体而言，社会资本的三个维度对知识共享都会产生积极的影响。结构维度是基础，它明确了知识共享的边界和框架，为共享活动的开展提供了知识源和沟通渠道。关系维度是保障，信任、义务、互惠等行为规范，以及惩戒措施的存在约束了各网络节点的行为，促使员工积极回应他人的知识共享请求。认知维度的作用较为复杂，一方面，共同的价值观、意义系统使员工清晰地认识到组织的目标，并推动其为了实现这一目标而动员包括知识在内的各种资源；另一方面，共同的话语体系可以减少沟通障碍，降低因误解产生冲突和摩擦的概率，使知识共享进行得更加顺畅。

基于社会网络的知识共享研究丰富了我们对于个体知识贡献及获取行为的理解，也取得了许多研究成果，但仍存在一些不足。

首先，相关研究的视角偏向中观，未能聚焦于员工个体。从纯粹数学的角度来看，网络由节点及节点之间的连线构成。具体到真实世界中的社会网络，节点变成了具体的人或组织，连线则变成了他们之间的联系。在社会网络的研究者看来，节点及节点之间的联系同等重要，这样的研究基本是在企业或组织等中观层面展开的，对个体的关注略显不足。当然，将研究视角的选择视为缺陷也许并不合适，但本书的研究主要聚焦于个体，社会网络的具体形态或结构被归入情境因素，故而我们没有选择社会网络理论作为研究的理论基础。

其次，知识共享，特别是知识贡献的动机问题被严重忽视了。与信任类似，联系强度、网络位置等因素的变化并不会触发个体的知识共享行为。换言之，我们不会仅仅因为与他人存在特定强度的联系（强联系或弱联系），或者占据了特定的网络位置（中心、边缘或结

① 李纲、纪曼、陈璟浩、叶光辉：《基于社会网络的知识共享研究综述》，《信息资源管理学报》2013 年第 2 期。

② 刘铁明：《社会资本研究综述》，《湖湘论坛》2004 年第 4 期。

构洞）而贡献、获取知识①。只有动机才能触发知识共享。待知识共享启动之后，联系强度、网络位置等因素就会对这一进程产生或积极或消极的影响。社会资本理论则以一种比较间接的方式回应了知识共享的动机问题。社会资本的认知维度解释了个体的知识获取动机，共同的价值观、意义系统明确了组织的目标，为实现这一目标，员工需要调动各种资源，也包括从社会网络中获取知识。社会资本的关系维度解释了个体的知识贡献动机。出于信任、对互惠等行为规范的尊重、对惩戒措施及个人声誉的顾虑，员工大多倾向于积极回应他人的请求，贡献而不是隐匿私人知识。必须说明的是，社会资本理论的提出并不是为了解决知识共享问题，因此该理论并没有特别关注知识这种特殊的资源如何依托社会网络而流动，其对知识共享动机的解释也是非常简略的。比如社会资本的认知维度虽然给出了组织目标，但组织目标如何细化为员工的个人目标，以及两者之间如何协调，仍然是一个复杂待解的问题。再比如，社会资本的关系维度所指向的信任、互惠、义务、声誉等因素的约束力问题，这些外在机制也许会规范物质财富、显性知识等资源的流动，但对于隐性知识的迁移却并无太大作用。总之，对于动机问题的忽视使得基于社会网络理论的知识共享研究难以帮助管理者摆脱其所面临的困境。

第三节　本章小结

本章首先回顾了有关知识及知识管理的研究，介绍了知识的定义、特点及分类，以及知识管理的流程。通过对知识管理流程进行分析，指出知识共享是知识管理的核心流程，而知识贡献则直接决定了知识共享能否顺利展开。

---

① Reinholt Mia, Pedersen Torben, Foss Nicolai J., "Why a Central Network Position Isn't Enough: the Role of Motivation and Ability for Knowledge Sharing in Employee Networks", *Academy of Management Journal*, Vol. 54, No. 6, 2011.

本章的重点在于系统梳理知识贡献的相关研究。在这一部分，我们首先对术语进行了界定和辨析，然后从纵向、横向两个维度对知识贡献的研究进行了梳理，其中纵向是指知识贡献的研究范式，而横向是指知识贡献的影响因素。事实上，这两个维度并不矛盾，在每一种研究范式下，学者们都注意到了影响知识贡献的各种因素，但这些因素被赋予的权重存在较大差异。就主体因素而言，将知识贡献视为技术问题的学者重点关注个体使用 IT 设施的能力，甚少关注动机。将其视为经济问题的学者注意到了动机问题，但仅关注了经济动机。将其视为政治或社会问题的学者注意到了动机的复杂性，开始考虑包括经济动机在内的多种内外动机，但对内外动机之间的差异及相互作用关注不足。将其视为个体自主行为的学者在全面考虑内外动机的基础上，突出强调了内在动机的重要性，也注意到了内外动机之间的相互作用。就客体因素而言，早期的研究范式重点关注显性知识，随着研究的深入，隐性知识逐渐进入学者们的研究视野，并且被赋予了越来越高的权重。就情境因素而言，学者们的关注范围也日趋宽广，从早期的 IT 基础设施，到激励机制、信任，以至社会网络，越来越多的情境因素被识别出来，它们对知识贡献的影响及具体作用机制也得到了全面、细致的研究。综合上述分析，笔者认为，动机是理解个体知识贡献行为的钥匙，学者们对知识贡献动机理解的深化推动着相关研究范式的变迁，其他因素对知识贡献的影响大多也以动机为中介。但已有研究对个体知识贡献动机的挖掘还不够深入，本书将在前人工作的基础上继续对这一问题的研究。

第三章　理论模型与研究假设

本章将首先归纳、比较知识贡献研究所涉及的众多理论，并重点介绍本书的理论基础——自我决定理论（SDT）。随后，我们将基于SDT构建理论模型，提出研究假设。

第一节　知识贡献研究的理论基础

知识贡献研究涉及的理论多且复杂，综合上文的分析，我们大致可列出如下这些：技术接受模型理论（TAM）、经济交换理论、社会交换理论、理性行为理论（TRA）、计划行为理论（TPB）、MOA模型理论、社会影响理论（SIT）、社会网络理论等，当然还包括一系列的动机及激励理论，比如需求层次理论、期望理论、综合激励理论以及SDT等。在以上列举的诸多理论中，有些理论，比如技术学派所倚重的TAM，经济学派所倚重的经济交换理论已随着研究范式的变迁而逐渐被弃用；有些理论，如社会交换理论等，因其理论框架较为宏大，故而必须结合其他理论共同使用；还有些理论，比如社会网络理论等，切入的视角偏向中观，与本书基于个体层面的微观视角不太一致。因此，本书在归纳、比较知识贡献研究的理论基础时，主要将注意力聚焦于动机、激励理论，以及与个体行为有关的一些理论，如TRA、TPB、MOA和SIT等。

一　动机、激励理论与个体行为相关理论

个体的行为因何发生？行为背后的逻辑是什么？这些问题一直以来都是心理学和管理学关注的重点。为回答这些问题，心理学家们提出了一系列的动机、激励理论，管理学家们也提出了许多与个体行为有关的理论，如 TRA、TPB、MOA 和 SIT 等。

理性行为理论是由美国学者菲什拜因和阿耶兹（Fishbein & Ajzen）于 1975 年提出的，该理论试图了解理性个体特定行为背后的心理机制[①]。TRA 认为，个体的行为（Behavior）可以由意愿（Intention）合理推断，而意愿是由态度（Attitude）和主观规范（Subjective Norm）决定的。态度反映了意愿形成过程中的主动因素，个体会评估行为的结果及其重要性，由此决定对该行为持何种态度；主观规范反映了意愿形成过程中的被动因素，此时个体会感知到外界存在的规范或准则以及与其保持一致的压力，在这种压力的推动下，个体也会产生行为意愿。计划行为理论是理性行为理论的升级版本[②]，与 TRA 相比，TPB 引入了一个新的变量，感知行为控制（Perceived Behavioral Control，PBC）。PBC 反映了个体主观感知对某个行为进程的控制程度，行为主体的控制感有可能来自内部，比如对自身能力充满信心，也可能来自外部，比如观察到外界为此行为提供了充足的资源支持[③④]。TPB 的进步之处在于，它注意到了仅有意愿是不够的，意愿要想变为真正的行动，还需要各种内外条件的支持。如图 3 - 1 所示

---

① Fishbein Martin, Ajzen Icek, "Belief, Attitude, Intention and Behavior: an Introduction to Theory and Research", *Philosophy & Rhetoric*, Vol. 41, No. 4, 1975.

② Ajzen Icek, "The Theory of Planned Behavior", *Organizational Behavior and Human Decision Processes*, Vol. 50, No. 2, 1991.

③ Ajzen Icek, "Perceived Behavioral Control, Self-Efficacy, Locus of Control, and the Theory of Planned Behavior", *Journal of Applied Social Psychology*, Vol. 32, No. 4, 2002.

④ Conner Mark, Armitage Christopher J., "Extending the Theory of Planned Behavior: a Review and Avenues for Further Research", *Journal of Applied Social Psychology*, Vol. 28, No. 15, 1998.

即为 TRA 和 TPB 的理论模型。

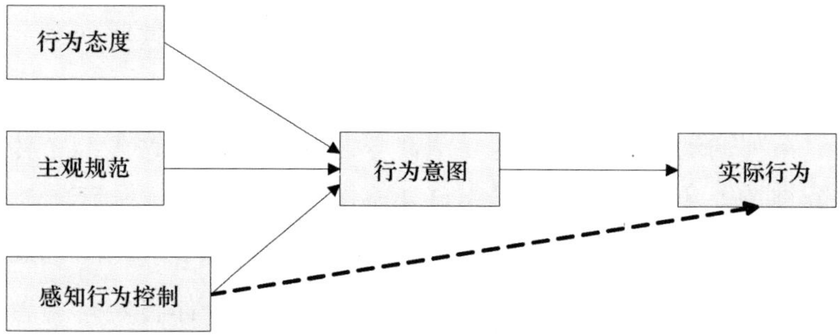

图 3－1　TRA 和 TPB 的理论模型

MOA 模型认为，动机（Motivation）、机会（Opportunity）和能力（Ability）是个体发生某种行为的必要前提，三者缺一不可。在布隆伯格和普林格尔（Blumberg & Pringle，1982）的研究中，就已经出现了 MOA 模型的雏形①。麦金尼斯等（MacInnis et al.，1991）在分析消费者的信息处理行为时第一次明确、完整地提出了 MOA 模型的三个核心构念②。近 30 年来，该模型被广泛应用于市场营销、人力资源管理、知识管理等领域，其有效性已得到多次验证③。动机作为 MOA 模型的核心构念之一，在前文已得到充分阐释，在此不再展开。机会与外部环境有关。个体行为总是在一定的时空背景中展开，机会一般用来描述这些与行为有关的外源性因素④。综合已有研究，笔者认为

① Blumberg Melvin, Pringle Charles D., "The Missing Opportunity in Organizational Research: Some Implications for a Theory of Work Performance", *Academy of Management Review*, Vol. 7, No. 4, 1982.

② MacInnis Deborah J., Moorman Christine, Jaworski Bernard J., "Enhancing and Measuring Consumers' Motivation, Opportunity, and Ability to Process Brand Information from Ads", *The Journal of Marketing*, Vol. 55, No. 10, 1991.

③ 陈则谦：《MOA 模型的形成、发展与核心构念》，《图书馆学研究》2013 年第 13 期。

④ Rothschild Michael L., "Carrots, Sticks, and Promises: a Conceptual Framework for the Management of Public Health and Social Issue Behaviors", *Social Marketing Quarterly*, Vol. 6, No. 4, 2000.

机会可以被定义为主体所感知到的有利于特定行为发生的外部便利条件。能力与行为主体的个人特质有关，它是人们顺利完成某种活动所必备的个性心理特征。能力有可能是与生俱来的，也可能是后天习得的[①]。在MOA模型中，能力特指个体所拥有的能使预期结果出现的知识与技能[②]。MOA模型简洁、清晰，其中的核心构念可依据研究内容的不同进行二次定义。它不仅可以用于分析微观层面的个体行为，也可以用于分析中观层面的组织或企业行为。

社会影响理论最早由凯尔曼（Kelman）于1958年提出，该理论认为，外部的社会因素主要通过三种机制来塑造或影响个体对特定行为的态度，分别是顺从（Compliance）、认同（Identification）和内化（Internalization）[③]。顺从机制是指个体受拥有奖惩权力的外部主体监视，为了获得奖励或避免惩罚而实施某种行为；认同机制是指个体将外界的期望或价值观“叠加”在自身价值观之上，为了和外界保持良好关系或避免冲突而实施某种行为；内化机制是指个体发自内心地接受外界的价值观或行为规范，并将其内化为自身价值观的一部分，进而积极、主动地行动起来。凯尔曼认为，这三种机制所形成的态度的本质是不同的，这些态度触发行为所需要的外部情境条件也有差异。文卡特什和戴维斯（Venkatesh & Davis，2000）进一步修订了SIT，他们认为，顺从机制源自于控制性的（Mandatory）影响因素，它不会改变个体的行为态度，但个体会在外界压力的作用下产生行为意愿；认同和内化机制源自于自愿性的（Voluntary）影响因素，它们对个体意愿的影响是以态度为中介的，即认同和内化首先改变个体的

① 陈春花、杨忠、曹洲涛：《组织行为学》，机械工业出版社2010年版。

② Larsson Rikard, Bowen David E., “Organization and Customer: Managing Design and Coordination of Services”, *Academy of Management Review*, Vol. 14, No. 2, 1989.

③ Kelman Herbert C., “Compliance, Identification, and Internalization: Three Processes of Attitude Change”, *Journal of Conflict Resolution*, Vol. 2, No. 1, 1958.

态度，而态度的改变又会对个体意愿的形成产生积极影响①。修订后的 SIT 使我们对于个体态度、行为意愿的形成机制有了更加全面、细致的理解。

一般的动机、激励理论我们在前文已有一些介绍。就心理学界而言，早期的研究多关注生物性因素对人类动机及行为的影响，20 世纪 60 年代以后，动机研究的重点才逐渐转向人的社会属性，特别是认知因素②。就管理学界而言，激励理论的发展也经历了两个阶段，分别是内容型激励理论和过程型激励理论。总之，学术界对动机、激励的研究从静止到运动，从孤立到联系，其所依据的世界观和方法论也日趋科学。

通过对上述诸多理论的归纳和比较，我们有如下发现：

首先，虽然我们一再强调动机对于个体行为的重要意义，但有趣的是，除 MOA 模型明确涉及动机外，其他理论根本就没有讨论动机问题。难道在 TRA、TPB 及 SIT 的支持者看来，动机对于个体行为的激发、维持是可有可无的么？事实并非如此，动机的重要性并未改变，只是学者们采用了不同的术语而已。在 TRA、TPB 及 SIT 的理论框架中，态度、主观规范、意愿等取代了动机，成为最核心的构念。大致而言，个体因态度的改变而形成的行为意愿对应着某种主动的动机；个体迫于外界压力，为与社会规范或准则保持一致而形成的行为意愿则对应着某种被动的动机。TPB 所特有的感知行为控制构念反映了个体主观感知对某个行为的控制程度。行为主体的控制感有可能来自内部，比如对自身能力充满信心，这大致对应 MOA 模型中的 Ability，即能力；控制感也可能来自外部，比如观察到外界为此行为提供了充足的资源支持，这大致对应 MOA 模型中的 Opportunity，即

① Venkatesh Viswanath, Davis Fred D., "A Theoretical Extension of the Technology Acceptance Model: Four Longitudinal Field Studies", *Management Science*, Vol. 46, No. 2, 2000.

② 刘永芳：《管理心理学》，清华大学出版社 2016 年版。

机会[①]。

上述分析表明，不同领域的学者对同一术语的界定和使用往往存在着细微的差异。在心理学家们看来，动机是一个非常复杂的概念，它涉及行为的发端、方向、强度及持续性。动机产生的基础是需求，但仅有需求是不够的，为激发个体动机，外界必须提供恰当的刺激作为诱因。当我们将动机理论应用于组织管理情境时，抽象、通用的术语刺激、诱因被更具体、更契合管理实践的术语激励取代；心理学中的“需求＋诱因→动机”模式相应地也转变为管理学中的“动机＋激励→意愿”模式。在许多管理学研究中，动机的含义已经有了细微的变化，学者们不再将动机视为过程，而更多地将其视为一种状态。这些研究关注动机主要是为了回答以下问题：个体发生特定行为的目的是什么？他们想从中获得哪些回报？换言之，这些研究将复杂的动机概念进行了简化，使其更趋近于心理学中的需求概念。本书的研究基本属管理学范畴，因此笔者对动机的界定更接近管理学而非心理学。

术语指代模糊的问题在社会科学研究中非常普遍，本书的研究主题横跨心理学、管理学、经济学等多个领域，笔者虽已尽量注意，但学科差异导致的术语定义冲突还是难以避免。所幸这些冲突并不严重，一般情况下不至于产生大的歧义。本书的研究聚焦于动机，没有涉及其他理论模型中常见的态度、意愿等构念，这一方面是为了与研究的理论依据——SDT 保持一致，另一方面也是为了降低问卷难度，提高数据质量。因为笔者通过座谈及预调研发现，要想在短时间内让从未接触过动机或激励理论的被调研者准确理解并区分主观规范、态度、意愿等概念是比较困难的，如果被调研者对问卷题项理解有误，那么调研数据的质量也就可想而知了。

其次，与 SDT 相比，其他理论对动机的理解或多或少都存在一些

① 金辉、杨忠：《从“心动”到“行动”：基于多模型对比的知识共享行为研究》，《科学学与科学技术管理》2013 年第 7 期。

欠缺，这主要表现在以下几个方面：

（1）未能突出强调动机对于激发、维持个体行为的重要意义。作为 TRA 的升级版本，TPB 引入了感知行为控制构念，并将其视为行为及行为意愿的直接前因①。笔者认为，感知行为控制构念大致对应 MOA 模型中的能力和机会，将这个构念和态度、主观规范并列，共同放在模型的最左侧并不合适。感知行为控制应作为中介或调节变量出现在模型的中间位置，与直接激发行为意愿的态度或主观规范相比，它所发挥的作用是第二位的。换言之，我们不会因为能够控制某件事的进程就产生做这件事的意愿，只有动机才会触发个体的行为。

（2）仅关注了动机的量，而忽视了动机的质。在 TRA、TPB、SIT 等理论看来，与个体行为直接相关的变量是意愿，个体的意愿越强烈，相应的行为就越有可能发生。TRA 认为，意愿是由态度和主观规范的线性组合决定的②，这实际上是以平等的眼光来看待两种不同成因的意愿，它暗示我们，态度消极导致的行为意愿欠缺可以通过强化主观规范来弥补。TRA 的这一思路对某些简单、易监控的行为也许是适用的，比如流水线上蓝领工人的重复性工作，但对复杂、难以监控的行为并不适用，比如员工的知识贡献行为，不同性质的意愿（或动机）所激发的知识贡献行为的结果是完全不同的。相关理论在研究动机或意愿时表现出的“重量不重质”的倾向不足为训。

（3）对动机的具体形成过程及不同动机之间的相互作用关注不足。虽然 TRA、TPB、SIT 等理论详细分析了影响意愿的前因变量，但总体而言，这些研究还是偏向于描述静态的结果，对于意愿（或动机）形成的动态过程缺乏细致的刻画，未能就具体的管理干预措施向实务界人士提出更多有价值的建议。此外，这些研究大多默认不同性

① Ajzen Icek, “The Theory of Planned Behavior”, *Organizational Behavior and Human Decision Processes*, Vol. 50, No. 2, 1991.

② Fishbein Martin, Ajzen Icek, “Belief, Attitude, Intention and Behavior: an Introduction to Theory and Research”, *Philosophy & Rhetoric*, Vol. 41, No. 4, 1975.

质的意愿（或动机）之间是线性叠加的关系，忽视了意愿（或动机）之间可能存在的相互作用。

最后，笔者还想强调一点，虽然我们一再强调动机的重要性，但动机并不是万能的，“唯动机论”并不可取。正像 MOA 模型所预期的那样，仅有动机，但能力不足、缺乏机会等会显著降低特定行为的发生概率。唯物辩证法认为，内因和外因在事物发展过程中的地位、作用是不同的。内因是依据，决定事物发展的性质、方向，是第一位的原因；外因是条件，对事物的发展起到加速或延缓的作用，是第二位的原因[①]。作为推动事物发展的关键内因，动机是行为发生的第一推动力，而其他因素则居于从属地位[②]。我们可以想象，能力不足、缺乏机会等障碍并不能阻挡一个具有强烈动机的行动者，他会充分发挥自身的主观能动性，提升能力，寻找、创造机会，并最终促成行为发生。相反，一个缺乏动机的主体则很可能漠视各种有利的内外部条件而无所行动。具体到知识贡献这种高度自主、难以监控的行为，动机，特别是发自内心的自主动机，更成为激发高质量知识贡献行为的关键，这也是本书将研究聚焦于知识贡献动机的原因所在。

二　自我决定理论

在前文的论述中，我们对 SDT 的主要观点及发展历程已做了一些简单的介绍，但限于篇幅，并没有进一步展开。本节将详细介绍 SDT 的哲学基础及理论框架，以为后文的分析奠定基础。

（一）SDT 概述

SDT 自提出以来，已过去近 40 年。在这数十年中，SDT 发展得日趋完善，越来越多的学者为这一理论所吸引，加入到了 SDT 的研究中来。1999 年，首届 SDT 国际会议在美国罗切斯特大学召开，来自

---

① 陈先达：《马克思主义哲学原理》，中国人民大学出版社 2005 年版。

② 陈则谦：《MOA 模型的形成、发展与核心构念》，《图书馆学研究》2013 年第 13 期。

全球多个国家的40余名研究者围绕SDT的应用与发展进行了深入的交流。自2004年第二届渥太华大学会议后，SDT国际会议固定为每隔三年举办一次，就在2016年6月，第六届SDT国际会议在加拿大维多利亚市召开，据悉有数百位学者参会，提交论文的数量及质量都再创新高。为进一步向全世界推广SDT，学者们还建立了专门的网站，www.selfdeterminationtheory.org，这个网站免费向公众提供大量有关SDT的资料，包括理论的介绍、研究所需的量表、已公开发表的论文、知名学者的简历及联系方式，以及SDT领域的最新动态，等等。与管理学领域的许多经典理论相比，SDT还很年轻，但这一理论自提出以来，其自身的成长就从未停止过，一直到今天，仍然有众多学者在为完善SDT而努力。SDT表现出的这种旺盛的生命力是其他理论所少有的，也从侧面证明了SDT的价值。

SDT假设人是积极的有机体，每个个体都具有一种先天的、内在的自我完善、自我整合、融入群体的倾向，但这种倾向要想变成现实，离不开外部环境的滋养。具体而言，当外部环境能够满足个体的自主、胜任、关系三大基本心理需求时，个体将会积极、健康地发展；反之，个体的发展将会受挫，他们很可能因此体验到焦虑、抑郁等负面情绪，甚至出现功能性障碍[①][②]。

SDT对人性积极、善意的假设与近年来逐步成为热点的积极心理学遥相呼应，也构成了SDT的哲学基础。对这一基础，SDT并未做太多的论证，仅是将其作为客观事实予以接受。但这一“事实”是否真的客观，很容易引起读者的怀疑，毕竟，大众的生活经验表明，好逸恶劳似乎才是人的本性。在经济学有关激励问题的研究中，大量的分析都假设个体会在管理者疏于监管时趁机偷懒。一边是SDT所假设

① Gagné Marylène, Deci Edward L., “Self-Determination Theory and Work Motivation”, *Journal of Organizational Behavior*, Vol. 26, No. 4, 2005.

② Deci Edward L., Ryan Richard M., “The ‘What’ and ‘Why’ of Goal Pursuits: Human Needs and the Self-Determination of Behavior”, *Psychological Inquiry*, Vol. 11, No. 4, 2000.

的积极的、主动的、追求自我成长的个体，另一边则是传统经济学理论及我们观察到的消极的、被动的、贪图安逸享乐的个体，究竟哪一个才体现了真正的人性？笔者认为，对这一问题的回答直接关系到SDT的理论基础是否牢固，相关学者应做出更明确的回应，而不是像现在这样语焉不详。

概括而言，我们可以从以下两个层面来看待SDT对人性的积极假设：

首先，SDT认为，个体表现出积极进取的一面是有条件的，即外部环境能够满足其基本心理需求[①][②]。现实生活中的个体之所以表现出巨大的差异，并不是因为人性不同，而主要是因为其所处的环境存在较大差异。这种论证虽然解释了人性的多样性，但回避了问题的实质，即人性究竟是积极的还是消极的。为真正回答这一问题，我们有必要进行更深入的分析。

对人性的研究始于人类文明的早期，东西方的哲学家们都曾经就人性本善还是本恶发表过意见，相关争论延续千年，并无定论。1957年，美国管理学家麦格雷戈（McGregor）提出了著名的X理论和Y理论，从管理学的角度系统回应了这一古老的哲学难题。麦格雷戈认为，在每一个管理决策或管理措施的背后，都隐藏着对人性本质及人性行为的假设。以泰勒的科学管理理论为代表的传统管理学理论是基于X理论展开的[③]，X理论倾向于人性恶的假设，认为大多数人天性懒惰，不愿意工作，管理者必须对其加以强迫、控制，必要的时候甚至要以惩罚作为威胁。麦格雷戈认为，X理论最大的问题在于“倒果为因”，即员工在工作场合所表现出的消极、被动甚至敌对的态度或行为是由不当的管理措施引起的，将这些态度或行为简单地归结为人

---

① 张剑、郭德俊：《内部动机与外部动机的关系》，《心理科学进展》2003年第5期。

② 暴占光、张向葵：《自我决定认知动机理论研究概述》，《东北师范大学学报》（哲学社会科学版）2005年第6期。

③ 金辉、吴洁、尹洁：《内生和外生视角下组织激励问题的研究综述及展望》，《江苏科技大学学报》（社会科学版）2011年第3期。

的天性并不合适。鉴于 X 理论在管理实践中所遇到的困境，麦格雷戈在霍桑实验及马斯洛需求层次理论的启发下，进一步提出了 Y 理论。不同于 X 理论的悲观和消极，Y 理论对人性抱有积极的预期，该理论认为，逃避责任、贪图安逸大多是经验的产物，并非人的天性。在适当的条件下，一般人也会勇敢地接受、追求责任。员工对工作的厌恶也不是与生俱来的，具体的外部情境在很大程度上决定了工作究竟是一种享受还是惩罚。事实上，SDT 对人性的积极假设，以及对激发人性光明面的良好的支持性环境的强调，与 Y 理论是一脉相承的。SDT 并不是无源之水，无本之木，它的出现及蓬勃发展与心理学、哲学的发展趋势是一致的。

笔者认为，虽然人性本善或本恶的争论已经持续了很久，但或许这只是一个伪问题。善与恶的概念内含了价值或道德的判断，更重要的是，只有当某种行为是为人的主观意志所支配时，讨论其善恶才有意义。对一个婴儿来说，无所谓价值或道德判断，也无所谓主观意志，他的一切行为都出自本能，评判这种行为的善恶是没有意义的。因此，我们在讨论人性善恶时，实际上关注的是另一个问题，即人性究竟是积极的还是消极的。对这个问题，进化论已经给出了比较明确的回答。经过漫长岁月的自然选择，那些积极追求自身成长，努力融入群体的个体获得了更多的生存机会，他们也将这种特质通过基因遗传给了下一代；而那些消极懒惰、不思进取的个体则逐渐被淘汰。当人类进入文明社会后，这种残酷的自然选择不再像丛林社会那样直接，但我们仍然有理由相信，积极进取，追求自身的完善是每一个健康的个体最原始的本性，这是进化论在人类身上留下的烙印。管理学中的 Y 理论、需求层次理论、SDT 等都对人性做出了积极的假设，这并非偶然。虽然员工的消极态度或行为在管理实践中随处可见，但前辈学者们还是选择相信人性的光明面，这不仅是一种良好的愿望，更是建立在科学基础之上的理性认知。SDT 对人性的积极假设符合当今管理学的发展趋势，对此我们不应有太多的怀疑。

经过数十年的不懈努力，学者们在 SDT 核心理念的基础上陆续提出了六个子理论，这些子理论与配套的测评工具一起，构成了一个完整的理论体系。这六个子理论分别是认知评价理论（Cognitive Evaluation Theory，CET）、有机整合理论（Organismic Integration Theory，OIT）、因果定向理论（Causality Orientations Theory，COT）、基本心理需求理论（Basic Psychological Needs Theory，BPNT）、目标内容理论（Goal Contents Theory，GCT）及关系动机理论（Relationships Motivation Theory，RMT）。SDT 的六个子理论并不是同时提出的，从最早的 CET 到最近的 RMT，时间跨度将近四十年。翻检国内文献，早期的研究在谈及 SDT 时，往往只介绍前四个子理论，从 2011 年开始，张剑等学者才开始提及 SDT 的第五个子理论——目标内容理论[①]，而关于 SDT 的第六个子理论——关系动机理论的中文文献目前尚不多见。

表 3－1 简单介绍了 SDT 各子理论的主要内容。

表 3－1　　**SDT 各子理论的主要内容**

子理论	主要内容
认知评价理论（CET）	CET 主要探讨外部奖酬对个体内在动机的影响。该理论将外部奖酬分为控制性和信息性两类，认为控制性的外部奖酬会抑制个体的内在动机，而信息性的外部奖酬的影响有可能是正面的，也有可能是负面的。
有机整合理论（OIT）	OIT 将外在动机按自主程度由低到高分为四类，其中外部调节、内摄调节又被称为受控动机，认同调节、整合调节与内在动机一起被称为自主动机。OIT 认为，支持性的外部环境有助于提升个体的内在动机，促进外在动机自主程度提高，即实现动机内化。
因果定向理论（COT）	COT 描述了个体在因果定向上表现出的差异性，该理论将个体的因果定向分为三类，分别是自主定向、控制定向和非个人定向。

① 张剑、张微、宋亚辉：《自我决定理论的发展及研究进展评述》，《北京科技大学学报》（社会科学版）2011 年第 4 期。

续表

子理论	主要内容
基本心理需求理论（BPNT）	BPNT 介绍了人类的三大基本心理需求，分别是自主需求、胜任需求和关系需求。该理论认为，这些需求是普适性的，与经济发展阶段或文化背景没有太大关系，个体的基本心理需求能否得到满足会直接影响其心理健康状况及个人福祉。
目标内容理论（GCT）	GCT 主要探讨内在目标与外在目标的区别，以及它们对动机和个人福祉的影响。与外在目标（如经济上的成功、个人声誉等）相比，对内在目标（如融入群体、亲密关系、个人成长等）的追求更能够增强个体的幸福感。
关系动机理论（RMT）	RMT 指出，亲密关系对于个人福祉是非常重要的，因为它满足了个体的关系需求。进一步的研究表明，高质量的亲密关系同样也能满足个体的自主需求和胜任需求。

资料来源：www. selfdeterminationtheory. org。

SDT 的这六个子理论内容非常丰富，每一个子理论都有自己的核心命题，以及配套的测量工具。限于篇幅，笔者将主要介绍与本书关系最密切的有机整合理论和基本心理需求理论。

（二）有机整合理论（OIT）

作为 SDT 的第二个子理论，OIT 是由德西和瑞安于 1985 年提出的①。OIT 对外在动机做了进一步区分，并初步探讨了社会环境对动机内化的影响。与内在动机不同，外在动机驱使下的个体追求的不是行为本身，而是可与行为相分离的某种结果。德西和瑞安将外在动机按自主程度由低到高分为四类，分别对应四种调节②，具体如图 3 - 2 所示。

OIT 被认为是唯一一个将外在动机进一步细分的理论③，该理论

① Deci Edward L. , Ryan Richard M. , *Intrinsic Motivation and Self-Determination in Human Behavior*, Springer Science & Business Media, 1985.

② Gagné Marylène, Deci Edward L. , "Self-Determination Theory and Work Motivation", *Journal of Organizational Behavior*, Vol. 26, No. 4, 2005.

③ 张剑、宋亚辉、刘肖：《削弱效应是否存在：工作场所中内外动机的关系》，《心理学报》2016 年第 1 期。

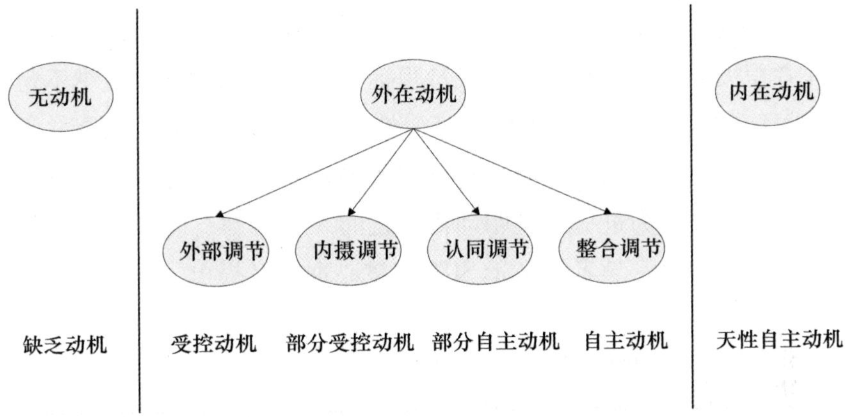

图 3-2　不同自主程度的外在动机及内在动机构成的连续体

以动态、发展的视角审视人类动机，认为动机并不是一成不变的。支持性的外部环境有助于提升个体的内在动机水平，并促使其外在动机从外部调节向整合调节转化，即实现外在动机内化。当外部环境无法满足个体的基本心理需求时，个体更多的是在外界规范的要求或强制下行动的，此时他们所感知到的自主程度很低，行为动机也以受控的外在动机（如经济回报等）为主，自主的外在动机及内在动机很少。此时，高水平的外在动机（特别是经济利益等受控动机）与低水平的内在动机并存，这也就是我们所熟悉的挤出效应。当外部环境能够满足个体的基本心理需求时，动机的内化过程被启动，个体的受控的外在动机会逐渐淡化，自主的外在动机及内在动机则会越来越强，挤出效应自然也就消失了。因此，动机内化的概念为管理者规避挤出效应，实现动机协同指明了方向。

OIT 对动机自主程度的认识或许受到了社会影响理论（SIT）的启发，我们会发现，自主程度较低的动机大致对应 SIT 的顺从机制，而自主程度较高的动机大致对应 SIT 的认同和内化机制。但 SIT 所采取的视角基本还是静态的，它更注重结果，而非过程。与之前的动机理论相比，OIT 更强调动机的质而不是量，德西和瑞安认为，随着动机自主程度提高，个体的行为绩效也会越来越好，他们也更容易体验到满足、愉悦等积极情绪。OIT 的提出是动机理论的一大突破，它为管理者积极干预个体动机的形成过程提供了理论依据。但美中不足的是，OIT 虽然揭示了动机内化的可能性，但对其具体发生机制并没有做出详细的说明，仅仅强调了对自主及关系需求的支持对动机内化的发生非常关键。为进一步查明动机内化的发生机制，向管理者提供更多可操作的建议，学者们基于 SDT 的核心理念又提出了基本心理需求理论。

（三）基本心理需求理论（BPNT）

作为 SDT 的第四个子理论，BPNT 是由瑞安等于 1996 年提出的①。虽然 BPNT 提出的时间比较晚，但其核心思想在之前的 SDT 子理论中已有零散的描述。BPNT 认为，个体普遍具有三种基本心理需求，分别是自主需求、胜任需求和关系需求，OIT 所说的动机内化的程度是基本心理需求得到满足程度的函数②③。BPNT 明确回答了 OIT 的遗留问题，即动机内化究竟是怎么发生的。在 BPNT 看来，支持性的外部环境满足了个体的基本心理需求，当个体的基本心理需求得到满足时，动机的内化过程就会被启动。换言之，BPNT 认为，基本心理需求的满足在外部环境与个体动机之间起到了中介作用④。

BPNT 的提出使得管理者有可能将 OIT 付诸实践，但该理论的某些观点也引起了比较大的争议。比如不谈生理需求，只讲心理需求，是否过于理想化？再比如三种基本心理需求的相对重要性问题。虽然 BPNT 认为这三种基本心理需求都很重要，但许多学者都倾向于把自

---

① Ryan R. M., Sheldon K. M., Kasser T., Deci E. L., *All Goals Are Not Created Equal: an Organismic Perspective on the Nature of Goals and Their Regulation*, Guilford Press, 1996.

② 张剑、郭德俊：《内部动机与外部动机的关系》，《心理科学进展》2003 年第 5 期。

③ 暴占光、张向葵：《自我决定认知动机理论研究概述》，《东北师范大学学报》（哲学社会科学版）2005 年第 6 期。

④ 刘靖东、钟伯光、姒刚彦：《自我决定理论在中国人人群的应用》，《心理科学进展》2013 年第 10 期。

主需求放在更核心的位置[①②③]，这或许与相关研究大多在发达的西方经济体展开有关。当研究背景切换到中国这样一个欠发达的东方经济体时，这三种基本心理需求的相对重要性是否会发生变化，也是一个很值得研究的问题。

第二节　理论模型所涉及的核心构念

SDT 作为一个通用的动机理论，可被应用于教育、医疗、体育运动等多个研究领域，其所涉及的核心构念一般有四个，分别是支持性的外部环境、个体的基本心理需求、动机及行为。在开展具体研究时，相关的构念需要根据研究的主题进行二次定义，本节主要围绕企业员工知识贡献行为这一研究主题对以上各构念做了进一步的细化。

一　重要他人的支持

支持性的外部环境是一个比较抽象、宽泛的概念，在已有的基于 SDT 的研究中，学者们一般将其操作化定义为重要他人的自主支持。德西和瑞安（2000）认为，自主支持（Autonomy Support）有助于个体将外部的规范、准则与自身的价值观充分整合，它是促进动机内化的关键变量。重要他人的自主支持实际上包含了两层意思，其一是重要他人，其二是自主支持。下面我们依次对这两点进行阐述。

首先，何为重要他人？对于学生来说，重要他人是教师或同学[④]；

---

① Deci Edward L., Ryan Richard M., "The 'What' and 'Why' of Goal Pursuits: Human Needs and the Self-Determination of Behavior", *Psychological Inquiry*, Vol. 11, No. 4, 2000.

② 张剑、郭德俊：《内部动机与外部动机的关系》，《心理科学进展》2003 年第 5 期。

③ 恽广岚：《动机研究的新进展：自我决定理论》，《南通大学学报》（教育科学版）2005 年第 3 期。

④ 乔晓熔：《中学生数学学习自我决定及其与数学学习投入的关系》，硕士学位论文，河南大学，2006 年。

对于患者来说，重要他人是医生或护士[①]；对于运动员来说，重要他人是教练[②]。就本书的研究对象——企业员工而言，最重要的他人无疑是其领导或主管[③④]。领导或主管决定了企业内部资源的分配，他们对员工绩效的评价在很大程度上决定了该员工的薪酬及后续的职业发展。因此，当学者们基于 SDT 研究企业管理问题时，将领导或主管作为员工的重要他人是很自然的。比如张剑等（2010）探讨了领导的自主支持与员工创造性绩效之间的关系[⑤]。

笔者认为，当研究的对象不再是员工的一般工作行为，而是更为具体的知识贡献时，我们需要对员工的重要他人概念做出两点调整：第一，与高高在上的间接领导相比，与员工一起工作的直接主管更符合 SDT 对重要他人的界定。如前所述，大量的知识贡献行为是偶然发生的，与高阶领导相比，员工的直接主管更有可能注意到这些行为并给予支持；第二，基于同样的逻辑，同事也应算作员工的重要他人。因为许多知识贡献发生在主管缺席的非正式场合，此时作为知识获取方或旁观者的同事的支持性回应对知识贡献者的动机及行为都会产生积极影响[⑥⑦]。

其次，何为自主支持？重要他人对应支持的来源，自主支持则对

---

① Williams Geoffrey C., Lynch Martin F., Mcgregor Holly A., Ryan Richard M., Sharp Daryl, Deci Edward L., "Validation of the 'Important Other' Climate Questionnaire: Assessing Autonomy Support for Health-Related Change", *Families Systems & Health*, Vol. 24, No. 2, 2006.

② 郑华艳：《自我决定理论视域下大学生运动参与的激励策略》，《当代体育科技》2016 年第 18 期。

③ Williams G. C., Gagné M., Ryan R. M., Deci E. L., "Facilitating Autonomous Motivation for Smoking Cessation", *Health Psychology*, Vol. 21, No. 21, 2002.

④ 刘金栋、郑向敏：《变革型领导和交易型领导理论研究综述》，《区域经济评论》2012 年第 10 期。

⑤ 张剑、张微、冯俭：《领导者的自主支持与员工创造性绩效的关系》，《中国软科学》2010 年第 S1 期。

⑥ 张晓东、朱敏：《激励、同事态度和个人文化对知识共享的影响》，《科研管理》2012 年第 10 期。

⑦ 蔡丽玲：《同事评价、同事公平与知识共享及个人创新的关系研究》，博士学位论文，浙江大学，2014 年。

应支持的内容。综合已有研究，学者们普遍认为，所谓自主支持，就是站在员工的角度考虑问题，承认他们的各种情感体验；向其解释工作的原理或意义，而不是简单地不加说明地布置任务；提供选择机会，及时反馈意见，允许和鼓励员工用自己的方式完成工作；尽量避免对员工的直接控制[①②]。

笔者认为，上述对自主支持的界定有以下几个特点：第一，这些支持都来自领导或主管。此时的自主支持更多地表现为上级在运用权力时所表现出的克制。当我们所谈及的支持不再仅来源于领导或主管，而是有可能来源于同事时，上述支持所涵盖的内容无疑是不够全面的；第二，这些支持以精神上的"软支持"为主，缺乏资源上的"硬支持"。这可能与SDT之前多用于教育、医疗等领域，甚少用于组织管理情境有关。当缺乏必要资源时，员工要想顺利完成工作会面临许多困难。具体到个体的知识贡献行为，如果企业的IT设施建设严重滞后，那么员工将不得不通过比较原始的方式来完成知识的传递。这种情况无助于个体胜任需求的满足，对后续的动机内化过程也可能产生不利影响。第三，这些支持都指向个体自主需求的满足，在某种程度上忽视了胜任及关系需求。这种突出自主需求的倾向很明显与BPNT有关，但BPNT的跨文化移植性一直以来都备受质疑，大量研究表明，自主在东方文化中并不被看重[③④⑤]。因此，德西等

① 张剑、张微、冯俭：《领导者的自主支持与员工创造性绩效的关系》，《中国软科学》2010年第S1期。

② 贺金波、陈艳：《自主支持：促进动机内化的情境因素》，《教育研究与实验》2011年第3期。

③ 乔晓熔：《中学生数学学习自我决定及其与数学学习投入的关系》，硕士学位论文，河南大学，2006年。

④ 暴占光：《初中生外在学习动机内化的实验研究》，博士学位论文，东北师范大学，2006年。

⑤ Vansteenkiste Maarten, Zhou Mingming, Lens Willy, Soenens Bart, "Experiences of Autonomy and Control among Chinese Learners: Vitalizing or Immobilizing?", *Journal of Educational Psychology*, Vol. 97, No. 3, 2005.

(2008)[①]、胡小勇等（2009）[②] 都认为，自主支持非常重要，但它应该不是唯一重要的因素，个体的胜任及关系需求不应被忽视。此外，组织管理情境毕竟与教育、体育训练、宗教等领域不同，所谓“无规矩不成方圆”，企业内部总是有着各种各样的规章制度，上文所述的“支持员工用自己的方式完成工作”在很多情况下是不现实的。仅以知识贡献而言，员工在贡献知识时也会受到限制，比如遵守保密制度，不向无关人员泄露机密，等等。综合上述分析，笔者认为，考虑到中国的文化背景及企业的具体情况，适当淡化原本处于核心重要位置的自主支持，转而全面、均衡地回应个体的多种基本心理需求，或许更有利于动机的内化。

知识管理领域的学者们已经注意到了外部支持对个体知识贡献行为的积极影响。何会涛等（2008）引入组织支持感作为中介变量，来解释积极有效的人力资源管理实践如何提升员工的知识共享意愿[③]。杨玉浩等（2008）认为，组织支持感对知识共享行为有积极影响，感情承诺在两者之间起到完全中介作用[④]。黄新萍等（2015）的研究要更为细致，他们将组织支持感分为工作支持、价值认同、关心利益三个维度，将知识共享分为知识贡献和知识获取两个维度，然后探讨了组织支持感与知识共享下辖的各维度之间的两两作用关系。实证研究的结果表明，总体而言，组织支持感对员工的知识共享行为具有积极影响，但这种影响在某些细分维度之间并不显著；此外，自我效能在组织支持感与知识共享之间起到了重要的中介作用[⑤]。艾森伯格等

---

① Deci Edward L., Ryan Richard M., “Facilitating Optimal Motivation and Psychological Well-Being across Life’s Domains”, *Canadian Psychology*, Vol. 49, No. 1, 2008.

② 胡小勇、郭永玉：《自主—受控动机效应及应用》，《心理科学进展》2009 年第 1 期。

③ 何会涛、彭纪生：《基于员工—组织关系视角的人力资源管理实践、组织支持与知识共享问题探讨》，《外国经济与管理》2008 年第 12 期。

④ 杨玉浩、龙君伟：《组织支持感、感情承诺与知识分享行为的关系研究》，《研究与发展管理》2008 年第 6 期。

⑤ 黄新萍、杨池、肖石英、李梅芳：《组织支持感对员工知识共享行为的影响：自我效能的中介效应》，《财经理论与实践》2015 年第 4 期。

(Eisenberger et al., 1990)[①]、希斯洛普（Hislop，2003）[②] 都指出，组织支持与个体在工作中表现出的积极态度和行为密切相关，这其中也包括知识贡献。金和马克斯（King & Marks，2008）的研究表明，组织支持能够显著提高员工的知识共享频率[③]。

关于外部支持与知识贡献之间关系的研究还有很多，限于篇幅，在此不再展开。这些研究丰富了我们对于知识贡献行为的认识，但也存在一些不足：第一，外部支持对个体知识贡献行为的具体作用机制仍处于"黑箱"之中，并未得到充分揭示。大部分研究认为外部支持会直接影响知识共享[④⑤]，仅有杨玉浩等（2008）、黄新萍等（2015）、任丽君（2012）[⑥] 等尝试查明这两者之间的具体作用机制，但他们对于"外部支持→知识共享"中间过程的理解都仅限于单步的单一中介效应，这样的理解未免失之简单。第二，研究者们大多将领导或主管视为外部支持的提供者，对来自同事的支持关注不足。第三，现有研究的理论基础有可商榷之处。已有的研究在探讨外部支持与知识贡献关系时，大多是基于社会交换理论展开的[⑦]。该理论背后的逻辑大致是这样的：当员工感知到来自组织的支持时，基于互惠的原则，他会觉得自己有义务回报组织，帮助组织实现目标，因此就会

① Eisenberger Robert, Fasolo Peter, Davislamastro Valerie, "Perceived Organizational Support and Employee Diligence, Commitment, and Innovation", *Journal of Applied Psychology*, Vol. 75, No. 1, 1990.

② Hislop Donald, "Linking Human Resource Management and Knowledge Management via Commitment: a Review and Research Agenda", *Employee Relations*, Vol. 25, No. 2, 2003.

③ King William R., Marks Jr. Peter V., "Motivating Knowledge Sharing through a Knowledge Management System", *Omega*, Vol. 36, No. 1, 2008.

④ 何会涛、彭纪生：《基于员工—组织关系视角的人力资源管理实践、组织支持与知识共享问题探讨》，《外国经济与管理》2008 年第 12 期。

⑤ 曹科岩、戴健林：《人力资源管理实践、组织支持感与员工知识分享行为关系研究》，《科技管理研究》2010 年第 24 期。

⑥ 任丽君：《知识型员工组织支持感、组织承诺和知识共享意愿的关系研究》，硕士学位论文，浙江工商大学，2012 年。

⑦ 何会涛、彭纪生：《基于员工—组织关系视角的人力资源管理实践、组织支持与知识共享问题探讨》，《外国经济与管理》2008 年第 12 期。

积极地贡献知识[①]。在上文的论述中，我们对这种“投桃报李”的交换思维的局限已有讨论。当我们从更高角度审视这种逻辑时，会发现另外一个问题，即员工回报组织的方式有很多，比如承担额外的工作、爱惜公共财物等，贡献私有知识只是其中的一种，交换或互惠的思维无法解释员工为什么单单选择了知识贡献而不是其他。

综上，本书对重要他人的支持的界定参考了SDT及知识共享领域的一般研究成果，具有如下几个特点：（1）以SDT为核心基础理论，从动机内化的视角切入研究，摆脱了传统的交换思维的局限；（2）在支持的来源方面，兼顾了主管和同事；（3）在支持的内容方面，不仅包括了精神上的“软支持”，也包括了资源上的“硬支持”；此外，这种支持全面回应了个体的三种基本心理需求，而不是只强调自主需求。

二　基本心理需求

SDT的第四个子理论BPNT详细介绍了人类的三种基本心理需求（自主、胜任、关系），以及基本心理需求的满足在动机内化过程中的中介作用。自主是指个体在行动中按自己的意愿行事，有权选择具体的方案；胜任是指个体在与环境的交互中，感知到自己的能力，能够顺利完成适宜的有挑战性的任务，并最终得到期望的结果；关系是指个体感到自己归属于某个特定的群体，与他人建立起一种互相关心、互相尊重的关系[②][③]。事实上，BPNT所提出的自主、胜任、关系概念与人们的常识基本一致，故而许多学者在基于SDT展开研究时，并没有特意对其进行详细界定。从我们在企业实地调研的经验来看，

---

① Y. Lew T.，“The Relationships between Perceived Organizational Support，Felt Obligation，Affective Organizational Commitment and Turnover Intention of Academics Working with Private Higher Educational Institutions in Malaysia”，*European Journal of Social Sciences*，Vol. 9，No. 1，2009.

② 张剑、张微、Deci Edward L.：《心理需要的满足与工作满意度：哪一个能够更好地预测工作绩效？》，《管理评论》2012年第6期。

③ 刘俊升、林丽玲、吕媛、魏超波、周颖、陈欣银：《基本心理需求量表中文版的信、效度初步检验》，《中国心理卫生杂志》2013年第10期。

被试者一般都能较好地理解这几个概念，很少产生歧义。

BPNT所关注的心理需求与传统动机理论所涉及的需求概念有很大不同。传统的动机理论（如驱力理论等）认为，需求实际上反映了主体感知到的一种匮乏状态，如饥饿是因为缺少食物，口渴是因为缺少水，等等。这种匮乏状态会使有机体感到紧张、不适，为消除不适感，个体会采取有意识的行动，如吃饭、喝水等。个体有针对性的行动消除了匮乏状态，使有机体重新恢复平衡，相应的需求暂时消失，如此循环往复。不同于一般的需求，心理需求并不是匮乏性的。正如德西和瑞安（2000）[①] 所言，追求自我的完善与整合，积极地融入群体是人类的天性，与之相伴的行为会自然地发生，并不需要匮乏感的刺激。当个体的心理需求未能得到满足时，他当然有可能采取行动以满足需求，但更多的人会做出调整，抑制自身的心理需求，从而偏离健康发展的自然轨道，逐步适应受控或无动机状态。从上述分析可以看出，作为一种高层次的需求，心理需求对个体行为的影响较为缓慢、间接。与之相对应，生理需求对人的影响快速、直接，立竿见影。当人饥饿到一定程度时，他的一切想法、行动都与食物有关，由此产生的驱力是非常强大的。心理需求的满足关乎个人的成长与幸福，但无关生死，短时间地忽略这种需求并不会招致员工的强烈反弹，也看不到比较明显的负面后果，许多管理者因此忽视了员工的心理需求。如果个体的心理需求长时间得不到满足，相应的动机内化过程就会受阻，在外在动机驱动下的员工自然不可能有高质量的知识贡献行为，也许这才是当前企业面临的知识共享困境的症结所在。

BPNT全面、详细地阐述了人类的心理需求，但仍有两个问题有待解决：一个是心理需求的完备性，另一个是各种心理需求的相对重要性。

关于心理需求的完备性，即自主、胜任、关系三种需求是否涵盖了人类所有的心理需求，恐怕任何学者都无法给出确定的回答。综合

① Deci Edward L., Ryan Richard M., "The 'What' and 'Why' of Goal Pursuits: Human Needs and the Self-Determination of Behavior", *Psychological Inquiry*, Vol. 11, No. 4, 2000.

马斯洛的需要层次理论、奥尔德弗的 ERG 理论、赫茨伯格的双因素理论以及麦克莱兰的成就需要理论等传统的内容型激励理论，笔者认为，BPNT 在前人研究的基础上，将人类纷繁复杂的心理需求总结、归纳为自主、胜任、关系三种，这一归纳基本上是全面的，本书的研究也试图为这一论断提供新的证据。

各种心理需求的相对重要性问题实际上与 BPNT 的跨文化移植有关。大量基于 SDT 的研究都证实了三种基本心理需求的普适性，但不同文化背景下人们所看重的心理需求是否有差异，这一问题仍需要进一步的实证检验。“生命诚可贵，爱情价更高。若为自由故，两者皆可抛。”匈牙利诗人裴多菲的这首小诗用浅近的语言说出了人们对自由的珍视。从大处讲，正是这种对自由的渴望激励着亚非拉人民在 20 世纪五六十年代掀起了风起云涌的民族独立运动；从小处讲，追求自由的天性使得人们在工作、生活中不愿意受他人的束缚或控制，而更喜欢按自己的意愿行事。但人性对自由或自主的向往是天经地义的么？也不尽然。美籍德裔心理学家埃里希·弗罗姆在其名著《逃避自由》中详细分析了一部分现代人是如何从追求、渴望自由转而逃避自由的。弗罗姆的分析主要基于欧洲背景展开，在中世纪的欧洲，个体嵌入于稳定的社会结构之中，这种社会结构限定了每个人的身份、社会地位，通过个人努力实现阶层流动的可能性微乎其微。这种社会结构剥夺了个人自由，但在某种程度上也赋予其一定的保障和安全感。文艺复兴和宗教改革的冲击使得人们首先在情感表达和宗教信仰方面获得自由，但脱离了经济基础的精神自由是非常脆弱的，随时有可能被再次剥夺。工业革命和资本主义的发展使得个体在经济和政治上获得了自由，至此中世纪对人性的禁锢被彻底打破。自由时代的到来并没有带来想象中的幸福，从僵硬的社会结构中挣脱出来的个体就好像刚刚脱离母体的婴儿，与无限的可能性相伴而来的是残酷的生存竞争。外在的权威崩塌了，但它们却从未消失，反而以一种更隐晦的方式操纵着个体。孤独、恐惧、焦虑、彷徨，这些麻木的中世纪人很少体验过的负面情感使得自由不再诱人，人们开始恐惧自由，并试图逃避自由。法国哲学家萨特的论述则更为简洁：自由意味着选择，而选择意味着责任。当个体没有能力做出选择，或者不愿承担选择的责任时，逃避自由，接受他人的控制或安排也就顺理成章了。

在个人主义盛行的西方，自由尚且被逃避，当我们把视线转向以集体主义著称的中国，情况又是怎样的呢？儒家思想对中国社会影响至深，它带有鲜明的集体主义色彩，重视人际关系的和谐，注重家庭和秩序。在儒家的世界里，个体通过君臣、父子、兄弟、夫妻等一系列关系来定义自我，确认自我的存在。在这里，作为独立个体的人总是隐藏在重重关系背后，他的面目始终是模糊的。1949 年新中国成立以后，这种文化上的集体主义在经济、政治层面得到了进一步的强化。1956 年，社会主义改造的基本完成确立了公有制的绝对主体地位，失去了生产资料的个体也就失去了独立自主的经济基础。弗罗姆在《逃避自由》中对欧洲历史的分析在某种程度上与中国的情况也是契合的。在改革开放前的中国，几乎所有人都被纳入体制之中。每个人都依附于特定的“单位”，由“单位”负责安排工作、生活中的各种事务。体制剥夺了个人的自由，但也带给其安全和保障。改革开放以后，原本僵化的社会体制逐渐松动、瓦解，越来越多的人开始摆脱“单位”的束缚，享受着远超以往的自由。但正如弗罗姆的预期，与自由相伴而来的压力、责任让许多人感到不适，希望回到“旧日好时光”的人不在少数。除儒家文化、特殊的政治经济体制外，中国社会的另一个特点就是对关系的重视。与西方社会相比，中国人所说的关系的内涵要丰富得多，以至于许多学者将关系直译为“Guanxi”，而不是“Relationship”①②。著名社会学家费孝通在《乡土中国》一书

---

① Ramasamy Bala, Goh K. W., Yeung Matthew C. H., “Is Guanxi (Relationship) a Bridge to Knowledge Transfer?”, *Journal of Business Research*, Vol. 59, No. 1, 2006.

② Zhang Yi, Zhang Zigang, “Guanxi and Organizational Dynamics in China: a Link between Individual and Organizational Levels”, *Journal of Business Ethics*, Vol. 67, No. 4, 2006.

中使用“差序格局”这一术语来刻画中国社会的结构，在差序格局下，每个人都以自己为中心形成网络，这就好像将一枚石子扔到湖水中，以石子的入水点为中心，在其周围形成一圈圈的波纹，与个体关系亲密的人处在接近中心点的波纹上，关系疏远的则远离中心点①。我们会从社会关系中获取关怀、鼓励等情感支持，这一点与西方无异。但中国人对关系的理解不止于此，我们习惯于依据关系的亲疏远近将他人分为自己人和外人，在执行规则、分配资源时优先照顾自己人的利益。类似这种情况在西方社会中应该也有，但在中国要更为普遍，民众对其的容忍度也更高。

在三种基本心理需求中，自主和关系更多地体现了人的社会性，这两种需求都与社会交往有关。自主体现了人际交往中的疏离倾向，即个体希望摆脱他人的束缚或控制，按照自己的意愿行事；关系体现了人际交往中的集聚倾向，即个体希望融入群体，并从群体中获得情感、资源等方面的支持。从某种意义上讲，人性就是在疏离和集聚之间不停摇摆，努力达到平衡。就胜任而言，虽然外界的反馈会影响个体对自身能力的评价，但理性的个体对自己究竟能否胜任特定工作一般都会有清醒的认识。换言之，对胜任的感知更多地与自身有关，与社会交往的联系比较弱。

综合上述分析，SDT 对自主需求的强调有其特殊的背景，当研究视角切换到中国本土时，我们预期自主需求的重要性会适当下降，而关系需求则会变得更加重要，本书的研究将为这一猜想提供来自企业一线的证据。

三　知识贡献动机

随着研究范式的变迁，越来越多的学者注意到了动机对于个体知识贡献行为的重要意义。表 3 －2 列出了部分已有研究所涉及的知识

---

① 费孝通：《乡土中国》，北京出版社 2009 年版。

贡献动机。

表3－2　　　　**知识贡献动机**

时间	研究者	识别的知识贡献动机
2001	霍尔（Hall）①	经济奖励、职业发展及安全感、声誉、个人满足感
2005	博克等②	外部奖励、互惠关系、自我价值感
2005	瓦斯科和法拉奇（Wasko & Faraj）③	声誉、乐于助人、组织承诺、互惠
2006	赵等（Chiu et al.）④	互惠、个人及团队相关的成果预期、组织认同
2007	徐等（Hsu et al.）⑤	个人成果预期、团队相关的成果预期
2007	林⑥	外在动机（期望的组织奖励、互惠）、内在动机（知识的自我效能感、助人的愉悦感）
2007	于等（Yu et al.）⑦	自我提高、学习、构建个人声望、利他、自我保护、互惠、道德义务
2008	徐和林⑧	互惠、声誉及关系构建、利他

① Hall Hazel, "Input-Friendliness: Motivating Knowledge Sharing across Intranets", *Journal of Information Science*, Vol. 27, No. 3, 2001.

② Bock Gee-Woo, Zmud Robert W., Kim Young-Gul, Lee Jae-Nam, "Behavioral Intention Formation in Knowledge Sharing: Examining the Roles of Extrinsic Motivators, Social-Psychological Forces, and Organizational Climate", *MIS Quarterly*, Vol. 29, No. 1, 2005.

③ Wasko Molly McLure, Faraj Samer, "Why should I Share? Examining Social Capital and Knowledge Contribution in Electronic Networks of Practice", *MIS Quarterly*, Vol. 29, No. 1, 2005.

④ Chiu Chao-Min, Hsu Meng-Hsiang, Wang Eric . TG., "Understanding Knowledge Sharing in Virtual Communities: an Integration of Social Capital and Social Cognitive Theories", *Decision Support Systems*, Vol. 42, No. 3, 2006.

⑤ Hsu Meng-Hsiang, Ju Teresa L., Yen Chia-Hui, Chang Chun-Ming, "Knowledge Sharing Behavior in Virtual Communities: the Relationship between Trust, Self-Efficacy, and Outcome Expectations", *International Journal of Human-Computer Studies*, Vol. 65, No. 2, 2007.

⑥ Lin Hsiu-Fen, "Effects of Extrinsic and Intrinsic Motivation on Employee Knowledge Sharing Intentions", *Journal of Information Science*, Vol. 33, No. 2, 2007.

⑦ Yu Jie, Jiang Zhenhui, Chan Hock Chuan, "Knowledge Contribution in Problem Solving Virtual Communities: the Mediating Role of Individual Motivations", *Proceedings of the ACM Sigmis CPR Conference on Computer Personnel Research*, 2007.

⑧ Hsu Chin-Lung, Lin Judy Chuan-Chuan, "Acceptance of Blog Usage: the Roles of Technology Acceptance, Social Influence and Knowledge Sharing Motivation", *Information & Management*, Vol. 45, No. 1, 2008.

续表

时间	研究者	识别的知识贡献动机
2008	文鹏、廖建桥①	经济动机、交往动机、认知动机、利他动机
2009	克鲁兹等（Cruz et al.）②	外在动机（包括高额薪酬、组织承认、晋升、职业安全等）、内在动机（包括自信、自主、诚实、归属感等）
2009	盖格纳（Gagné）③	自主动机
2009	福斯等（Foss et al.）④	外部动机、内摄动机、内在动机
2009	陈等（Chen et al.）⑤	外在奖励、互惠、个人形象
2010	张永军、廖建桥⑥	外部动机（经济动机、人际互惠动机）、内部动机（自我价值动机、利他动机）
2010	赵越岷等⑦	内部动机（利他主义、表达正面情绪、发泄负面情绪、自我效能感、归属感）、外部动机（互惠、形象声望、追求时尚）
2010	赵书松等⑧	经济动机、成就动机、公平动机、关系动机、兴趣动机、伦理动机

① 文鹏、廖建桥：《国外知识共享动机研究述评》，《科学学与科学技术管理》2008年第11期。

② Cruz Natalia Martín, Pérez Víctor Martín, Cantero Celina Trevilla, "The Influence of Employee Motivation on Knowledge Transfer", *Journal of Knowledge Management*, Vol. 13, No. 6, 2009.

③ Gagné Marylène, "A Model of Knowledge-Sharing Motivation", *Human Resource Management*, Vol. 48, No. 4, 2009.

④ Foss Nicolai J., Minbaeva Dana B., Pedersen Torben, Reinholt Mia, "Encouraging Knowledge Sharing among Employees: how Job Design Matters", *Human Resource Management*, Vol. 48, No. 6, 2009.

⑤ Chen Zhenjiao, Zhang Xi, Vogel D., Zhao Dingtao, "Encouraging Knowledge Sharing in Global Virtual Teams: the Interaction Effect of Individual Difference and Perceived Sharing Benefits", *Proceedings of the Hawaii International Conference on System Science*, 2009.

⑥ 张永军、廖建桥：《基于动机视角的知识共享考核研究》，《情报杂志》2010年第1期。

⑦ 赵越岷、李梦俊、陈华平：《虚拟社区中消费者信息共享行为影响因素的实证研究》，《管理学报》2010年第10期。

⑧ 赵书松、廖建桥、张可军：《个体知识共享动机：国外研究综述与本土化的理论拓展》，《情报杂志》2010年第1期。

续表

时间	研究者	识别的知识贡献动机
2010	刘宁、张正堂①	外在动机（声誉、金钱）、内在动机（同理心、个人成长、利他主义等）
2010	张爽②	关系动机、利他动机、声望动机、情感动机、利益动机、兴趣动机
2011	张和庄（Chang & Chuang）③	互惠、声誉和认同、利他
2011	洪等（Hung et al.）④	外在动机（经济奖励、声誉反馈、互惠）、内在动机（利他）
2011	瑞恩霍尔特和福斯（Reinholt & Foss）⑤	自主动机
2011	赵文军、谢守美⑥	经济动机、交往动机、认知动机及利他动机
2013	赵书松⑦	主动性动机（个人兴趣、集体情感与责任）、受控性动机（规则服从、成就感知、关系建构）
2013	龚立群、方洁⑧	外在动机（外在奖励、声望与地位的提升、互惠）、内在动机（自我效能、团队归属感、利他主义）

① 刘宁、张正堂：《知识供应者的动机与团队知识分享的激励机制》，《情报杂志》2010 年第 11 期。

② 张爽：《企业内部员工知识共享动机的实证研究》，博士学位论文，大连理工大学，2010 年。

③ Chang Hsin Hsin, Chuang Shuang Shii, "Social Capital and Individual Motivations on Knowledge Sharing: Participant Involvement as a Moderator", *Information & Management*, Vol. 48, No. 1, 2011.

④ Hung Shin-Yuan, Durcikova Alexandra, Lai Hui-Min, Lin Wan-Mei, "The Influence of Intrinsic and Extrinsic Motivation on Individuals' Knowledge Sharing Behavior", *International Journal of Human-Computer Studies*, Vol. 69, No. 6, 2011.

⑤ Reinholt Mia, Foss Nicolai J., "Why a Central Network Position Isn't Enough: the Role of Motivation and Ability for Knowledge Sharing in Employee Networks", *Academy of Management Journal*, Vol. 54, No. 6, 2011.

⑥ 赵文军、谢守美：《虚拟团队中的知识共享动因探析》，《情报杂志》2011 年第 7 期。

⑦ 赵书松：《中国文化背景下员工知识共享的动机模型研究》，《南开管理评论》2013 年第 5 期。

⑧ 龚立群、方洁：《虚拟团队中知识提供者的知识共享动机及其激励机制研究》，《图书情报工作》2013 年第 12 期。

续表

时间	研究者	识别的知识贡献动机
2013	金辉①	内在动机（知识共享的自我效能、助人的愉悦感）、外在动机（期望的物质奖励、期望的互惠关系）
2013	袁留亮②	认同调节动机（互惠动机、感知有用性、交往动机）、内部调节动机（利他动机、自我发展）
2016	袁留亮③	互惠动机（认同调节）、学习动机（整合调节）、利他动机（内部调节）

注：在某些文献中，研究者们使用的术语是“激励”而非“动机”。此外，还有许多研究者将知识共享等同于知识贡献，并没有考虑知识获取问题。

从表 3－2 的归纳中可以看出，经过近 20 年的发展，学术界对知识贡献动机的研究已呈现明显的收敛趋势，在一些重要问题上，学者们逐渐达成了一致。首先，将知识贡献动机分为内在动机和外在动机已成为普遍做法。这表明越来越多的学者认识到传统动机理论“重量不重质”的倾向是有问题的，在强度相同的前提下，内在动机对个体行为的促进作用要更显著，而且受内在动机驱动的个体的幸福感也更高。其次，内在动机、外在动机所包含的内容也逐渐明确。一般认为，经济奖励、声誉、互惠等属于外在动机，内含于知识贡献行为的挑战和乐趣，以及在此过程中贡献者所体验到的助人的愉悦感，都属于内在动机。

但是，以表 3－2 为代表的传统的知识贡献动机研究也存在一些不足：首先，动机被视为给定的外生变量，虽然有学者注意到了文

① 金辉：《内、外生激励因素与员工知识共享：挤出与挤入效应》，《管理科学》2013 年第 3 期。

② 袁留亮：《QQ 群成员知识交流意愿的实证研究——基于自主动机理论》，《图书馆学研究》2013 年第 10 期。

③ 袁留亮：《环境支持对 QQ 群成员持续共享的意愿影响——自主动机的中介作用》，《电化教育研究》2016 年第 6 期。

化、个体差异对动机的影响[①][②]，但动机的具体形成机制仍未得到清晰阐明，以致企业难以对员工的动机形成过程进行科学、有效的干预。其次，学者们大多以静态视角来观察个体动机，认为动机是一成不变的，这与事实不符。SDT认为，适宜的外部条件会激活动机的内化过程，促使个体动机从受控动机向自主动机转化。此外，仅有少数研究者注意到了内外动机之间的相互作用[③]，但挤出效应能否避免及如何避免等重要问题并未得到很好的解答。

综合已有研究，笔者认为，中国企业员工贡献知识的动机大致可归纳为七种，其中内在动机有三种，分别是自我效能感、学习或自我成长动机及利他动机；外在动机有四种，分别是经济利益、互惠、声誉以及集体情感与责任。

我们在上文对自我效能感、学习或自我成长及利他等内在动机已做了比较全面的分析，在此我们仅做一些简单的补充，不再详细展开。

自我效能感这一概念是由班杜拉于20世纪70年代提出来的[④]，它所描述的事实却早已存在。人们在从事自己擅长的事情时，体验到满足感、自豪感等积极情绪是非常自然的事情，古今中外概莫能外。当个体作为贡献者向他人传授知识时，这种满足感、自豪感会更加强烈，因为此时个体不再是独自一人运用知识，而是将知识展示并传递给他人，来自知识获取者的感激、夸奖甚至恭维都会极大地提升贡献者的自我效能感，推动其更积极地贡献知识。事实上，某些个体在自

① Chen Zhenjiao, Zhang Xi, Vogel D., Zhao Dingtao, "Encouraging Knowledge Sharing in Global Virtual Teams: the Interaction Effect of Individual Difference and Perceived Sharing Benefits", *Proceedings of the Hawaii International Conference on System Science*, 2009.

② Manlio Del Giudice, Vincenzo Maggioni, Ma Zhenzhong, Huang Yufang, Wu Jie, Dong Weiwei, Qi Liyun, "What Matters for Knowledge Sharing in Collectivistic Cultures? Empirical Evidence from China", *Journal of Knowledge Management*, Vol. 18, No. 5, 2014.

③ 金辉：《内、外生激励因素与员工知识共享：挤出与挤入效应》，《管理科学》2013年第3期。

④ Bandura Albert, "Self-Efficacy: toward a Unifying Theory of Behavioral Change", *Psychological Review*, Vol. 84, No. 2, 1977.

我效能感的驱使下过于积极、热情地贡献知识，反而会给他人带来困扰，以至于孟子发出了“人之患在好为人师”的感慨。

已有研究大多忽视了知识贡献者的学习或自我成长动机，管理者在鼓励员工贡献知识时，往往只强调其牺牲、奉献的一面，却忘了提醒员工教学相长，传授知识的过程极有可能就是获取新知的过程。对知识贡献的片面理解降低了贡献者的“获得感”，使得员工更倾向于隐匿知识而不是贡献知识。在后续的研究设计及实地调研中，本书将对学习或自我成长动机给予充分的关注。

作为内在动机的利他与作为外在动机的互惠很容易混淆，原因在于这两种动机驱动的知识贡献行为的外在表现形式是一样的，都是帮助他人。但这两种动机的差异也很显著：当个体因利他动机贡献知识时，使他感到满足的是助人的愉悦感，而不是源自互惠的未来可能的回报；当个体因互惠动机贡献知识时，助人行为本身不再是目的，而只是手段。知识的贡献者寄希望于他人能够尊重互惠的社会规范，在将来会对自己有所回馈；简言之，施恩是否图报，这是区分利他动机和互惠动机的关键。

自我效能感、学习或自我成长及利他等内在动机体现了人类“求发展”“亲社会”的天性，这是进化论通过漫长岁月的自然选择在人类身上留下的印记。管理者若能成功地激发起员工的内在动机，促使其在无人监控的情况下自觉、自愿地贡献高质量的个人知识，那么知识共享所面临的种种问题就有可能得到彻底解决。

除上述三种内在动机外，员工贡献知识的外在动机大致有四种，分别是经济利益、互惠、声誉以及集体情感与责任。

首先，经济利益。在上文的论述中，我们曾提到，管理者在为员工的知识贡献行为提供经济奖励时，会面临一个两难的困境：如果提供经济奖励，那么如何确保奖励的准确性，以及避免可能的挤出效应？如果不提供奖励，那么知识贡献者合理的利益诉求要如何解决？通过对知识交易研究范式（即仅考虑知识贡献的经济动机，将知识贡献等同于一般的商品交易）的回顾，我们发现，管理者要想摆脱这一困境并非毫无可能。具体而言，企业应充分认识到知识及知识贡献过程的复杂性，不再斤斤计较于奖励一时的准确性，而是转而通过多种方式向员工传递一个明确的信息：那些关心集体利益、积极帮助他人、贡献知识的员工并不会被组织遗忘，组织会以适当的方式回报他们的付出。如果组织发出的这一信息被员工接收并认可，那么他们对于知识贡献导致的利益受损的担忧就会逐步减弱，与知识贡献行为直接相关的经济动机也会慢慢淡化，此时，员工更有可能注意到知识贡献本身的乐趣或意义，被抑制的内在动机也有可能因此而被激活。总之，知识贡献背后的经济动机是完全合理、正当的，否定、忽视这种动机必然会带来新的问题。如果管理者能够通过提供支持性的外部环境，认真回应员工对于自身利益的合理关切，那么我们就有可能引导员工淡化甚至超越经济动机，从而实现动机内化，并最终化解管理者在激励知识贡献时面临的两难困境。

其次，互惠。作为一种典型的外在动机，多位学者在其研究中都提到了知识贡献的互惠动机。互惠的含义与我们平常所说的“人人为我，我为人人”非常接近，即员工以贡献知识的形式帮助他人，同时希望在自己需要外部知识时，他人也能积极地伸出援手。互惠又可以进一步细分为直接互惠和间接互惠①。所谓直接互惠，是指员工 A 将甲知识传授给 B，而 B 则将乙知识传授给 A 作为回报。有的学者对直接互惠的界定更加严格，在他们看来，互惠动机触发的知识共享类似于物物交换，而物物交换要想成功，就必须解决“需要的双重巧合问题”②。具体到之前的例子，“需要的双重巧合”就是指 A 拥有甲知识但需要乙知识，而 B 恰好拥有乙知识但需要甲知识。此外，A、B 知

---

① 吴强、张卫国：《大规模知识共享的激励方式选择策略》，《系统管理学报》2016 年第 3 期。

② 陈搏、张喜征：《组织内部知识市场交易博弈模型及其实证分析》，《科学学与科学技术管理》2006 年第 4 期。

识需求产生的时间应大致相同，而且甲、乙知识的价值应相差不大。显然，如此苛刻的条件在现实生活中是很难被满足的，因此，一般所谈的互惠大多不是直接互惠，而是间接互惠。所谓间接互惠，是指员工A将甲知识传授给B，而当A需要乙知识时，员工C将乙知识传授给A。在间接互惠中，知识贡献者并不一定从原来的知识获取者那里得到回报；员工做出贡献和获得回报之间可能存在较大的时间间隔；贡献的知识与获取的知识的价值也并不一定相等。间接互惠动机的产生与信任、组织规范或文化等密切相关。只有当员工信任同事时，他才会冒着可能一无所获的风险，提前贡献知识。组织规范或文化的存在使得这种风险并不会很大，在一个相对固定的群体内（比如企业的一个车间或部门），个体的行为或多或少都会被他人注意到，如果某人只是接受帮助，但从不回馈他人，那么久而久之，他就会被同事疏远，也不会再有人回应他的求助。为避免被逐出群体，员工一般都会对同事的求助做出积极回应，使得间接互惠可以一直持续下去。互惠动机和经济动机类似，都带有很强的功利性。当员工在互惠动机的驱使下贡献知识时，他更倾向于向位高权重、掌握大量资源的主管或领导贡献真正有价值的知识，对于一般的同事，往往就持敷衍的态度。换言之，与互惠动机相伴而来的“看人下菜碟”问题使得该动机只能在少数情况下激发起高质量的知识贡献行为。

再次，声誉。在中国文化中，“名”（声誉）与“利”常被同时提起，对专家、权威等称号的追求也激励着许多员工积极、无保留地贡献知识。良好的声誉能为个体带来威信、他人的尊重、信任以及赞美，这些都有助于满足马斯洛所说的人类的第四层需要——尊重（Esteem）的需要，使个体体验到自身存在的价值。此外，声誉往往与社会地位、权力相联系，当某位员工被公认为是本领域的专家或权威时，他的意见就很可能会对组织的决策产生重大影响，该员工在组织内的地位就会因此上升，他所拥有的无形的权力（或影响力）也会增强。在中国的传统文化中，赤裸裸地追逐经济利益被认为是很庸俗的。先哲孔子曾经说过，“君子喻于义，小人喻于利”。“耻于言利”一直以来都是中国文化人或知识分子的特点。(当然，近几十年来这种情况有了很大的改变。) 但另一方面，我们对于追逐声誉的行为表现出了较大的宽容。所谓“名利二字，名在利前”，现实生活中看重声誉胜过金钱的人并不鲜见。特别是对那些专家、权威来说，他们早已超越了生理、安全等低层次需求，转而关注尊重、自我实现等高层次需求，“重名轻利”的现象在这个群体中更为普遍。对声誉的追求激励着部分员工超越对经济利益的考量，更加全面、彻底、无保留地贡献自己的知识。但声誉动机并非完美，那些特别看重声誉的专家或权威往往也比较爱惜羽毛，他们在发表意见时总是很慎重，不愿意与他人分享尚未考虑成熟的知识。这种谨慎固然降低了知识贡献者犯错及声誉受损的风险，但也使他们失去了与同事切磋、交流并进一步完善知识的机会。

最后，集体情感与责任。这一动机在较早的研究中出现的频率并不高，但随着基于中国文化背景的本土化研究的不断深入，越来越多的学者注意到了这种动机。谢荷锋 (2007)①、何会涛 (2011)② 等将企业员工的知识共享行为分成两类，一类是以帮助同事为目的，另一类则是以帮助组织为目的。张爽 (2010) 认为，员工有可能为了组织或团队的利益贡献知识，她将这种动机称为情感动机③。赵书松 (2013) 的研究发现，在中国文化背景下，个体会出于对集体的热爱或责任感而贡献知识④。集体情感与责任动机带有鲜明的集体主义色彩，与中国传统文化是比较契合的。此外，就性质而言，集体情感与

① 谢荷锋：《组织氛围对企业员工间非正式知识分享行为的激励研究》，《研究与发展管理》2007 年第 2 期。

② 何会涛：《知识共享有效性研究：个体与组织导向的视角》，《科学学研究》2011 年第 3 期。

③ 张爽：《企业内部员工知识共享动机的实证研究》，博士学位论文，大连理工大学，2010 年。

④ 赵书松：《中国文化背景下员工知识共享的动机模型研究》，《南开管理评论》2013 年第 5 期。

责任仍属于外在动机，当员工在该动机的驱使下贡献知识时，他的目的并不是指向知识贡献行为本身，而是指向可与贡献行为相分离的结果——组织或集体利益的最大化。但与经济利益、互惠、声誉等外在动机不同，集体情感与责任动机驱使下的员工对个人得失的关注较少，他们在贡献知识时也很少有所保留。换言之，集体情感与责任动机所发挥的作用与内在动机是非常相似的。

以上我们介绍了包括三种内在动机、四种外在动机在内的七种知识贡献动机，接下来我们将基于有机整合理论（OIT）分析这些动机的自主或受控程度，并对其进行分类。

内在动机被认为是一种天生的自主动机（Inherently Autonomous Motivation），它的自主程度是最高的。内在动机驱使下的个体无视外界的奖惩或压力，他们完全按照自身的意愿或选择行事，并且因行为本身而获得满足。外在动机则不然，OIT 按自主程度由低到高将其分为四类，分别是外部调节、内摄调节、认同调节和整合调节。外部调节的自主程度最低，此时个体的行为与获取报酬或避免惩罚直接相关。内摄调节的自主程度稍高，此时个体的行为仍与奖惩有关，但这种奖惩更多地来自个体内部，与外界环境的联系较弱。内摄调节驱使下的个体为了获得自我价值感、避免内疚或羞愧而采取行动。认同调节的自主程度要更高一些，此时个体已认识到外部目标、价值观的重要性，并对相应的规则表示认同。认同调节驱使下的个体在行动时很少感受到压力或受控制，这种动机含有较多的自我决定成分。整合调节的自主程度是最高的，此时个体完全接纳、吸收了外界的价值观、目标及规范，并将其与自身的价值观整合为一体。整合调节具有最多的自我决定成分，它所发挥的作用与内在动机非常相似①②。

---

① Gagné Marylène, Deci Edward L., "Self-Determination Theory and Work Motivation", *Journal of Organizational Behavior*, Vol. 26, No. 4, 2005.

② 张剑、宋亚辉、刘肖：《削弱效应是否存在：工作场所中内外动机的关系》，《心理学报》2016 年第 1 期。

根据上述定义，同时参考袁留亮（2013）[①]、赵书松（2013）[②]、王和侯（2015）[③] 的分类，笔者认为，经济利益属于典型的外部调节，这一点学者们基本没有异议。互惠的情况比较特殊，大部分学者将其视为外部调节，但也有学者将其视为内摄调节[④]，甚至认同调节[⑤]。笔者认为，当员工在互惠动机驱使下贡献知识时，他所期待的是在将来能够得到他人的帮助，这种帮助实际上就是一种来自外部的奖励。当然，同事拒绝提供帮助可被视为一种惩罚。从互惠与外部奖惩的关系来看，将其归入外部调节是很合理的。但在现实生活中，许多员工并不享受助人的过程，对于在未来获得回报也不抱太大期望，对他们而言，互惠更多地表现为一种行为规范，遵守这种规范贡献知识可以有效地避免内疚或羞愧，从这个角度来看，互惠又可被归入内摄调节。因此，笔者认为，互惠动机介于外部调节和内摄调节之间，但外部调节的成分要更多一些；声誉动机关乎个体自尊与自我价值感，一般被归入内摄调节；集体情感与责任动机表明个体认同或接纳组织的价值观或目标，可将其归入认同调节或整合调节。

事实上，OIT 所说的外在动机的四种调节构成了一个连续体（Continuum），不同调节之间的界限并没有想象中的那样清晰。此外，从心理测量学的角度来看，某些相邻的调节（如认同调节与整合调节）的表现及作用效果非常相似，很难区分[⑥]。因此，在实证研究中

---

① 袁留亮：《QQ 群成员知识交流意愿的实证研究——基于自主动机理论》，《图书馆学研究》2013 年第 10 期。

② 赵书松：《中国文化背景下员工知识共享的动机模型研究》，《南开管理评论》2013 年第 5 期。

③ Wang Wei-Tsong, Hou Ya-Pei, "Motivations of Employees' Knowledge Sharing Behaviors: a Self-Determination Perspective", *Information and Organization*, Vol. 25, No. 1, 2015.

④ Wasko Molly McLure, Faraj Samer, "Why should I Share? Examining Social Capital and Knowledge Contribution in Electronic Networks of Practice", *MIS Quarterly*, Vol. 29, No. 1, 2005.

⑤ Yan Ming, Zha Xianjin, Yan Yalan, "Exploring Employee Perceptions of Web 2.0 Virtual Communities from the Perspective of Knowledge Sharing", *Aslib Journal of Information Management*, Vol. 66, No. 4, 2014.

⑥ 张剑、宋亚辉、刘肖：《削弱效应是否存在：工作场所中内外动机的关系》，《心理学报》2016 年第 1 期。

学者们大多采用一种较为粗略的分类方法，即将外部调节和内摄调节合并为受控动机，而将认同调节、整合调节和内在动机合并为自主动机[①]。综合上述分析，我们对本书涉及的七种知识贡献动机进行了归类，结果如表3－3所示。

表3－3　**知识贡献动机的归类**

受控/自主动机	受控动机			自主动机			
外在/内在动机	外在动机（外部调节）	外在动机（外部调节）	外在动机（内摄调节）	外在动机（认同或整合调节）	内在动机		
动机	经济利益	互惠	声誉	集体情感与责任	自我效能感	学习或自我成长	利他

资料来源：作者自行整理。

从表3－3可以看出，与受控动机相比，自主动机驱动下的员工较少考虑个人得失，他们大多出于自身意愿贡献知识，故而其知识贡献行为的质量是比较高的，这也是管理者积极推动知识贡献动机内化的原因所在。

四　知识贡献行为

在确定本书理论模型的结果变量时，我们有两个可能的选项，其一是知识贡献行为，其二是知识贡献意愿。对企业来说，仅仅激发员工的知识贡献意愿是不够的，只有当员工将这种意愿付诸行动时，企业才能真正从中获益。因此，本书选择了知识贡献行为作为结果变量。

从数据收集的角度来看，基本心理需求、动机和意愿都隐藏在个体的大脑中，我们只能借助自陈问卷来进行测量，但是对自陈问卷的

① Deci Edward L., Ryan Richard M., "Facilitating Optimal Motivation and Psychological Well-Being across Life's Domains", *Canadian Psychology*, Vol. 49, No. 1, 2008.

过度依赖会带来严重的同源偏差（Common Method Biases）问题。此外，预调研的结果表明，使用同一份问卷测量多个含义相近的变量（需求、动机和意愿）会降低问卷的可理解性，导致数据质量较差。选择知识贡献行为作为结果变量可以在一定程度上缓解上述问题：我们可以邀请员工的主管填写配对问卷，以测量该员工的知识贡献行为，从而避免同源偏差；外显的行为毕竟不同于内隐的动机、意愿，被试在填写问卷时可依据常识作答，这样的研究设计降低了问卷的难度，有助于提高数据质量。

知识贡献行为是一个比较宽泛的概念，研究者们大多基于不同的标准对其做了进一步的细分。有学者将其分为正式与非正式两类①；也有学者将其分为个人导向与组织导向两类（前者以帮助同事为目的，后者则以帮助组织为目的）②。在诸多的分类方法中，将知识贡献分为隐性知识贡献和显性知识贡献两类的做法是很普遍的，本书也采用了这种分类方法，原因如下：首先，隐性知识贡献/显性知识贡献的二分法在某种程度上与其他的分类方法是重叠的，比如正式的知识贡献大多对应显性知识，而非正式的知识贡献则往往对应隐性知识。其次，员工的知识贡献动机与其贡献的知识的隐性程度往往存在比较密切的联系。当员工在受控动机（如经济利益、互惠等）的驱使下贡献知识时，他们很可能会选择转移难度较小的显性知识；与之对应，只有那些受自主动机驱使的员工，才会不惜时间和精力，贡献难以转移的隐性知识。本书的研究聚焦于知识贡献的动机，隐性知识贡献/显性知识贡献的分类方法不仅在逻辑上与之前的分析保持了一致，更有助于我们厘清知识贡献动机对贡献行为的具体作用机理，为企业改善知识管理提供参考。

---

① 原欣伟、伊景冰、邵江东：《组织内正式与非正式知识共享二元悖论、成因及对策》，《图书情报工作》2010 年第 12 期。

② 何会涛：《知识共享有效性研究：个体与组织导向的视角》，《科学学研究》2011 年第 3 期。

第三节　理论模型的构建与研究假设的提出

一　理论模型的构建

本书主要基于 SDT 构建理论模型，结合上文对研究所涉及的核心构念的分析和界定，我们给出如图 3 - 3 所示的细化理论模型（重要他人的支持和知识贡献行为采用虚线框，表明其所对应的变量各自独立，并未聚合成高阶变量）：

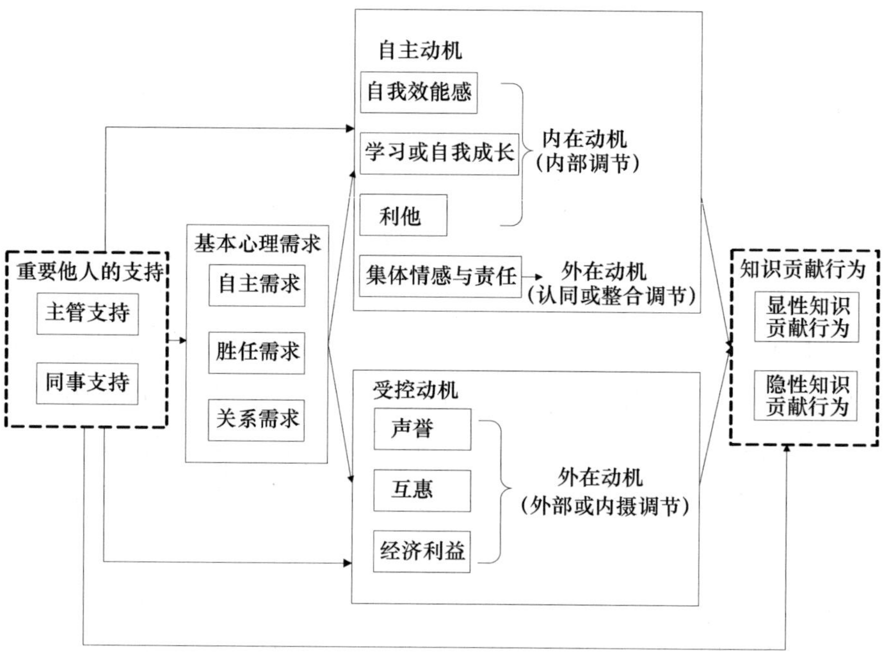

图 3 - 3　本书的理论模型

二　研究假设的提出

（一）重要他人的支持与个体基本心理需求满足

SDT 认为，重要他人的自主支持有助于个体基本心理需求的满足，这一命题在已有的多项研究中都得到了证实，也为我们提出相关研究假设奠定了基础。根据上文的分析，重要他人的支持可分为两类，分别是主管支持和同事支持，下面我们将依次探讨这两种支持对个体基本心理需求的影响。

（1）主管支持

作为员工的直接领导，主管拥有的权力主要包括以下几个方面：a. 决定组织内的资源如何分配；b. 为员工安排工作任务，指定完成时间，必要时对员工的具体工作方式进行干预；c. 考核员工的工作绩效。由此可见，所谓“县官不如现管”，主管拥有的权力是相当大的，他的态度及行为对个体的各项基本心理需求必然会产生重大影响。

就自主需求而言，员工在贡献知识时的自主性主要体现在他可以按照自己的意愿决定知识贡献的对象、内容、时间及方式，但是，员工的自主决定要想变成现实，离不开主管的支持。在实际工作中，主管很可能会直接干涉员工的知识贡献行为，比如禁止其向特定同事传授特定知识，再比如要求员工以本职工作为重，不能占用工作时间或资源来从事知识贡献活动。主管的某些限制或干涉也许并非出自个人好恶，而是与企业的规章制度有关，此时主管的支持程度基本决定了这些控制性的措施是否会对个体的自主需求产生消极影响。支持性的主管在干涉员工的自主决策时，并不是简单地、不加说明地把自己的意图强加给员工，他会站在员工的角度考虑问题，承认来自外界的控制会给其带来负面的情感体验，同时他还会向员工解释施加控制的原因，以求得员工的理解。类似这样的主管支持有助于员工正确认识自主与控制的关系，从而使其自主需求得到更好的满足。

就胜任需求而言，主管支持对员工的积极影响主要体现在两个方面：

a. 突出绩效考核的信息属性，尽可能地提供准确、客观的考核信息。作为 SDT 的子理论，认知评价理论（CET）认为主管对员工的绩效考核具有双重属性，其一为控制属性（Controlling Aspect），其二为信息属性（Information Aspect）[①]。绩效考核的控制属性与交易型领导的理念一脉相承，强调控制属性的绩效考核向员工传递的信息简单、直接，即“要想获得组织的回报，就必须在规定时间内按规定标准完成规定的工作”，这种强烈的控制感对个体的自主需求会产生严重的负面影响。支持性的主管在对员工进行绩效考核时，往往更强调其信息属性，他们试图通过绩效信息的传达，帮助员工更好地评估、提升自身能力，以促进胜任需求的满足。CET 认为，积极的考核反馈会对个体产生正面影响，而消极的考核反馈则会对个体产生负面影响。艾森伯格等（1999）对这一论断提出了异议，他们认为，准确的绩效考核，不管它是积极的还是消极的，都可以向员工传递大量有价值的信息，帮助其提高自身的胜任力[②]。笔者赞同艾森伯格等的观点，当绩效考核被视为传递信息的载体而非控制手段时，准确性就成为衡量其是否得当的核心标准。只要考核是准确、客观的，那么即使它传递的是消极的信息，这些信息也是有意义的，不会对个体的胜任需求产生负面影响。当看到主管对自己的消极评价时，大多数人恐怕都会感到沮丧，毕竟，一般人很难达到“闻过则喜”的境界，但理性的个体会因此而重新审视自己，查漏补缺，随着个人能力的增长，其胜任需求也会得到进一步的满足。

b. 在分配组织资源时向知识共享活动做出适当倾斜。知识贡献的顺利开展离不开数据库、网络平台等硬件基础设施的支持，如果主管支持仅停留在精神层面，那么员工在贡献知识时就很可能遇到许多实际的困难。主管在资源分配方面的倾斜能为员工创造良好的条件，提高知识贡献的成功率，进而满足其胜任需求。

就关系需求而言，主管支持会使员工感受到来自直接领导的关怀

① Deci Edward L.，Ryan Richard M.，*Intrinsic Motivation and Self-Determination in Human Behavior*，Springer Science & Business Media，1985.

② Eisenberger Robert，Pierce W. David，Cameron Judy，“Effects of Reward on Intrinsic Motivation-Negative，Neutral，and Positive：Comment on Deci，Koestner，and Ryan（1999）”，*Psychological Bulletin*，Vol. 125，No. 6，1999.

和鼓励，从而与之建立良好的关系。在中国文化背景下，关系被赋予了多重含义，个体不仅可以从与他人的关系中获取情感支持，更有可能从中获取现实利益。为满足自身的关系需求，员工会设法融入群体之中，来自主管的支持会向群体的其他成员传递一个积极的信号，这一信号有助于打消其疑虑，促使他们更快地接纳被支持的员工。从比较庸俗的角度来看，也不排除某些个体会为了迎合领导或主管而主动向被支持的员工示好。总之，主管支持能够帮助员工在短时间内深度融入群体，进而满足其关系需求。

基于上述分析，我们提出以下研究假设：

H1a：主管支持有助于满足个体的基本心理需求。

（2）同事支持

与领导或主管不同，同事并没有分配资源、指派工作、考核绩效的权力，但组织中的领导毕竟是少数，员工在日常工作中接触最多的、最有可能的知识贡献对象就是自己的同事，因此，预期同事的态度或反应对个体也会产生较大影响。在分析同事支持如何满足个体基本心理需求时，我们主要考虑如下两种情况：

a. 同事作为知识的获取者直接参与知识共享

此时，同事作为有求于人的一方，在知识拥有者做出是否贡献知识的决策以及实际贡献知识时，都会表现出很强的支持性。比如，他对于知识贡献者所选择的时间、地点及具体共享方式一般不会表示异议；对于贡献者传授的知识也会给予很高的评价，甚至不乏夸张的溢美之词。知识获取者的这种反应是可以理解的，它极大地满足了贡献者的自主需求、胜任需求及关系需求，“好为人师”的根源恐怕就在于此。但是，同事的支持绝不仅仅体现在知识共享开始之前及进行之中，更重要的同事支持体现在知识共享结束之后，特别是知识共享失败之后。如前所述，知识的贡献与获取是一个非常复杂的过程，绝非有形物品的一予一取那样简单。有许多原因会导致知识共享失败：比如获取者不具备掌握复杂知识所需的认知基础和学习能力；再比如贡献者或获取者忽视了知识发挥作用的边界条件，导致知识在新的情境中失效；当然，共享失败还可能是因为知识本身就是错的，或者贡献者有意隐瞒了一些关键信息；等等。当知识共享未能达到预期效果时，同事的支持才显得更加珍贵。非支持性的同事会尽力推卸自己的责任，将失败归咎于贡献者，甚至公开质疑、指责贡献者的专业能力和道德操守，这对贡献者而言往往是不公平的，也无助于其基本心理需求的满足。支持性的同事则不然，他们大多对人性抱有积极的预期，很少以恶意来推测他人。面对知识共享的失败，他们并不是急于撇清自己，而是会和贡献者一起分析问题，解决问题。在这个过程中，贡献者的压力、自责等负面情绪会得到一定程度的缓解，存在缺陷的标的知识也有可能因此而得到修正和完善，知识共享的双方都会因此获得个人的成长。总之，这些来自同事的尊重、理解和支持将有助于满足贡献者的自主、胜任及关系需求，并最终促使其更积极地贡献知识。

b. 同事作为旁观者间接参与知识共享

在私密场合发生的知识共享只有知识的贡献者与获取者知晓，但还有许多知识共享发生在公开或半公开的场合，此时，旁观的同事也会以某种间接的方式参与进来。在中国的传统文化中，低调谦逊被认为是一种美德，而自炫博学、好为人师则多少有点令人厌恶，对平级同事的行为加以指点更是需要特别的谨慎。当贡献者向他人传授知识时，旁观的非支持性的同事会有意无意地忽视知识共享的助人属性，而给贡献者贴上“爱炫耀”“好出风头”等标签。当知识共享遇到困难或失败时，他们往往不会积极地伸出援手，反而会表现出一种“事不关己高高挂起”，甚至幸灾乐祸的态度。非支持性的同事的反应会使贡献者感到被孤立，这无助于其基本心理需求的满足，也会严重打击其贡献知识的积极性。支持性的同事的表现则刚好相反，他们会由衷地赞赏、鼓励贡献者的助人行为，在需要的时候也会为之提供便利。这种来自同事的积极反馈会增强贡献者的自信心，使其感到被群体接纳，并最终满足其各种基本心理需求。

基于上述分析，我们提出以下研究假设：

H1b：同事支持有助于满足个体的基本心理需求。

（二）个体基本心理需求满足与知识贡献动机的内化

SDT 认为，动机内化的程度是基本心理需求得到满足程度的函数[①]。具体到个体的知识贡献行为，当员工的基本心理需求未能得到满足时，他们往往无暇顾及知识贡献本身的乐趣或挑战，而会把大量的注意力集中在经济回报、声誉及互惠预期上。此时，推动个体贡献知识的主要是外部或内摄调节的外在动机（即受控动机），而非认同或整合调节的外在动机，以及内在动机（即自主动机）。如果仅从外在/内在动机的角度来看，这种高外在动机与低内在动机并存的现象就是我们所熟悉的挤出效应。当员工的基本心理需求得到很好的满足时，动机的内化过程将被启动。此时，外部或内摄调节的外在动机（即受控动机）会逐渐淡化，而认同或整合调节的外在动机，以及内在动机（即自主动机）则会逐渐增强。因此，如果动机内化程度较高，那么个体的内在动机完全有可能在外在动机整体水平基本不变的情况下实现较大的提升，一直困扰管理者的挤出效应也有可能因此被化解。

德西和瑞安（2003）构建了相对自主指数（Relative Autonomy Index，RAI）指标以测量动机的内化程度[②]，RAI 的计算公式如下：

RAI = 2 × 整合调节 + 认同调节 − 内摄调节 − 2 × 外部调节

在具体应用 RAI 时，研究者需要先用动机量表测量各种外在动机的水平，然后将其代入上式计算，易知 RAI 得分与动机的内化程度正相关。本书对动机内化程度的测量基本遵循了上述思路，但又做出了一些修订，修订后的 RAI 计算公式如下：

修订后的 RAI = 自主动机 − 受控动机

---

① 张剑、郭德俊：《内部动机与外部动机的关系》，《心理科学进展》2003 年第 5 期。

② Deci Edward L.，Ryan Richard M.，*Handbook of Self-Determination Research*，University Rochester Press，2003.

以上修订主要是基于两点考虑：首先，与教育、体育运动等领域不同，个体贡献知识的外在动机在四种调节上的分布很不均匀，其中有三种动机属于外部或内摄调节，仅有一种动机属于认同或整合调节。如果在本书的研究中直接沿用已有的RAI计算公式，很可能会低估动机的内化程度。其次，动机的内化在增强自主的外在动机的同时，也会增强个体的内在动机。德西和瑞安（2003）提出的RAI指数把内在动机排除在外，这一做法是否合理有待商榷。综合以上两点，本书对传统的RAI指数做出了适当修订，以全面准确地反映个体的动机内化程度。当然，这种修订是否可取，也需要通过正式调研的数据予以验证。

需要说明的是，在传统的RAI计算公式中，位于自主程度连续体两端的外部调节和整合调节被赋予了更高的权重（2倍），处于连续体中间的内摄调节和认同调节则仅被赋予了单倍权重。这一设定与SDT在研究动机时所表现出的“重质不重量”的倾向是一致的，也有助于提升RAI指标的效度。但具体到本书的研究，考虑到主要的知识贡献动机大多位于自主程度连续体的两端，居中的动机较少，因此我们就没有再为各动机赋予差别化的权重。换言之，我们对RAI指数的修订仅针对本书的研究情境，如果将该指数应用于对其他问题的研究，一定要结合具体情况对其效度进行重新检验。

SDT语境下的内化概念有非常明确的定义，它指的是“外在动机”的内化（内在动机本身就是内部调节的，无所谓内化问题），即外在动机的自主程度越来越高，受控的外在动机（外部调节和内摄调节）逐渐减弱，自主的外在动机（认同调节和整合调节）逐渐增强。但是，促进外在动机内化的前置因素——重要他人的支持与基本心理需求的满足——对个体的影响绝不仅局限于内化范畴，它还有助于提升个体的内在动机水平。从更宏观的视角来看，重要他人的支持与基本心理需求的满足实质上促进了个体动机由受控动机向自主动机的转变。伴随着这种转变，个体实现了自身的社会化，其行为也由他律走向了自律①。由此可见，个体动机由受控向自主的转变主要通过两条路径实现：其一是外在动机的内化；其二则是内在动机的增强。这种转变的直观后果就是挤出效应的淡化或消失。笔者认为，从这种宏观视角出发研究动机内化问题似乎要更加全面。如果我们拘泥于 SDT 对内化概念的严格界定，仅关注外在动机的内化过程，而将内在动机的增强排除在外，那么本书的理论意义和实践价值都将被削弱，也违背了我们研究知识贡献动机的初衷。因此，在提出相关研究假设时，本书对动机内化的理解偏向宏观，这一点有必要提前做出说明。

接下来我们依次分析自主需求、胜任需求及关系需求的满足对动机内化过程的影响。

（1）自主需求

所谓自主，是指个体不受外界的控制，可以按照自己的意愿行事②。笔者认为，自主需求的满足之所以能促进动机内化，主要是因为它对个体的归因过程及情绪产生了积极的影响。

a. 自主需求的满足与个体归因

所谓归因，是指我们如何确定自己以及他人行为的原因③。为自己的行为寻找原因，即自我归因，是理性个体的一种本能。自我归因通常是不自觉的，但却很有必要，通过归因个体可以将自身行为合理化（Rationalization），避免知行不一带来的紧张感。

在工作组织中，与自主相对应的是控制。当然，企业毕竟不是军队，管理者不可能像军官命令士兵那样直接对员工发号施令。企业对员工的控制大多通过间接的方式实现，比如常见的绩效薪酬（Performance-contingent Rewards）。

---

① 暴占光：《初中生外在学习动机内化的实验研究》，博士学位论文，东北师范大学，2006 年。

② 张剑、张微、Deci Edward L.：《心理需要的满足与工作满意度：哪一个能够更好地预测工作绩效?》，《管理评论》2012 年第 6 期。

③ Kelley Harold H., Michela John L., "Attribution Theory and Research", *Annual Review of Psychology*, Vol. 31, No. 1, 1980.

实践表明，在知识贡献领域推行绩效薪酬方案的效果很难达到预期，其原因主要在于绩效薪酬的高度控制性无助于满足个体的自主需求①，对其归因过程也产生了较大干扰。如前所述，个体的归因通常是在潜意识中自动完成的，缺乏理性参与的自我归因更有可能出现偏差。莱珀等（Lepper et al.，1973）指出，在追溯性的归因行为中个体倾向于只关注显而易见的外部原因，一旦外部原因足以对行为做出解释，归因过程就会停止，那些与行为有关的内在动机往往就被忽略了，这就是所谓的过度归因效应（Overjustification Effect）②。之所以出现过度归因，主要是因为一般人并不是“朴素心理学家”，而更像是“认知经济学家”，他们在归因时注意节约能量，总是“走近路”得出结论。视角不同也会导致归因偏差。当人们作为观察者为他人行为归因时，往往倾向于做内部归因；当人们作为行动者为自己的行为归因时，却倾向于做外部归因。这就是所谓的行动者—观察者差别（Actor-Observer Differences），对于行动者来说，外部情境是突出的；对于观察者来说，行动者是突出的。突出的因素会给人留下深刻印象，从而在归因时最先被回忆起来③。

克雷普斯（Kreps，1997）给出了过度归因效应的经济学解释，他认为外部的控制性措施（如绩效薪酬）可能改变了行为主体原本的效用函数，使得他们的关注重点从任务本身转移到了外部，从而分散了行为主体的注意力，妨碍其实现更高的努力水平④。

SDT 使用感知因果关系轨迹（Perceived Locus of Causality，PLOC）

---

① Deci Edward L.，Ryan Richard M.，*Intrinsic Motivation and Self-Determination in Human Behavior*，Springer Science & Business Media，1985.

② Lepper Mark R.，Greene David，Nisbett Richard E.，“Undermining Children's Intrinsic Interest with Extrinsic Reward：a Test of the ‘Overjustification’ Hypothesis”，*Journal of Personality and Social Psychology*，Vol. 28，No. 1，1973.

③ Storms Michael D.，“Videotape and the Attribution Process：Reversing Actors' and Observers' Points of View”，*Journal of Personality and Social Psychology*，Vol. 27，No. 2，1973.

④ Kreps David M.，“Intrinsic Motivation and Extrinsic Incentives”，*The American Economic Review*，Vol. 87，No. 2，1997.

的概念来分析个体的归因过程[①]。德查姆斯（DeCharms，1968）将PLOC分为两类，分别是内部感知因果关系轨迹（Internal PLOC，I-PLOC）和外部感知因果关系轨迹（External PLOC，E-PLOC），其中I-PLOC型行动者将自身视为行为的源泉（Origin），E-PLOC型行动者则认为行为的发生是他律的结果[②]。学者们通过实验室研究发现，外部的控制性因素，如评价、监视、威胁及最后期限等，都会导致PLOC由I-PLOC向E-PLOC迁移，并最终降低个体的自主性，削弱其内在动机。相反，提供选择、承认员工的各种感受和体验等支持性措施则有助于促进PLOC向I-PLOC迁移，并最终满足个体的自主需求，激发其内在动机。

在上述分析中，我们主要关注了自主需求的满足对内在动机及受控程度较高的外在动机（如经济利益）的影响，对自主程度较高的外在动机（如集体情感与责任）而言，类似的影响路径也是成立的。事实上，我国古代的哲学家早已注意到了外部因素对个体动机的干扰。先哲老子曾经说过，“不尚贤，使民不争”。推崇、提倡贤者的嘉言懿行，号召大家向他们学习，是历朝历代的统治者都在做的事情，为什么老子要表示反对呢？这是因为，统治者对贤者的嘉奖往往伴随着金钱、声誉以及社会地位等外部奖励，这些奖励会吸引民众的注意力，弱化其追求自我完善和成长的内在动机，甚至有可能使民众陷入无休止的争斗之中。老子的这一论述简单、深刻，与数千年后源自西方的SDT遥相呼应，共同向我们展示了人性中某些不变的东西。

b. 自主需求的满足与情绪

已有研究大多从归因角度来解释为什么自主需求的满足有助于启动动机内化，笔者认为，个体情绪有可能是另外一个比较新的视角。

---

① Ryan Richard M., Connell James P., “Perceived Locus of Causality and Internalization”, *Journal of Laboratory & Clinical Medicine*, Vol. 113, No. 5, 1989.

② DeCharms Richard, *Personal Causation: the Internal Affective Determinants of Behavior*, Lawrence Erlbaum Associates, 1968.

从情绪视角来看，控制性的外部环境对个体的影响主要体现在以下两个方面：首先，来自外部的评估、考核、监视等控制性措施会使个体产生焦虑、紧张等负面情绪。其次，对外部奖励的追求很可能使群体成员陷入争斗。组织所能提供的奖励总是有限的，围绕奖励展开的竞争会带来额外的压力和紧张情绪。当个体被负面情绪困扰时，他的大部分精力都将用于尽快摆脱这种负面情绪，对于行为本身的意义、乐趣等内在回报则无暇顾及[①]。情绪视角的引入有助于我们从另一个侧面理解自主需求与动机内化之间的关系。

上述分析主要针对个体的一般行为展开，笔者认为，同样的逻辑在知识贡献领域也是成立的。控制性的外部环境不能满足个体的自主需求，它干扰了个体的归因过程，使其产生大量的负面情绪，进而使个体将更多的注意力投向外部，忽视了知识贡献本身的意义和乐趣，并最终阻碍了动机的内化；非控制性的、注重满足个体自主需求的外部环境则通过相反的路径促进了动机的内化。

（2）胜任需求

所谓胜任，是指个体在与环境的交互中，感知到自己的能力，能够顺利完成适宜的有挑战性的任务，并最终得到期望的结果[②③]。下面我们依次分析胜任需求的满足对自主动机、受控动机的影响。

a. 胜任需求的满足与自主动机

自主动机包括内在动机与内化程度较高的外在动机（认同调节及整合调节）。就内在动机而言，其本质是个体因行为本身而获得的回报，因此，要想激发内在动机，一个重要的前提就是行为能够顺利完

---

① Hackman J. Richard, Oldham Greg R., "Motivation through the Design of Work: Test of a Theory", *Organizational Behavior and Human Performance*, Vol. 16, No. 2, 1976.

② 张剑、张微、Deci Edward L.：《心理需要的满足与工作满意度：哪一个能够更好地预测工作绩效?》，《管理评论》2012 年第 6 期。

③ 刘俊升、林丽玲、吕媛、魏超波、周颖、陈欣银：《基本心理需求量表中文版的信、效度初步检验》，《中国心理卫生杂志》2013 年第 10 期。

成[①]。具体到知识贡献领域，相关的内在动机共有三种，分别是利他、自我效能感及学习或自我成长动机。如果个体的胜任需求未能得到满足，他没有信心或能力去完成知识贡献，那么又怎么可能通过知识贡献增强自信，实现个人成长，以及帮助他人呢？相反，胜任需求得到很好满足的个体有信心有能力完成知识贡献，在此过程中，我们预期与知识贡献有关的各种内在动机都将得到激发和强化。就内化程度较高的外在动机而言，这里主要指的是知识贡献的集体情感与责任动机。个体胜任需求的满足与其能力的提升关系密切，所谓“能力越大，责任就越大”（With great power comes great responsibility），个体能力的提升往往会促使其站在一个更高的角度审视外部世界，特别是当他运用自己的知识和能力帮助他人并获得肯定时，“如何帮助更多的人?”这一问题很自然就会浮现出来，从帮助个人到帮助集体的转变也就不那么突然了。因此，我们预期胜任需求的满足与知识贡献的集体情感与责任动机正相关。

b. 胜任需求的满足与受控动机

受控动机是指那些内化程度较低的外在动机（外部调节及内摄调节），具体到知识贡献领域，受控动机主要包括三种，分别是经济利益、互惠及声誉。当个体的胜任需求得到很好的满足时，他往往具有较强的能力，对自己也充满信心，此时，个体的注意力并不会长时间地停留在这些受控的外在动机上，具体原因试分析如下：

就经济利益动机而言，各行各业的顶级专家们不为金钱所动，专注于个人能力的提升，这样的事例并不鲜见。比如，许多极客（Geek）或软件天才谢绝了业内巨头的天价邀约，选择自行创业或加入名不见经传的小公司，其原因就在于，与金钱相比，成为业内的顶尖高手或者将自己的创意变为现实所带来的满足感要大得多。当然，并不是只有顶级专家才会漠视经济回报，一般的专家也不会把金钱看得很重，

---

① 赵燕梅、张正堂、刘宁、丁明智：《自我决定理论的新发展述评》，《管理学报》2016 年第 7 期。

这可能是因为他们对自己的能力有信心，认为将技能变现并非难事。

就互惠动机而言，胜任需求未能得到满足的个体一般能力比较弱，对自己也缺乏信心，因此，他们对来自外部的帮助往往寄予厚望。相应地，此类员工的互惠动机大多也比较强烈。胜任需求得到很好满足的个体一般能力较强，他们贡献知识主要是为了实现个人成长或帮助他人。在这些员工看来，自己可以胜任组织安排的各项工作，不太需要别人的帮助。这种自信或许过于乐观，与事实也不一定相符，但它使得此类员工的互惠动机趋于淡化。

就声誉动机而言，我们可将声誉理解为群体成员对特定个体的共同评价。胜任需求得到很好满足的个体对自己往往有比较清醒的认识和定位，外部评价对他们的干扰或影响相对有限。因此，预期此类员工对声誉并不会特别在意。胜任需求未能得到满足的个体则不然，他们大多需要借助外部的正面评价来增强自信。因此，预期此类员工的声誉动机会比较显著。

（3）关系需求

关系需求指的是个体感到自己归属于某个特定的群体，与他人建立起一种互相关心、互相尊重的关系。与西方相比，中国文化背景下的关系被赋予了更多含义，个体不仅可以从关系中获得情感支持，更可以凭借关系在资源分配中获得现实利益①，因此，预期关系需求的满足对动机内化过程也会产生积极的影响。接下来我们依次分析关系需求的满足对自主动机、受控动机的影响。

a. 关系需求的满足与自主动机

关系需求的满足直接影响自主的外在动机（认同或整合调节）的激发。所谓认同调节，是指个体部分接纳了外部的目标及价值观，并对相应的规则表示认同；所谓整合调节，是指个体完全接纳、吸收了外部的价值观、目标及规范，并将其与自身的价值观整合为一体。从

① 费孝通：《乡土中国》，北京出版社2009年版。

理论上来讲，认同调节与整合调节的区别在于个体对外部价值观及规范的接纳程度，认同调节是部分接纳，而整合调节是完全接纳①。但是，从心理测量学的角度来看，这两种调节的表现及作用效果非常类似，很难区分②。认同调节与整合调节都涉及对外部价值观及规范的接纳（部分或全部），德西（1972）认为，当个体与群体，特别是群体中的重要他人关系融洽时，他才会自愿地了解、接纳这个群体的价值观及规范；相反，当个体与重要他人在情感上出现隔阂，或在交往中被群体忽视甚至排斥时，他就会很自然地远离该群体，对于了解、接纳其价值观或行为方式更是缺乏兴趣。换言之，关系需求的满足是个体接纳外部价值观及规范，激发自主外在动机的必要条件③。具体到知识贡献领域，我们所识别的认同或整合调节的外在动机仅有一种，即集体情感与责任。即便是从常识的角度出发，也可以看出关系需求的满足对于激发这一动机的重要性，——我们很难想象一个被集体排斥、无法从他人那里获得爱与尊重的人会出于集体情感与责任动机贡献宝贵的个人知识。

除自主的外在动机外，自主动机还包括内在动机。个体关系需求的满足意味着他为一个（或多个）群体所接纳，在这些群体中，个体感受到了来自他人的爱与尊重，这种被认可、被肯定的感觉会给人带来极大的心理安全感，也有助于个体摆脱焦虑、紧张等负面情绪的困扰④。当个体心情愉悦、放松的时候，他才有余暇注意到知识贡献本身的意义及乐趣，相关的内在动机也就有可能被激发出来。特别地，关系需求的满足对内在动机中的利他动机会产生更加积极的影

---

① Gagné Marylène, Deci Edward L., "Self-Determination Theory and Work Motivation", *Journal of Organizational Behavior*, Vol. 26, No. 4, 2005.

② 张剑、宋亚辉、刘肖：《削弱效应是否存在：工作场所中内外动机的关系》，《心理学报》2016 年第 1 期。

③ Deci Edward L., "Intrinsic Motivation, Extrinsic Reinforcement, and Inequity", *Journal of Personality & Social Psychology*, Vol. 22, No. 1, 1972.

④ 韩立丰、王重鸣：《自我验证与人际一致性：团队多样性利用的新视角》，《心理科学进展》2011 年第 1 期。

响。当个体感受到来自他人的善意时，他往往也会释放善意作为回应，而贡献知识、帮助他人就是最常见的做法。

b. 关系需求的满足与受控动机

知识贡献的受控动机主要有三种，分别是经济利益、互惠及声誉，我们预期关系需求的满足将有助于淡化这些动机，具体原因试分析如下：

就经济利益动机而言，常识及预调研、座谈的反馈均表明，个体对金钱的追求并不完全对应生理需求，它还可能对应安全需求甚至尊重需求[①]。本书的研究对象是各类企业中的知识型员工，在这一群体中，恐怕甚少有人还在为衣食等基本生活问题担忧，他们追求经济利益，更多的是为了获得一种可以随时应对不时之需的安全感，毕竟我国的社会保障体系还很不完善，子女教育、医疗、住房等需要用钱的地方很多。此外，当今社会的整体风气及价值观并不理想，拜金主义仍比较盛行，将个人经济实力与其能力、社会地位及尊严挂钩的情况十分普遍。因此，许多员工把金钱看得很重，其背后的真正原因是想通过经济上的成功来获得他人的承认与尊重。如此多的需求附着在经济利益上，注定了经济利益动机的淡化是一件非常困难的事情，但个体关系需求的满足或许有助于促进这一过程。如前所述，中国文化背景下的关系具有丰富的内涵，个体不仅可以从中获得情感支持，更有可能因为融洽的关系而在执行规则、分配资源时得到优先的关照[②]。因此，关系需求得到很好满足的个体在面对未知时并不会感到特别焦虑或不安，因为他们明白，自己所属的群体在必要的时候会积极地伸出援手，帮助其渡过难关。当个体不再缺乏安全感时，相应的经济利益动机也会随之弱化。此外，团结友爱、彼此尊重的群体也不会将经济上是否成功作为衡量个人价值的标准，个体努力赚钱以证明自己的

---

① Maslow A. H., Green Christopher D., "A Theory of Human Motivation", *Psychological Review*, Vol. 50, No. 1, 1943.

② 费孝通：《乡土中国》，北京出版社 2009 年版。

动机也就没有那么强烈了。

就互惠动机而言，受该动机驱使的员工在贡献知识时很可能并不是发自内心的，而是出于某种顾虑，比如“如果我现在不贡献知识帮助别人，那么将来我需要帮助的时候就无人会回应”。从本质上来讲，这仍然是一种“投桃报李”的交换思维。个体关系需求的满足意味着他处于一个融洽和谐的群体之中，在这样的群体里，类似“将欲取之，必先予之”的功利性规则被淡化了，贡献知识不再是获取知识的必要前提。因此，我们预期关系需求的满足将有助于淡化知识贡献的互惠动机。

就声誉动机而言，个体之所以会特别看重声誉，主要是因为好的声誉不仅能满足人们的尊重需求，其背后还隐藏着金钱、社会地位等现实利益。但是，在一个积极和谐的群体中，附加在声誉上的额外的利益将会被剥离，声誉也有可能变得更加纯粹。在这样的群体里，我们会衷心地赞美专家能手的渊博学识或精湛技能，但这种赞美并不会演变成夸张的谄媚或逢迎；同样，我们也不会嘲笑那些暂时落后的同事，而是会帮助他们尽快地赶上来。总之，关系需求的满足使得声誉有可能回复其本来面目，我们预期这将有助于个体保持平常心，淡化其知识贡献的声誉动机。

在上文的论述中，我们逐个分析了自主、胜任、关系三大基本心理需求的满足对知识贡献动机内化过程的影响，这样安排主要是为了论述的方便，事实上，多种基本心理需求完全可能联合起来，共同影响动机内化的过程。比如，自主需求与胜任需求的关系就比较密切，自主意味着可以按照自己的意愿选择具体的工作方式，这对于那些个人能力突出，胜任需求得到较好满足的个体自然不是难事，但对于那些能力有所欠缺的个体而言，可能他们更愿意接受组织的安排。关系需求在一定程度上可以弥补胜任需求。能力较弱的个体如果能从群体中获得充分的支持，他就会有勇气自主地行动，因为他相信在遇到问题时，可以随时向他人求助。此外，胜任需求必须和关系需求相配合，才能促进知识贡献动机内化。胜任需求得到很好满足的个体往往能力较强，对自己充满信心。但是，拥有了帮助他人的能力并不一定意味着相应的助人行为会自然发生，只有当个体的关系需求得到满足时，他才会对特定的群体产生归属感，进而有意识地运用自己的能力去帮助他人或组织。同样，仅满足个体的关系需求，忽视其胜任需求也无助于动机的内化。当个体对其所属的群体产生了很深的感情，也愿意为该群体贡献力量时，个人能力的大小就成为了新的瓶颈因素。胜任需求未得到充分满足的个体可能会面临“心有余而力不足”的尴尬局面，相应的知识贡献动机也会受到抑制。总之，自主、胜任、关系三大基本心理需求构成了一个有机联系的整体，这些基本心理需求联合起来影响个体知识贡献动机的内化过程，在理论上是成立的，在实践中也能观察到有关的迹象。

基于上述分析，我们提出以下研究假设：

H2：个体基本心理需求的满足有助于知识贡献动机内化。

该假设又可细分为如下两个子假设：

H2a：个体基本心理需求的满足有助于强化其知识贡献的自主动机。

H2b：个体基本心理需求的满足有助于弱化其知识贡献的受控动机。

动机内化的直观后果就是挤出效应的淡化或消失，具体的原因我们在上文介绍 OIT 时已有论述，在此直接提出假设：

H3：个体基本心理需求的满足有助于消除知识贡献外在动机对内在动机的挤出效应。

（三）个体基本心理需求的中介作用

SDT 的子理论 OIT 对外在动机按其自主程度不同做了进一步区分。OIT 最大的意义在于它开始以一种动态的视角审视个体的外在动机，并明确指出，支持性的外部环境会促使个体的外在动机由受控程度较高的调节向自主程度较高的调节转化，即实现动机内化[①]。SDT的另一个子理论 BPNT 对动机的内化过程进行了更加深入的分析。在 BPNT 看来，支持性的外部环境满足了个体的基本心理需求，当个体的基本心理需求得到满足时，动机的内化过程就会被启动[②]。换言之，BPNT 认为，基本心理需求在外部环境与个体动机之间起到了中介作用。基本心理需求的中介作用在多个领域已得到证实[③]，本书也拟基于知识贡献动机内化的具体情境提出相关假设。

在上文的分析中，我们探讨了重要他人的支持与个体基本心理需求满足以及个体基本心理需求满足与知识贡献动机之间的关系，这种变量间的两两关系为后续的中介效应分析奠定了基础，但它们并不能直接证明中介效应的存在。中介效应的本质是一种间接作用，即自变量对因变量的影响是通过中介变量传导的。巴伦和肯尼（Baron & Kenny，1986）在提出中介效应的概念时，曾认为完美的中介效应应该是完全中介，即自变量对因变量的影响完全通过中介变量传导[④]。但越来越多的学者认为，完全中介的概念是有问题的：首先，现实世界纷繁复杂，我们很难想象自变量对因变量的影响仅通过特定的中介变量传导，而与其他因素无关，这与常识相悖，也排除了将来探索其他中介的可能性，不利于研究的进一步发展[⑤]。其次，完全中介或部分中介的检验很容易受到技术因素的干扰。温忠麟和叶宝娟（2014）指出，当总效应小且显著时，如果间接效应占总效应的比例较高（比

---

① Deci Edward L.，Ryan Richard M.，*Intrinsic Motivation and Self-Determination in Human Behavior*，Springer Science & Business Media，1985.

② Ryan R. M.，Sheldon K. M.，Kasser T.，Deci E. L.，*All Goals Are Not Created Equal：an Organismic Perspective on the Nature of Goals and Their Regulation*，Guilford Press，1996.

③ 刘靖东、钟伯光、姒刚彦：《自我决定理论在中国人人群的应用》，《心理科学进展》2013 年第 10 期。

④ Baron Reuben M.，Kenny David A.，“The Moderator-Mediator Variable Distinction in Social Psychological Research：Conceptual，Strategic，and Statistical Considerations”，*Journal of Personality and Social Psychology*，Vol. 51，No. 6，1986.

⑤ 温忠麟、叶宝娟：《中介效应分析：方法和模型发展》，《心理科学进展》2014 年第 5 期。

如超过七成），那么原本存在的直接效应就会变得不显著，从而呈现出完全中介的结果，而这与事实是相悖的。有鉴于此，普里彻和海斯（Preacher & Hayes，2008）呼吁放弃完全中介的概念，将所有中介都看作部分中介①。

具体到本书的研究情境，重要他人的支持主要通过满足个体的基本心理需求来间接影响知识贡献动机，参考上文关于完全中介和部分中介的讨论，笔者认为，个体基本心理需求所发挥的中介作用应属于部分中介。

基于上述分析，我们提出以下研究假设：

H4a：个体基本心理需求在主管支持和自主动机之间起中介作用。

H4b：个体基本心理需求在同事支持和自主动机之间起中介作用。

H4c：个体基本心理需求在主管支持和受控动机之间起中介作用。

H4d：个体基本心理需求在同事支持和受控动机之间起中介作用。

结合上文对三种基本心理需求的具体分析，笔者认为，在中国文化背景下，关系需求是最重要的，由此提出如下研究假设：

H5a：与自主需求、胜任需求相比，关系需求在主管支持和自主动机之间发挥的中介作用最强。

H5b：与自主需求、胜任需求相比，关系需求在同事支持和自主动机之间发挥的中介作用最强。

H5c：与自主需求、胜任需求相比，关系需求在主管支持和受控动机之间发挥的中介作用最强。

H5d：与自主需求、胜任需求相比，关系需求在同事支持和受控动机之间发挥的中介作用最强。

---

① Preacher Kristopher J.，Hayes Andrew F.，"Asymptotic and Resampling Strategies for Assessing and Comparing Indirect Effects in Multiple Mediator Models"，*Behavior Research Methods*，Vol. 40，No. 3，2008.

（四）知识贡献动机与知识贡献行为

在早期的有关个体行为发生机理的研究中，学者们往往更重视动机的量而非动机的质[①]，这种倾向随着动机理论的发展得到了一定程度的扭转。大量基于 SDT 的研究均表明，与外在动机相比，受内在动机驱使的个体更加积极主动，在遇到困难时也不会轻易放弃，他们在教育、医疗、体育训练等领域更有可能取得好的绩效，以及体验到满足、愉悦等积极情绪[②]。就工作情境而言，员工内在动机的水平与那些需要创造性思维的、难以评估的复杂工作的绩效存在显著的正相关，而知识（特别是隐性知识）的贡献正是这类工作的典型代表[③]。在研究个体动机与知识贡献行为的关系时，我们对知识贡献行为的分类与许多研究类似，将其分为显性知识贡献和隐性知识贡献两类。本书对个体动机的分类并未采用常见的内在动机/外在动机的二分法，而是基于前述的理论框架，将其分为自主动机和受控动机两类。具体分析如下：

（1）自主动机与知识贡献行为

自主动机包括内在动机和自主的外在动机。个体在内在动机的驱使下自动自发地贡献知识，这是管理者最乐于看到的理想情况。此时，员工不需要督促、监控和考核，管理者也无须为其提供额外的奖酬，贡献知识的员工从其行为本身就得到了想要的回报，——他们享受到了助人的愉悦感，也体验到了自我实现、自我成长的满足和喜悦。

知识贡献的自主外在动机是指集体情感与责任。受该动机驱使的员工所追求的结果并不是知识贡献行为本身，而是集体利益的最大

---

① Fishbein Martin, Ajzen Icek, "Belief, Attitude, Intention and Behavior: an Introduction to Theory and Research", *Philosophy & Rhetoric*, Vol. 41, No. 4, 1975.

② Deci Edward L., Ryan Richard M., "The 'What' and 'Why' of Goal Pursuits: Human Needs and the Self-Determination of Behavior", *Psychological Inquiry*, Vol. 11, No. 4, 2000.

③ Amabile Teresa M., Hill Karl G., Hennessey Beth A., Tighe Elizabeth M., "The Work Preference Inventory: Assessing Intrinsic and Extrinsic Motivational Orientations", *Journal of Personality and Social Psychology*, Vol. 66, No. 5, 1994.

化。知识贡献被当作手段而非目的，这是作为外在动机的集体情感、责任与内在动机的本质区别。但理论研究及实践均表明，高度自主的外在动机（认同或整合调节）所发挥的作用与内在动机是非常类似的[①]。当员工出于集体情感与责任贡献知识时，他关注的重点是集体利益而非个人得失，因此，只要是有益于集体的知识贡献，他都会积极地去做，至于知识贡献的难易程度，管理者是否会注意到等因素并不会对其行为产生太大影响。

综合上述分析，我们提出以下研究假设：

H6a：个体自主动机的水平与其显性知识贡献行为正相关。

H6b：个体自主动机的水平与其隐性知识贡献行为正相关。

（2）受控动机与知识贡献行为

受控动机即受控的外在动机，在知识贡献领域，受控动机主要有三种，分别是经济利益、互惠和声誉。总体而言，受控动机驱使下的知识贡献行为带有明显的交换色彩，知识被其贡献者视为换取个人利益的筹码，因此，受控动机对知识贡献行为的推动作用也必然会受到一定的抑制[②③④]。

就经济利益动机而言，受此动机驱使的员工在贡献知识时，一般都会对贡献行为的投入产出进行分析。从这一角度来看，贡献显性知识无疑要比贡献隐性知识合算。显性知识易于编码，传递此类知识的成本较低；评估、考核显性知识贡献相对容易，贡献者的努力被管理者忽视的可能性较小。相反，隐性知识的价值一般较高，而且它只可

① Deci Edward L., Ryan Richard M., "Facilitating Optimal Motivation and Psychological Well-Being across Life's Domains", *Canadian Psychology*, Vol. 49, No. 1, 2008.

② 金辉：《内外生激励、知识属性与组织内知识共享治理研究》，博士学位论文，南京大学，2013年。

③ Hau Yong Sauk, Kim Byoungsoo, Lee Heeseok, Kim Young-Gul, "The Effects of Individual Motivations and Social Capital on Employees' Tacit and Explicit Knowledge Sharing Intentions", *International Journal of Information Management*, Vol. 33, No. 2, 2013.

④ Ko Dong-Gil, Kirsch Laurie J., King William R., "Antecedents of Knowledge Transfer from Consultants to Clients in Enterprise System Implementations", *MIS Quarterly*, Vol. 29, No. 1, 2005.

意会，难以言传，传递此类知识需要耗费贡献者大量的时间和精力；更关键的是，隐性知识贡献的监控及评估非常困难，贡献者付出努力却未得到预期回报的可能性始终是存在的[①②]。因此，我们预期经济利益动机驱使下的个体更倾向于贡献显性知识而不是隐性知识。

就互惠动机而言，我们在上文的分析中曾经谈到，互惠动机驱使的个体在贡献知识时往往会优先考虑那些位高权重，或者掌握特殊资源的求助者，普通的同事则很可能被忽视。事实上，互惠动机不仅会影响知识贡献的对象，也会影响所贡献的知识的类型。具体原因如下：基于社会交换理论的互惠大多发生在一个相对封闭的群体内，它并不像某些学者描述的那样，是个体两两之间的帮助与回馈[③]，“人人为我，我为人人”或许能更准确地揭示互惠背后的逻辑。对于贡献者来说，其知识贡献行为被更多的同事注意到是很重要的，因为这会向他人传递一个明确的信息，即贡献者有能力、有意愿帮助他人，这种良好的印象无疑会增加其将来求助成功的概率。因此，我们预期互惠动机驱使下的个体更倾向于在公开或正式的场合贡献显性知识，而不是在少有人注意的非正式场合一对一地贡献隐性知识。

就声誉动机而言，贡献复杂的、价值较高的隐性知识固然能为个体带来更多的赞美、更高的声誉，但其中也隐藏着一定的风险。隐性知识的默会性及情境依赖性决定了相关知识的贡献及获取活动的失败概率是很高的，而知识贡献的失败很可能会危及贡献者的声誉。对个体来说，在公开或正式的场合贡献相对成熟、易于编码的显性知识可以比较快捷、安全地提升个人声誉。相反，在非正式场合贡献隐性知

① 金辉：《内、外生激励因素与员工知识共享：挤出与挤入效应》，《管理科学》2013年第3期。

② Masterson Suzanne S., Lewis Kyle, Goldman Barry M., Taylor M. Susan, "Integrating Justice and Social Exchange: the Differing Effects of Fair Procedures and Treatment on Work Relationships", *Academy of Management Journal*, Vol. 43, No. 4, 2000.

③ 陈搏、张喜征：《组织内部知识市场交易博弈模型及其实证分析》，《科学学与科学技术管理》2006年第4期。

识则会面临很多不确定性，有限的受众也使得声誉的提升将会是一个缓慢的过程。因此，我们预期声誉动机驱动下的个体更倾向于贡献显性知识而不是隐性知识。

从上述分析可以很明显地看出，受控动机驱使下的个体将知识贡献视为手段，而非目的。作为一种手段，显性知识贡献在多个方面都优于隐性知识贡献，比如显性知识易于编码，传递的成本较低而成功率较高；显性知识共享大多发生在公开或正式的场合，不易被重要他人忽视。这些重要他人包括领导或主管（他们决定了贡献者能否得到预期的经济回报），也包括同事（他们在一定程度上决定了贡献者能否得到预期的互惠及声誉回报）。与显性知识贡献相比，作为手段的隐性知识贡献费时费力，成功率低，且很容易被他人忽视，其劣势十分明显。由此可见，受控动机强烈的个体选择贡献显性知识而非隐性知识是很自然的。

综合上述分析，我们提出以下研究假设：

H7a：个体受控动机的水平与其显性知识贡献行为正相关。

H7b：个体受控动机的水平与其隐性知识贡献行为负相关。

（五）知识贡献动机的中介作用

通过上文的分析，我们对模型中各主要变量之间的关系已经有了一个大致的了解。除了个体基本心理需求的中介作用外，我们所关注的主要是变量间的两两关系，此类分析仍停留在现象层面，略显肤浅。为更深入地了解个体知识贡献行为的发生机理，有必要构建新的中介作用模型，以探明变量间影响的具体传导路径。

当我们考虑建立新的中介作用模型时，最直接的选择就是针对如图 3 - 3 所示的总体研究模型展开分析，但笔者认为，这样做会带来一些新的问题。

首先，本书研究的总体模型十分复杂，共包括 2 个自变量，2 组共 5 个中介变量（3 种基本心理需求为一组，2 种知识贡献动机为另一组），以及 2 个因变量。这 9 个变量构成了一个复杂的链式多重中介模型。通过简单的排列组合计算可以得知，对每个因变量而言，自变量都有可能通过 24 条路径对其产生影响，而本书的模型有 2 个因变量，因此潜在的路径共有 48 条。对这 48 条潜在的路径逐一进行分析、对比，将会是一个非常烦琐的工作。

其次，总体模型的前半部分（重要他人的支持→个体基本心理需求→知识贡献动机）所对应的是个体基本心理需求在动机内化过程中的中介作用，这一问题在上文已得到比较全面的分析，将其作为总体模型的一个局部再进行重复研究并无必要。

基于上述两点原因，笔者决定在新的中介效应模型中隐去个体基本心理需求，转而研究知识贡献动机在重要他人的支持和知识贡献行为之间所发挥的中介作用。笔者认为，这样的模型设定（重要他人的支持→知识贡献动机→知识贡献行为）在技术上、理论上及实践上都有充足且恰当的依据。

首先，从技术上来看，隐去个体基本心理需求后，模型大大简化。对每个因变量而言，自变量对其的潜在影响路径由 24 条减少为 6 条，模型包含的总的潜在路径由 48 条减少为 12 条，分析、对比具体路径的工作量大大减少。

其次，从理论上来看，新的中介模型与 SDT 的子理论 CET 是基本对应的。CET 研究了内在动机在外部奖酬和个体行为绩效之间的中介作用，该理论认为，控制性的外部奖酬会抑制个体的内在动机，进而对其行为绩效产生消极影响；信息性的外部奖酬的影响则有两种可能[①]。本书设定的新的中介模型重点关注动机在外部环境和知识贡献行为之间的中介作用，这与 CET 的思路是基本一致的。

最后，从实践上来看，本书的总体模型是一个复杂的链式多重中介模型，通过上述的技术处理，我们实际上将这一复杂模型拆解为两个嵌套的并行多重中介模型。这样的拆解不仅大大降低了模型的复杂

① Deci Edward L. , Ryan Richard M. , *Intrinsic Motivation and Self-Determination in Human Behavior*, Springer Science & Business Media, 1985.

程度，简化了后续的假设检验工作，更重要的是，新得到的两个子模型的实践含义非常清晰。以个体基本心理需求为中介的第一个子模型对应动机内化的机制，以知识贡献动机为中介的第二个子模型对应动机内化的效果，这也紧扣了本书的题目“企业员工知识贡献动机内化机制及效果研究”。

接下来我们以因变量为标准，依次探讨知识贡献动机的中介作用。

首先，重要他人的支持→知识贡献动机→显性知识贡献行为。结合上文的分析，我们可以发现，重要他人的支持可以通过 3 条路径影响显性知识贡献行为，其中 2 条是间接路径，1 条是直接路径。进一步的分析表明，上述的 2 条间接路径所传递的影响是相反的。具体而言，重要他人的支持通过知识贡献的自主动机对显性知识贡献行为产生正向影响（重要他人的支持有助于强化自主动机，而自主动机的水平与显性知识贡献行为正相关）；与此同时，重要他人的支持通过知识贡献的受控动机对显性知识贡献行为产生负向影响（重要他人的支持有助于弱化受控动机，而受控动机的水平与显性知识贡献行为仍然正相关）。

在一般的中介效应中，自变量通过多条路径所传递的对因变量的影响大多是同向的，但也有例外。当自变量通过多条路径传递了相反的影响时，许多文献将这种情况称为“遮掩效应”（Suppressing Effect）[①]。在下文的分析中，为简化表述，我们不再区分遮掩效应和一般的中介效应，而是将遮掩效应视为一种特殊的中介效应。

基于上述分析，我们提出以下研究假设：

H8a：自主及受控动机在主管支持和显性知识贡献行为之间起遮掩作用。

H8b：自主及受控动机在同事支持和显性知识贡献行为之间起遮

① 温忠麟、叶宝娟：《中介效应分析：方法和模型发展》，《心理科学进展》2014 年第 5 期。

掩作用。

其次，重要他人的支持→知识贡献动机→隐性知识贡献行为。隐性知识贡献行为所对应的影响路径相对简单，不存在遮掩效应的问题。结合上文的分析，我们提出以下研究假设：

H8c：自主及受控动机在主管支持和隐性知识贡献行为之间起中介作用。

H8d：自主及受控动机在同事支持和隐性知识贡献行为之间起中介作用。

第四节　本章小结

本章第一节详细介绍了研究的理论基础，具体内容包括对各种动机、激励理论及个体行为相关理论的比较与辨析等。本节的重点在于对 SDT 的介绍，我们系统回顾了 SDT 的发展历程、哲学基础，并对 SDT 六大子理论中与本书关系最密切的有机整合理论（OIT）与基本心理需求理论（BPNT）做了详细的说明。

本章第二节逐一介绍了理论模型所涉及的四个核心构念，分别是重要他人的支持、基本心理需求、知识贡献动机以及知识贡献行为。

本章第三节首先基于 SDT 给出了细化的理论模型，然后在该模型的基础上，提出了相关的研究假设。本书研究的所有假设可以汇总如表 3 -4 所示：

表 3 -4　**研究假设汇总表**

序号	研究假设
H1a	主管支持有助于满足个体的基本心理需求。
H1b	同事支持有助于满足个体的基本心理需求。
H2	个体基本心理需求的满足有助于知识贡献动机内化。
H2a	个体基本心理需求的满足有助于强化其知识贡献的自主动机。
H2b	个体基本心理需求的满足有助于弱化其知识贡献的受控动机。

续表

序号	研究假设
H3	个体基本心理需求的满足有助于消除知识贡献外在动机对内在动机的挤出效应。
H4a	个体基本心理需求在主管支持和自主动机之间起中介作用。
H4b	个体基本心理需求在同事支持和自主动机之间起中介作用。
H4c	个体基本心理需求在主管支持和受控动机之间起中介作用。
H4d	个体基本心理需求在同事支持和受控动机之间起中介作用。
H5a	与自主需求、胜任需求相比，关系需求在主管支持和自主动机之间发挥的中介作用最强。
H5b	与自主需求、胜任需求相比，关系需求在同事支持和自主动机之间发挥的中介作用最强。
H5c	与自主需求、胜任需求相比，关系需求在主管支持和受控动机之间发挥的中介作用最强。
H5d	与自主需求、胜任需求相比，关系需求在同事支持和受控动机之间发挥的中介作用最强。
H6a	个体自主动机的水平与其显性知识贡献行为正相关。
H6b	个体自主动机的水平与其隐性知识贡献行为正相关。
H7a	个体受控动机的水平与其显性知识贡献行为正相关。
H7b	个体受控动机的水平与其隐性知识贡献行为负相关。
H8a	自主及受控动机在主管支持和显性知识贡献行为之间起遮掩作用。
H8b	自主及受控动机在同事支持和显性知识贡献行为之间起遮掩作用。
H8c	自主及受控动机在主管支持和隐性知识贡献行为之间起中介作用。
H8d	自主及受控动机在同事支持和隐性知识贡献行为之间起中介作用。

第四章　研究设计

受客观条件所限，本书拟采用问卷调查法展开研究。本章详细介绍了正式调研问卷的编制过程，包括拟定各变量的测量题项，对初始问卷进行前测和修订等。

第一节　研究方法及研究步骤

本书研究的核心问题是，支持性的外部环境（包括主管支持和同事支持）如何通过满足个体的基本心理需求以启动知识贡献动机的内化过程，并最终促使员工更积极主动地贡献知识。研究这一问题的最佳方法应该是类似于“霍桑实验”的现场实验法，即选择若干有代表性的企业作为试点，说服该企业的领导及一般员工加大对他人知识贡献行为的支持力度，待一段时间后，再测量并比较不同支持水平下个体基本心理需求满足程度、知识贡献动机水平、知识贡献行为等方面的差异。纵向的现场实验研究能较好地排除无关因素的干扰，揭示变量间的因果关系，但此类研究需要长时间跟踪样本以获取连续的观察数据，耗时太久，难以在短时间内完成。更重要的是，企业参与类似的现场实验研究的意愿很低。对企业来说，参与现场实验意味着改变以往成熟的管理流程或规章，甚至企业文化，这样的改变成本很高，但收益并不确定，因此，几乎没有企业表示愿意配合。

既然纵向的现场实验法不可行，我们就退而求其次，采用问卷调查法作为本书的主要研究方法。问卷调查法被广泛应用于管理学的定量研究之中，其优点主要体现在以下几个方面：（1）对被调查者的干扰较少，容易得到被调查单位及其员工的理解和支持；（2）数据收集时间短，成本较低；（3）调整样本容量大小时所受的限制比较少；（4）调查结果以结构性的数据为主，便于后续的统计分析。但问卷调查法的缺点也是很明显的，首先，通过问卷收集的数据大多属于同一时点的横截面数据，从理论上来讲，基于这些数据所得出的研究结论只能说明变量间的相关关系，不能说明因果关系。其次，通过问卷收集的数据的质量不仅与问卷本身有关，更会受到被调查者的影响。比如，被调查者在填写问卷时往往会有美化自己的倾向，即存在所谓的社会称许性偏差（Social Desirability Bias）。再比如，有些被调研者对学术研究没有兴趣，本不愿作答，但碍于情面，只好敷衍了事。这种情况在问卷题项较多，措辞过于学术时表现得更为突出①。

综合多位学者的观点，要想通过问卷调查法完成高质量的学术研究，必须要遵循以下几个关键步骤②：

（1）通过文献梳理，确定量表的初始题项。在管理学的研究中，开发新的量表往往被视为一项独立的工作，它涉及变量概念的界定、初始题项的筛选及优化、量表信效度的检验等一系列流程，极为费时费力。一般的管理学研究大多基于已有的变量展开，重点在于分析变量间的新关系，本书的研究即属于此类。在开展这类研究时，沿用已有的成熟量表或对其略加修订是大部分学者的普遍选择，本书亦是如此。

（2）编制初始问卷，进行小规模访谈以消除可能的歧义或不妥之处。在决定小规模访谈的参加人时，不仅要邀请本领域的专家，也要邀请相近领域的学者及实务界人士，以集思广益，避免惯性思维。

---

① 陈晓萍、徐淑英、樊景立：《组织与管理研究的实证方法》，北京大学出版社2012年版。

② 吴明隆：《问卷统计分析实务》，重庆大学出版社2010年版。

（3）对初始问卷进行前测和再次修订。在大规模发放问卷，正式收集数据之前，有必要选择少量样本对初始问卷进行前测，以检验量表的信度和效度。基于前测的结果，删除或调整某些不合适的题项后，我们就可以得到最终的正式问卷。

（4）发放正式问卷，收集并分析数据，对研究假设和理论模型进行验证。

本书的实证研究部分严格遵循了上述步骤，但也有几点需要说明：

首先，除硕博论文外，刊载于期刊的中文文献一般都不附量表。再加上本书的理论基础 SDT 源自西方，所涉及的核心构念的测量量表均为英文版。因此，如何将这些诞生于西方的英文量表准确地翻译成便于中国被调查者作答的中文量表，是我们在编制问卷时遇到的首要问题。

陈晓萍等（2012）指出，在选用国外量表时，应注意以下几个原则：（1）确保量表在多方面的适用性。比如量表是否适用于被调研的群体，他们是否能够接受或理解量表的问题设置；（2）提问的方式要符合被调查者的生活习惯和社会背景；（3）不要设置诱导性或模棱两可的问题；等等。本书在选择及翻译国外量表时，都严格遵循了上述原则，并采用了当今管理学界常用的回译方法。具体做法是：（1）邀请一位有美国留学背景的教师将英文版量表译为中文；（2）邀请另一位精通英语的教师将中文版量表回译成英文；（3）对比原版和回译的英文量表，观察两者之间是否存在重大差异。如果有，则表明之前的翻译可能存在偏差，需要及时找出原因并予以纠正；如果没有，则说明量表的翻译还是比较准确的。本书的量表翻译工作进展顺利，未发现两个版本之间存在重大差异。

其次，由于本书涉及的变量较多，为避免问卷过于冗长，我们在不影响测量准确性及量表信效度的前提下，尽可能地压缩了题项的数量。

本书的理论模型共涉及9个变量：其中前因变量2个，分别是主管支持和同事支持；中间变量5个，包括3种基本心理需求和2种知识贡献动机（我们将7种动机聚合成2类，分别是自主动机和受控动机）；结果变量2个，分别是显性知识贡献行为和隐性知识贡献行为。根据以往的调研经验，冗长的问卷会导致被调查者失去耐心，草率作答，从而严重影响数据质量。因此，我们对某些题项较多的量表进行了适当的精简，除基本心理需求量表外，尽量将每个具体变量的测试题目控制在4项以内。

最后，为避免同源偏差问题，我们采用了配对问卷来测量某些变量。同源偏差又称共同方法偏差（Common Method Biases），是指如果研究者借助同一人的回答来测量所有变量，那么同样的数据来源、同样的测量环境很容易造成变量间人为的共变。同源偏差问题在管理学、心理学及社会学的研究中普遍存在，其成因十分复杂，有可能是因为光环效应（Halo Effect），也可能是因为社会称许性偏差，等等。同源偏差的存在降低了实证检验的可信度，因此学者们提出了多种统计方法以对其进行控制，如因素分析法、偏相关法等①。但这些技术处理毕竟属于事后的补救措施，要想从源头上避免同源偏差，就必须在研究设计阶段采取一些有针对性的措施。

笔者在发放问卷、收集数据时，除通过自陈量表测量重要他人的支持、基本心理需求和知识贡献动机外，我们还邀请了员工的直接主管来报告其知识贡献行为。直接主管是员工行为的近距离观察者，通过这一信息源来测量研究的因变量，可以有效地避免一般自陈量表所常见的“美化自我”倾向，以及伴随而来的同源偏差问题。

---

① 周浩、龙立荣：《共同方法偏差的统计检验与控制方法》，《心理科学进展》2004年第6期。

第二节　变量的测量题项

本书所涉及的变量共有 9 个，如果将知识贡献的自主动机和受控动机进一步细化，变量的数量将增至 14 个。这 14 个变量可分为四类，分别是自变量——重要他人的支持、中介变量——基本心理需求和知识贡献动机，以及因变量——知识贡献行为。这些变量在以往的研究中多次出现，都已有成熟量表可以借鉴。本小节将在文献梳理的基础上，对现有的量表进行比较、筛选，必要时做出适当修订，以形成前测所使用的初步问卷。

一　重要他人的支持

在上文的分析中，我们系统归纳了本书研究情境下重要他人的支持的两个特点，分别是：（1）将工作情境（特别是知识贡献范畴）的重要他人界定为直接主管和同事；（2）在支持的内容方面，这种支持全面回应了个体的三种基本心理需求，而不是只强调自主需求；此外，这种支持不仅包括了精神上的“软支持”，也包括了资源上的“硬支持”。

主管支持的概念与领导支持比较接近，而领导支持又与组织支持密切相关。组织作为一个抽象的非人格化概念，其意图或目标必须要借助特定的代理人才能实现，而最常见的代理人就是领导或主管。对员工来说更是如此，在某些情况下，组织支持与领导支持或主管支持的含义是非常接近的。因此，我们在测量主管支持时可以有选择地借鉴组织支持的相关量表。目前，学术界对组织支持的测量主要通过自陈量表实现，严格来讲，自陈量表测量的是个体对组织支持的感知（Perceived Organizational Support，POS），而不是组织支持本身。但经验表明，组织支持与感知组织支持之间存在较高的相关性，对感知组织支持的测量有助于我们了解组织支持的大致情况。此外，考虑到真正影响个体行为的是其对客观事实的感知，而不是事实本身[①]，感知组织支持对现实问题的解释及预测能力一般要胜过组织支持本身。本书对重要他人的支持的测量也是通过自陈量表，其中所体现的逻辑与感知组织支持量表基本相同。通过梳理以往的文献，我们发现，艾森伯格等（1986）开发的组织支持感问卷（the Survey of Perceived Organizational Support，SPOS）在相关研究中应用较为广泛[②]。这一问卷的信度及效度得到了多次验证，但由于其题项较多（36 项），所以大部分研究都采用了相对简化的版本。凌文辁等（2006）的研究表明，不同于西方的单维结构，我国企业员工组织支持感包括三个维度，分别是工作支持、员工价值认同和关心利益[③]。具体到知识共享领域，张爽（2010）[④] 参照奥尔德姆和卡明斯（Oldham & Cummings，1996）[⑤] 的研究，给出了一个包含 7 个题项的领导支持量表，该量表的 α 系数大于 0.9，表现出了良好的内部一致性。

本书在张爽量表的基础上，综合考虑本书的具体模型及假设，给出如表 4 - 1 所示的主管支持量表。

表 4 - 1　　**主管支持量表**

题号	题目内容
SupervisorSupport01	我的主管会帮助员工解决与工作相关的问题。
SupervisorSupport02	我的主管鼓励员工发展新的技能。
SupervisorSupport03	我的主管鼓励员工参与重要的决策。
SupervisorSupport04	我的主管关心员工的感受与想法。
SupervisorSupport05	我的主管会对好的工作表现给予称赞。

① 陈春花、杨忠、曹洲涛：《组织行为学》，机械工业出版社 2010 年版。

② Eisenberger Robert, Stinglhamber Florence, "Perceived Organizational Support", *Journal of Applied Psychology*, Vol. 71, No. 3, 1986.

③ 凌文辁、杨海军、方俐洛：《企业员工的组织支持感》，《心理学报》2006 年第 2 期。

④ 张爽：《企业内部员工知识共享动机的实证研究》，博士学位论文，大连理工大学，2010 年。

⑤ Oldham Greg R., Cummings Anne, "Employee Creativity: Personal and Contextual Factors at Work", *Academy of Management Journal*, Vol. 39, No. 3, 1996.

与主管支持相比，同事支持并未得到太多的重视。学者们往往将其作为社会支持的一部分，单独针对同事支持的研究并不多见①。梅顿（Maton，1987）认为，同事支持包括三个维度，分别是情感关注（Emotional Support）、工具支持（Instrumental Support）和信息提供（Informational Support）②。兰兹曼（Landsman，2001）则将同事支持界定为个体感知到的从同事那里获得的援助和支持③。

塞顿和莫斯霍德尔（Settoon & Mossholder，2002）基于艾森伯格等编制的 SPOS 问卷开发了一份新的量表以测量同事支持，该量表共 6 个题项，其中有两个题项为反向计分④。本书在上一章详细分析了知识贡献情境下同事支持的各种表现，以上述分析为基础，我们对塞顿和莫斯霍德尔的量表略加改动，给出如表 4－2 所示的同事支持量表。

表 4－2　　**同事支持量表**

题号	题目内容
ColleagueSupport01	我的同事愿意帮助我更好地完成工作。
ColleagueSupport02	即使我的工作做得很好，我的同事也视而不见。（R）
ColleagueSupport03	我的同事会关注我的意见。
ColleagueSupport04	我的同事关心我对工作是否满意。

注：（R）表示反向计分。下同。

① 万祥露：《情绪劳动对工作满意度的影响——同事支持的调节作用》，硕士学位论文，南京师范大学，2014 年。

② Maton Kenneth I.，"Patterns and Psychological Correlates of Material Support within a Religious Setting：the Bidirectional Support Hypothesis"，*American Journal of Community Psychology*，Vol. 15，No. 2，1987.

③ Landsman Miriam J.，"Commitment in Public Child Welfare"，*Social Service Review*，Vol. 75，No. 3，2001.

④ Settoon R. P.，Mossholder K. W.，"Relational Quality and Relationship Context as Antecedents of Person- and Task-Focused Interpersonal Citizenship Behavior"，*Journal of Applied Psychology*，Vol. 87，No. 2，2002.

二 基本心理需求

基本心理需求量表（Basic Psychological Needs Scale，BPNS）实际上是一组量表，它既包括适用于一般情境的通用量表（Basic Needs Satisfaction in General Scale，BNSG-S），也包括适用于工作、人际关系等领域的专用量表（Basic Needs Satisfaction at Work Scale，BNSW-S；Basic Needs Satisfaction in Relationships Scale，BNSR-S）。具体而言，工作及通用情境的量表有 21 个题项，人际关系情境的量表较短，只有 9 个题项①。本书的研究基于工作情境展开，最合适的量表应该是 BNSW-S，但遗憾的是，受研究条件所限，笔者未能联系到德西等取得 BNSW-S 的授权，仅通过公开渠道获得了完整版本的 BNSG-S。事实上，BNSW-S 出现较早，21 题项的 BNSG-S 是盖格纳于 2003 年对 BNSW-S 略加修订而得到的。例如，在 BNSW-S 中，我们用“很多时候，我能从工作中感受到成就感”这个题项来测量工作情境下胜任需求的满足程度；在 BNSG-S 中，这一题项被改为“很多时候，我能从自己所做的事情中感受到成就感”以适应更加一般的情境。因此，以 BNSG-S 为基础，倒推出 BNSW-S 的大致内容在技术上并不困难。此外，刘俊升等（2013）②、李敏（2011）③、谢东杰等（2012）④ 为实现 BPNS 的本土化做了大量工作，他们的成果为笔者翻译及修订相关量表提供了有益参考。表 4－3 为本书所使用的基本心理需求满足量表。

---

① Johnston Mary M.，Finney Sara J.，“Measuring Basic Needs Satisfaction：Evaluating Previous Research and Conducting New Psychometric Evaluations of the Basic Needs Satisfaction in General Scale”，*Contemporary Educational Psychology*，Vol. 35，No. 4，2010.

② 刘俊升、林丽玲、吕媛、魏超波、周颖、陈欣银：《基本心理需求量表中文版的信、效度初步检验》，《中国心理卫生杂志》2013 年第 10 期。

③ 李敏：《腾冲县第一中学教师工作投入的影响因素研究》，硕士学位论文，云南大学，2011 年。

④ 谢东杰、王利刚、白羽、高文斌：《中文版基本心理需要满足量表的修订》，《中华行为医学与脑科学杂志》2012 年第 5 期。

表 4－3　　基本心理需求满足量表

原序号	题目内容	题号
1	我感觉我可以自己决定工作的具体方式。	Autonomy01
2	我很喜欢与我一起工作的同事。	Relatedness01
3	我经常感觉自己并不是很胜任工作。(R)	Competence01
4	在工作中，我感到有压力。(R)	Autonomy02
5	我的同事告诉我，我很擅长自己的工作。	Competence02
6	我和同事们相处得很好。	Relatedness02
7	我没有很多的社会交际。(R)	Relatedness03
8	在工作中，我可以自由表达自己的想法和意见。	Autonomy03
9	我把同事当作自己的朋友。	Relatedness04
10	我最近在工作中学到了一些有趣的新技能。	Competence03
11	在工作中，我经常不得不做一些别人让我做的事情。(R)	Autonomy04
12	同事们关心我。	Relatedness05
13	很多时候，我能从工作中感受到成就感。	Competence04
14	在工作中同事们常常会考虑我的感受。	Autonomy05
15	在工作中，我没有太多的机会去展示自己的能力。(R)	Competence05
16	我没有太多亲近的人。(R)	Relatedness06
17	在工作中，我感觉我可以做我自己。	Autonomy06
18	我的同事似乎不太喜欢我。(R)	Relatedness07
19	我经常感到自己能力不足。(R)	Competence06
20	我没有太多机会来决定如何处理自己工作中的问题。(R)	Autonomy07
21	同事们对我很友好。	Relatedness08

表 4－3 即为本书拟使用的基本心理需求满足量表，该量表共 21 个题项，其中 1、4、8、11、14、17 和 20 这 7 个题项测量自主需求的满足情况，依次将其编号为 Autonomy01—07；3、5、10、13、15 和 19 这 6 个题项测量胜任需求的满足情况，依次将其编号为 Competence01—06；2、6、7、9、12、16、18 和 21 这 8 个题项测量关系需求的满足情况，依次将其编号为 Relatedness01—08。除题项的具体措辞根据国人习惯略有调整外，该量表的长度、题项的排列顺序，以及反向计分题目的设置等均与原版量表相同，这主要是考虑到 BNSG-S

和 BNSW-S 都是非常成熟的量表，其信效度已经过多次检验，贸然对其做出重大修订并不明智。

三 知识贡献动机

通过系统的文献梳理，我们发现，学术界对知识贡献动机的研究已比较深入，诸如经济利益、互惠、自我效能感等常见动机的测量已有很成熟的量表，这为后续研究的开展提供了许多便利。需要注意的是，有许多学者将知识共享等同于知识贡献，而另一些学者则认为知识共享包括贡献和获取两个维度，这种概念界定上的差异导致某些量表中掺杂着若干有关知识获取的题项。因此，我们在借鉴他人量表时必须要进行仔细的甄别和筛选。下面我们依次介绍本书拟使用的知识贡献自主动机和受控动机量表。

（一）知识贡献的自主动机

在本书的理论模型中，知识贡献的自主动机是一个包含四个维度的高阶变量，这四个维度分别是：自我效能感、利他、学习或自我成长及集体情感与责任。下面我们依次介绍这四个维度的具体测量方法。

（1）自我效能感的测量

自我效能感的概念源自班杜拉，高自我效能感的个体对自己拥有的知识充满信心，当他作为贡献者向他人传授知识时，会体验到强烈的满足感和自豪感。目前，学术界常用的一般自我效能感量表是由斯普瑞策（Spreitzer）于 1995 年开发的，该量表共有 4 个题项，信效度良好[①]。坎坎哈里等（Kankanhalli et al.，2005）首先将斯普瑞策量表应用于知识共享领域，用其测量与知识共享有关的自我效能感，α 系数 =0.96[②]。林（2007）对坎坎哈里量表进行了修订，修订后的量表

---

① Spreitzer Gretchen M.，"Psychological Empowerment in the Workplace: Dimensions, Measurement, and Validation"，*Academy of Management Journal*，Vol. 38，No. 5，1995.

② Kankanhalli Atreyi，Tan Bernard C. Y.，Wei Kwok-Kee，"Contributing Knowledge to Electronic Knowledge Repositories: an Empirical Investigation"，*MIS Quarterly*，Vol. 29，No. 1，2005.

组合信度值为0.86[①]。金辉（2013）将林量表译为中文，并删除了1个题项，该版本量表的α系数=0.85[②]。

综合上述分析，本书拟采用林量表来测量与知识贡献有关的自我效能感，在翻译量表时，我们参考了金辉的译文。具体题项如表4-4所示：

表4-4　**自我效能感量表**

题号	题目内容
SelfEfficacy01	我自信能够向其他同事提供他们认为有价值的知识。
SelfEfficacy02	我拥有为组织提供有价值知识所需的专业技能。
SelfEfficacy03	无论我是否和同事共享知识，结果并无区别。(R)
SelfEfficacy04	与我相比，大部分其他同事可以提供更有价值的知识。(R)

（2）利他的测量

利他动机常与互惠动机混淆，虽然两者的表现都是帮助他人，但施恩是否图报是区分利他和互惠的关键。与现实组织相比，利他动机驱动的知识贡献行为在网络论坛等虚拟社区更为常见。瓦斯科和法拉奇（2005）在研究在线助人行为时，开发了一个量表以测量助人的愉悦感，该量表共包含4个题项，α系数=0.82[③]。彻纳马纳尼（Chennamaneni，2006）[④]和林（2007）[⑤]在研究知识共享的影响因素

① Lin Hsiu-Fen，"Effects of Extrinsic and Intrinsic Motivation on Employee Knowledge Sharing Intentions"，*Journal of Information Science*，Vol. 33，No. 2，2007.

② 金辉：《内外生激励、知识属性与组织内知识共享治理研究》，博士学位论文，南京大学，2013年。

③ Wasko Molly McLure，Faraj Samer，"Why should I Share? Examining Social Capital and Knowledge Contribution in Electronic Networks of Practice"，*MIS Quarterly*，Vol. 29，No. 1，2005.

④ Chennamaneni Anitha，*Determinants of Knowledge Sharing Behaviors：Developing and Testing an Integrated Theoretical Model*，The University of Texas at Arlington，2006.

⑤ Lin Hsiu-Fen，"Effects of Extrinsic and Intrinsic Motivation on Employee Knowledge Sharing Intentions"，*Journal of Information Science*，Vol. 33，No. 2，2007.

时，都依据具体的研究情境对瓦斯科量表进行了修订，修订后所得到的彻纳马纳尼量表 α 系数 =0.95，林量表组合信度值为0.84。此外，徐和林（2008）直接测量了个体在网络知识共享行为中表现出的利他主义倾向，但该量表的最终版本仅包含 2 个题项，内容略显单薄①。

综合上述分析，本书拟采用瓦斯科量表来测量利他动机，在确定具体题项时，也参考了彻纳马纳尼量表和林量表。具体内容如表 4 –5 所示：

表 4 –5　**利他量表**

题号	题目内容
Altruism01	我喜欢与同事共享知识。
Altruism02	我喜欢通过贡献知识来帮助同事。
Altruism03	通过贡献知识来帮助他人，让我感觉很好。
Altruism04	与同事共享知识，给我带来了快乐。

（3）学习或自我成长的测量

在以往的研究中，学习或自我成长大多被认为与知识获取有关，知识贡献者的学习动机往往被忽视了。事实上，所谓“教学相长”，个体极有可能在贡献知识的同时收获新知。学习或自我成长与自我效能感关系密切，——当个体学到了新知识后，其自我效能感也会有所提升。但笔者认为，这两种动机之间的差异还是比较明显的。简单来说，自我效能感更多地与存量知识有关，而学习或自我成长则更多地与增量知识有关。克拉里等（Clary et al. , 1998）在分析志愿者动机

① Hsu Chin-Lung, Lin Judy Chuan-Chuan, "Acceptance of Blog Usage: the Roles of Technology Acceptance, Social Influence and Knowledge Sharing Motivation", *Information & Management*, Vol. 45, No. 1, 2008.

时，识别出一个与学习、自我发展有关的动机，并将其命名为“理解”（Understanding）①。于等（2007）②、纳姆等（Nam et al.，2009）③和娄等（Lou et al.，2013）④都基于克拉里量表来测量与知识贡献有关的学习或自我成长动机，但这些研究大多针对网络论坛等虚拟情境展开，在将相关量表应用到现实组织时，必须对题项的内容做出调整。

综合上述分析，本书拟采用娄量表来测量学习或自我成长动机。具体题项内容见表4－6：

表4－6　**学习或自我成长量表**

题号	题目内容
Learn01	通过贡献知识，我可以避免遗忘已掌握的知识。
Learn02	通过贡献知识，我有机会将已掌握的知识付诸实践。
Learn03	通过贡献知识，我可以深化对已掌握的知识的理解。

（4）集体情感与责任的测量

集体情感与责任动机带有鲜明的本土化色彩，这种动机在集体主义文化盛行的东方可能更为普遍。何会涛（2011）将知识共享行为细分为两类，分别是以帮助同事为目的的个人导向的知识共享和以帮

① Clary E. Gil, Snyder Mark, Ridge Robert D., Copeland John, Stukas Arthur A., Haugen Julie, Miene Peter, “Understanding and Assessing the Motivations of Volunteers: a Functional Approach”, *Journal of Personality & Social Psychology*, Vol. 74, No. 6, 1998.

② Yu Jie, Jiang Zhenhui, Chan Hock Chuan, “Knowledge Contribution in Problem Solving Virtual Communities: the Mediating Role of Individual Motivations”, *Proceedings of the ACM Sigmis CPR Conference on Computer Personnel Research*, 2007.

③ Nam Kevin Kyung, Ackerman Mark S., Adamic Lada A., “Questions in, Knowledge in? A Study of Naver's Question Answering Community”, *Proceedings of the International Conference on Human Factors in Computing Systems*, 2009.

④ Lou Jie, Fang Yulin, Lim Kai H., Peng Jerry Zeyu, “Contributing High Quantity and Quality Knowledge to Online Q&A Communities”, *Journal of the Association for Information Science and Technology*, Vol. 64, No. 2, 2013.

助组织为目的的组织导向的知识共享①。王和侯（2015）则注意到了“利他人”动机和“利公司”动机之间的区别②。从上述研究中，我们都可以看到集体情感与责任动机的影子。

赵书松（2013）系统归纳了中国文化背景下员工的知识共享动机，并开发了相应的量表③。本书对集体情感与责任的测量主要参考赵书松的研究成果，具体题项内容见表 4 – 7：

表 4 – 7 **集体情感与责任量表**

题号	题目内容
Collectivism01	我之所以向集体贡献自己的知识和经验，是因为我爱这个集体。
Collectivism02	我之所以参加组织的知识共享活动，是因为我热爱这个组织。
Collectivism03	向组织或同事贡献自己的知识和经验是我的责任。

（二）知识贡献的受控动机

在本书的理论模型中，知识贡献的受控动机是一个包含三个维度的高阶变量，这三个维度分别是：声誉、互惠及经济利益。下面我们依次介绍这三个维度的具体测量方法。

（1）声誉的测量

在中国文化中，声誉的重要性不亚于现实的物质利益。良好的声誉能为个体带来他人的尊重、信任及赞美，与声誉相联系的社会地

① 何会涛：《知识共享有效性研究：个体与组织导向的视角》，《科学学研究》2011 年第 3 期。

② Wang Wei-Tsong, Hou Ya-Pei, “Motivations of Employees’ Knowledge Sharing Behaviors: a Self-Determination Perspective”, *Information and Organization*, Vol. 25, No. 1, 2015.

③ 赵书松：《中国文化背景下员工知识共享的动机模型研究》，《南开管理评论》2013 年第 5 期。

位、权力等对个体的影响则更为直接。徐和林（2008）① 基于博克等（2005）②、盖芬（Gefen，2000）③ 和瓦斯科和法拉奇（2005）④ 的研究开发了一份包含3个题项的声誉量表，但该量表的最终版本仅保留了2个题项，其组合信度值为0.84。张爽（2010）识别并归纳了我国企业员工知识共享动机的六因子结构，并将其中的一个因子命名为“声望动机”。在张爽开发的量表中，共有4个题项用于测量声望，α系数=0.91⑤。

综合上述分析，我们拟基于张爽量表测量声誉，在确定具体题项时，也参考了徐量表。具体题项内容见表4-8：

表4-8 **声誉量表**

题号	题目内容
Reputation01	贡献知识可以帮助我获得他人的尊重。
Reputation02	贡献知识可以帮助我建立自己的专家形象。
Reputation03	贡献知识可以帮助我提高自己在组织中的地位。

（2）互惠的测量

互惠动机体现了“投桃报李”的社会交换思维，受该动机驱使的知识贡献者希望自己在此时此地的助人善举能够在将来的某个时间得到回报。博克等（2005）使用5个题项来测量互惠预期，α系数=

① Hsu Chin-Lung，Lin Judy Chuan-Chuan，“Acceptance of Blog Usage：the Roles of Technology Acceptance，Social Influence and Knowledge Sharing Motivation”，*Information & Management*，Vol. 45，No. 1，2008.

② Bock Gee-Woo，Zmud Robert W.，Kim Young-Gul，Lee Jae-Nam，“Behavioral Intention Formation in Knowledge Sharing：Examining the Roles of Extrinsic Motivators，Social-Psychological Forces，and Organizational Climate”，*MIS Quarterly*，Vol. 29，No. 1，2005.

③ Gefen David，“E-Commerce：the Role of Familiarity and Trust”，*Omega*，Vol. 28，No. 6，2000.

④ Wasko Molly McLure，Faraj Samer，“Why should I Share? Examining Social Capital and Knowledge Contribution in Electronic Networks of Practice”，*MIS Quarterly*，Vol. 29，No. 1，2005.

⑤ 张爽：《企业内部员工知识共享动机的实证研究》，博士学位论文，大连理工大学，2010年。

0.92；坎坎哈里等（2005）在研究企业员工的电子数据库使用行为时，使用4个题项来测量互惠，α系数=0.85①；林（2007）也使用了4个题项来测量互惠，其组合信度值为0.81②；徐和林（2008）的研究针对网络博客展开，他们使用两个题项来测量互惠，其组合信度值为0.92③。

综合上述分析，我们拟采用博克量表来测量互惠。这主要是因为徐量表和坎坎哈里量表的研究情境与本书有较大差距，林量表的信度不如博克量表。在翻译博克量表时，我们参考了金辉（2013）④的译文。具体题项内容见表4-9：

表4-9 **互惠量表**

题号	题目内容
Reciprocity01	通过贡献知识，我和现有同事之间的关系将会得到强化。
Reciprocity02	贡献知识将会扩大我和组织其他同事之间的联系范围。
Reciprocity03	贡献知识将会让我更容易熟悉组织的新成员。
Reciprocity04	贡献知识有助于吸引组织的优秀成员更好地与我合作。
Reciprocity05	贡献知识会让我和组织中有相同兴趣的成员产生密切的联系。

（3）经济利益的测量

在知识经济时代，知识是最宝贵的资源和财富。许多员工之所以选择隐匿私有知识，在很大程度上就是因为组织未能给予其及时、准

① Kankanhalli Atreyi, Tan Bernard C. Y., Wei Kwok-Kee, "Contributing Knowledge to Electronic Knowledge Repositories: an Empirical Investigation", *MIS Quarterly*, Vol. 29, No. 1, 2005.

② Lin Hsiu-Fen, "Effects of Extrinsic and Intrinsic Motivation on Employee Knowledge Sharing Intentions", *Journal of Information Science*, Vol. 33, No. 2, 2007.

③ Hsu Chin-Lung, Lin Judy Chuan-Chuan, "Acceptance of Blog Usage: the Roles of Technology Acceptance, Social Influence and Knowledge Sharing Motivation", *Information & Management*, Vol. 45, No. 1, 2008.

④ 金辉：《内外生激励、知识属性与组织内知识共享治理研究》，博士学位论文，南京大学，2013年。

确的经济回报。这种回报有可能直接以货币形式出现，比如加薪、额外的奖金等；也可能以非货币形式出现，比如职务晋升、岗位调动等。博克和金（2002）在前人研究的基础上，开发了一套包含 3 个题项的物质奖励量表，α 系数 = 0.83①；在后续的研究中，博克等（2005）将该量表的题项进一步精简为 2 个，α 系数也提高至 0.93②；坎坎哈里等（2005）开发的物质奖励量表包括 5 个题项，α 系数 = 0.96；林（2007）开发的物质奖励量表包括 4 个题项，其组合信度值为 0.75③。

综合上述分析，我们拟基于坎坎哈里量表来测量经济利益，考虑到本书所关注的经济回报是一种短期的直接回报，我们删除了与职业安全感有关的题项。最终拟定的量表共有 4 个题项，具体内容见表 4 - 10：

表 4 - 10　　**经济利益量表**

题号	题目内容
Money01	贡献知识会增加我获得更高薪水的可能性。
Money02	贡献知识会增加我获得更高奖金的可能性。
Money03	贡献知识会增加我获得更好工作安排的可能性。
Money04	贡献知识会增加我晋升的可能性。

四　知识贡献行为

在以往的研究中，已有多位学者开发了测量知识共享行为的量表。李（Lee，2001）以知识的隐性程度为标准，分别对显性知识共

① Bock Gee W., Kim Young-Gul, "Breaking the Myths of Rewards: an Exploratory Study of Attitudes about Knowledge Sharing", *Information Resources Management Journal*, Vol. 15, No. 2, 2002.

② Bock Gee-Woo, Zmud Robert W., Kim Young-Gul, Lee Jae-Nam, "Behavioral Intention Formation in Knowledge Sharing: Examining the Roles of Extrinsic Motivators, Social-Psychological Forces, and Organizational Climate", *MIS Quarterly*, Vol. 29, No. 1, 2005.

③ Lin Hsiu-Fen, "Effects of Extrinsic and Intrinsic Motivation on Employee Knowledge Sharing Intentions", *Journal of Information Science*, Vol. 33, No. 2, 2007.

享行为和隐性知识共享行为进行了测量，其中显性知识共享行为量表的α系数=0.90，隐性知识共享行为量表的α系数=0.76[①]；博克和金（2002）开发了一套包含7个题项的量表以测量知识共享行为，该量表的α系数=0.93[②]；杨和陈（Yang & Chen，2007）[③]、金和马克斯（2008）[④]等则从知识共享的内容和频次入手，对知识共享行为进行了测量。

回顾以往的研究，我们可以发现，学者们在测量知识共享行为时，往往按照不同的标准（如知识的隐性程度、共享对象、内容及频次等）对知识共享行为进行细分，但总体而言，知识共享行为还是被视为一个整体，这与本书的研究设定有所不同。笔者认为，从动机的视角来看，显性知识共享（或贡献）行为可以与隐性知识共享（或贡献）行为区分开来，这突出地表现在受控动机驱使下的个体会选择贡献显性知识而非隐性知识，此时，这两种知识贡献行为会出现较大程度的反差。因此，本书拟采用两个量表分别测量显性知识贡献行为和隐性知识贡献行为。此外，行为的意愿与行为本身密切相关，对知识共享行为的测量也可以参考知识共享意愿的相关量表[⑤]。博克等（2005）开发了一套包含5个题项的量表以测量知识共享意愿，其中有2个题项用来测量隐性知识的共享意愿，α系数=0.93，余下3个

---

① Lee Jae Nam, "The Impact of Knowledge Sharing, Organizational Capability and Partnership Quality on IS Outsourcing Success", *Information & Management*, Vol. 38, No. 5, 2001.

② Bock Gee W., Kim Young-Gul, "Breaking the Myths of Rewards: an Exploratory Study of Attitudes about Knowledge Sharing", *Information Resources Management Journal*, Vol. 15, No. 2, 2002.

③ Yang Chyan, Chen Liang-Chu, "Can Organizational Knowledge Capabilities Affect Knowledge Sharing Behavior?", *Journal of Information Science*, Vol. 33, No. 1, 2007.

④ King William R., Marks Jr. Peter V., "Motivating Knowledge Sharing through a Knowledge Management System", *Omega*, Vol. 36, No. 1, 2008.

⑤ 张爽：《企业内部员工知识共享动机的实证研究》，博士学位论文，大连理工大学，2010年。

题项用来测量显性知识的共享意愿，α 系数 = 0.92[①]。陈小锋（2012）以上述的博克量表为基础，开发了一套包含 11 个题项的知识共享意愿量表，其中 4 个题项与显性知识共享有关，α 系数 = 0.89，7 个题项与隐性知识共享有关，α 系数 = 0.93[②]。

综合上述分析，本书拟基于陈小锋的研究来编制知识共享行为量表。具体内容见表 4 – 11、表 4 – 12：

表 4 – 11　　**显性知识共享行为量表**

题号	题目内容
ExplicitContribution01	我会与同事分享组织的工作资料。
ExplicitContribution02	我会把自己的工作手册、方法等提供给同事。
ExplicitContribution03	我会与同事分享自己从各种渠道获得的书面知识。

表 4 – 12　　**隐性知识共享行为量表**

题号	题目内容
TacitContribution01	我会与同事分享自己的工作经验、业务诀窍。
TacitContribution02	我会向同事示范某些工作的具体做法。
TacitContribution03	我会告诉同事本企业的惯例、不成文的工作默契。
TacitContribution04	我会与同事分享新的想法和创意。

需要说明的是，该量表拟用于由主管填写的配对问卷，所以我们在将其编入最终问卷时，对题项的具体措辞进行了有针对性的调整。

---

① Bock Gee-Woo, Zmud Robert W., Kim Young-Gul, Lee Jae-Nam, "Behavioral Intention Formation in Knowledge Sharing: Examining the Roles of Extrinsic Motivators, Social-Psychological Forces, and Organizational Climate", *MIS Quarterly*, Vol. 29, No. 1, 2005.

② 陈小锋：《知识员工心理契约对知识共享意愿的影响研究》，博士学位论文，江西财经大学，2012 年。

五　控制变量

本书选取的控制变量共有 10 个，可分为两类。第 1 类控制变量与员工的个人信息有关，共有 6 个，分别是性别、年龄、学历、在本企业工作年限、职位等级和所属部门。其中性别、年龄和在本企业工作年限据实填写；学历有 5 个选项，分别是高中及以下、大专、本科、硕士和博士；职位等级有 3 个选项，分别是普通员工、基层管理人员和中层管理人员（由于被调查者的知识贡献行为需要由其直接主管做出评价，所以自评问卷的发放到中层管理人员为止，我们没有将高层管理人员作为一般的调研对象）；所属部门有两个选项，分别是职能管理部门和研发部门。第 2 类控制变量与企业的背景信息有关，共有 4 个，分别是成立年限、员工人数、产权类型和行业类别。成立年限有 5 个选项，分别是 5 年以下（含）、6—10 年（含）、11—15 年（含）、16—20 年（含）和 20 年以上；员工人数也有 5 个选项，分别是 50 人以下、51—100 人（含）、101—500 人（含）、501—1000 人（含）和 1000 人以上；产权类型有 4 个选项，分别是国有企业、民营企业、外资企业和其他；行业类别有 3 个选项，分别是第一产业、第二产业和第三产业。

在上述 10 个控制变量中，有关个人信息的控制变量由被调查者在自评问卷中报告；有关企业背景信息的控制变量由各企业联络人统一报告；被调查者的直接主管只需报告被调查者的知识贡献行为，无需报告控制变量的情况。

第三节　前测及初始量表的修订

任何一份成熟的调查问卷的形成都必须经过反复多次的推敲和修改，本书也不例外。下面我们将依次介绍量表前测及修订的过程和结果，并为正式调研拟定最终版本的问卷。

一　前测情况介绍

基于之前所拟定的初始量表，加上合适的引语后，我们就得到了初始版本的调查问卷。为避免同源偏差问题，我们使用了配对问卷来收集数据，前因变量和中介变量（重要他人的支持、基本心理需求及知识贡献动机）的测量通过自评量表完成，结果变量（知识贡献行为）的测量通过他评量表完成。

受研究条件所限，我们在前测及正式调研阶段采用的都是便利抽样（Convenience Sampling）和滚雪球抽样（Snowball Sampling）相结合的方法。具体来说，我们充分利用了某高校经济管理学院在职MBA班的学生资源，这些学员大多在企业从事基层或中层管理工作，是典型的知识型员工，选择他们作为调研对象符合本书的研究主题。我们首先在这些学员中筛选出愿意接受调研的被试，在邀请他们填答完问卷后，又从中筛选出若干愿意协助收集数据的热心学员。然后我们对这些学员进行了全面的培训，向他们详细介绍了研究的目的、意义，并重点讲解了问卷发放及回收的注意事项。最后，我们请这些已受过培训的热心学员充分利用自己的社会关系，发动更多的公司员工填答问卷。

便利抽样和滚雪球抽样简便易行，省时省力，在管理学研究中应用十分广泛。但这两种抽样方法都是典型的非概率抽样，在抽取样本时掺杂了许多主观因素，并没有严格遵循随机抽样的原则，所以就失去了大数定律的存在基础，以致我们无法确定抽样误差，也无法准确说明样本的统计值在多大程度上适合于总体。与非概率抽样相对的是概率抽样，如简单随机抽样、分层抽样等。概率抽样基于概率理论和随机原则抽取样本，总体中每一个单位被抽中的概率都是已知的。概率抽样满足大数定律，我们可以根据样本调查的结果推断总体的特征。从纯技术的角度来看，概率抽样要优于非概率抽样。但概率抽样的弊端也十分明显，一般情况下，概率抽样需要更多的时间策划和实施，耗费的资金也比非概率抽样多。这些额外的支出是本书的研究所无法承担的，因此我们选择了更为简便的非概率抽样。

由于本书使用配对问卷，所以我们以套为单位处理问卷。每套问卷共 7 份，其中 1 份为主管填答，由他报告 6 位直接下属的知识贡献行为，余下 6 份问卷由员工填答，主要报告重要他人的支持、基本心理需求和知识贡献动机。为方便后续的数据处理工作，我们采用三段式编码“××－××－×”对问卷进行编号，其中前两位是企业序号，中间两位表示是第几套问卷，最后一位如果是 0，表示是主管填答，1—6 则表示是员工填答。

配对问卷必须以套为单位进行处理，因此其发放和回收要比一般的问卷麻烦，耗时也更久。为提高问卷回收的效率和质量，我们在每个企业都安排了一名联络人，由他统一协调本企业的调研工作。联络人除负责发放、回收问卷外，还需要提供一些企业的背景信息，如企业存续年限、规模、所有制形式及所处行业等，这些信息在假设检验时将作为控制变量进入模型。由联络人统一提供企业背景信息可以减轻其他被调查者的负担，也避免了可能出现的信息冲突。

联络人是否认真负责，直接关系到调研成败，因此，我们在委托其发放、回收问卷时，又特意强调了如下几点：（1）虽然配对问卷的填制和收集比较麻烦，但耗时也不可过久。最好选择部门开会或培训等人员比较集中的场合，当场发放、填写和回收；（2）在发放问卷时，要向被调查者明确表明所收集的数据仅用于学术研究，其个人隐私绝不会被泄露。再就是问卷的题项并无对错之分，被调查者只需按个人情况如实填写即可；（3）在回收问卷时要进行简单的形式审查，如果存在漏填、信息自相矛盾等比较明显的错误，最好请填答问卷者当场更正。

虽然我们采取了多项措施以提高调研质量，但根据以往的经验，无效问卷的出现还是难以避免的。这些问卷会大大降低数据的质量，必须将其剔除。综合其他学者的建议，我们拟根据如下标准来决定是否剔除某份问卷：（1）个人信息部分存在明显不合情理之处，比如某人报告其在该单位的工作年限甚至超过了组织的存续年限，再比如某人现年20岁，却已获得了博士学位，并在一大型国企担任中层管理职务，等等。类似这种情况表明，答题者态度不认真，很可能是在随意应付；（2）反向计分题项的答案表明，答题者的前后逻辑存在矛盾；（3）连续多个题目（6个及以上）的得分相同，或其得分呈现出无意义的规律分布（比如从1到5，然后从5到1，如此反复）；（4）如果配对问卷中主管填答的问卷被认定为无效，那么整组问卷全部作废。如果主管填答的问卷有效，那么单个员工的废卷并不会影响他人。换言之，每套问卷（含1份主管问卷和6份员工问卷）能提供0—6个有效样本数据；（5）其他技术性问题。比如问卷漏答题项过多（累计漏答超过6个，或连续漏答超过3个），或1个问题存在多个答案，等等。

二　前测的结果

（一）前测样本的描述性统计分析

本书为前测进行的预调研工作从2016年7月开始，到8月结束。基于就近原则，调研的企业主要集中在陕西、河南两地。我们累计发放配对问卷40套，返回26套，其中有5套因主管问卷不合格直接作废，剩余有效问卷21套。在返回问卷的9家企业中，有3家返回了3套问卷，有6家返回了2套问卷。在21套有效问卷中，仅有1套问卷全部合格（提供6个有效样本）；17套问卷各存在1份员工废卷（每套提供5个有效样本）；余下3套问卷各存在2份员工废卷（每套提供4个有效样本）；总计获得有效样本103个，问卷有效回收率约为42.92%。基于以往的经验，为避免统计分析时出现非正定问题，样本量需多于问卷的题项数，本书所使用的问卷共包含63个题项，小于预调研样本数量，满足上述标准。表4-13报告了预调研所涉及企业的背景信息。

表4－13 **预调研企业背景信息**

统计内容	题项	企业数量		受访者数量	
		频数	百分比（%）	频数	百分比（%）
成立年限	5年以下（含）	0	0.00	0	0.00
	6—10年（含）	4	44.44	48	46.60
	11—15年（含）	3	33.33	36	34.95
	16—20年（含）	1	11.11	9	8.74
	20年以上（含）	1	11.11	10	9.71
员工人数	50人以下	0	0.00	0	0.00
	51—100人（含）	1	11.11	9	8.74
	101—500人（含）	6	66.67	74	71.84
	501—1000人（含）	2	22.22	20	19.42
	1000人以上	0	0.00	0	0.00
产权类型	国有企业	5	55.56	55	53.40
	民营企业	3	33.33	39	37.86
	外资企业	1	11.11	9	8.74
	其他	0	0.00	0	0.00
行业类别	第一产业	0	0.00	0	0.00
	第二产业	6	66.67	68	66.02
	第三产业	3	33.33	35	33.98
合计		9	100.00	103	100.00

从表4－13可以看出：这些企业的成立年限大多集中在6—15年；员工人数以101—500人最多；产权类型方面，国有企业最多，民营企业次之，外资企业仅有1家；行业类别方面，没有从事第一产业的企业，从事第二产业的有6家，从事第三产业的有3家。

表4－14报告了预调研中被调查者的个人信息。

表 4－14　预调研被调查者的个人信息

统计内容	题项	受访者数量	
		频数	百分比（%）
性别	男	50	48.54
	女	53	51.46
年龄	20 岁以下	0	0.00
	20—29 岁	23	22.33
	30—39 岁	35	33.98
	40—49 岁	29	28.16
	50 岁及以上	16	15.53
学历	高中及以下	12	11.65
	大专	22	21.36
	本科	59	57.28
	硕士	9	8.74
	博士	1	0.97
工作年限	5 年以内（含）	53	51.46
	6—10 年（含）	46	44.66
	11—15 年（含）	4	3.88
	15 年以上	0	0.00
职位等级	普通员工	60	58.25
	基层管理人员	32	31.07
	中层管理人员	11	10.68
所属部门	职能管理	75	72.82
	研发	28	27.18
合计		103	100.00

从表 4－14 可以看出：被调查者的性别分布比较均衡，男女基本各占一半。年龄分布也比较均衡，老、中、青三代都有相当规模的样本。教育程度方面，本科学历最多，占比接近六成，大专及以上学历的样本占比接近九成。这说明被调研对象的学历层次较高，属于典型的知识型员工，选择他们作为样本符合本书的研究主题。工作年限方面，大部分被调研者在 10 年以内，仅有 4 个样本超过 10 年。职位等级方面，普通员工最多，占比接近六成；基层管理人员次之，占比约

三成；中层管理人员最少，占比约一成。所属部门方面，受抽样方法限制，我们所倚重的在职 MBA 学员多属于职能管理部门，因此样本也多来自此类部门，在研发部门工作的被调查者相对较少。

（二）初始量表的信效度分析及修订

本节主要使用预调研所获得的数据对初始量表的信度和效度进行分析，并酌情对初始量表进行修订。

信度（Reliability）指的是量表的可靠性，即采用相同的方法对同一变量进行测量时，所得调查结果的一致性、稳定性。常见的信度分析方法有重测信度法、复本信度法、折半信度法及 α 系数法。重测信度法是指，采用同样的量表间隔一段时间后在同一组被调查者身上重复测试，然后计算两次测试结果的相关系数。复本信度法是指根据测试的目的编制几个平行的等值量表，对同一组被调查者同时或间隔一段时间后施测两个复本量表，然后计算两次测试结果的相关系数，这一系数即复本信度。折半信度法是指将量表分成相等的两半，然后分别计算被调查者在这两半测试中的得分及其相关系数，进而估计整个量表的信度。α 系数法被广泛用于评估意见、态度式量表的信度，是目前最常用的信度分析方法。α 系数反映了量表各题项得分之间的一致性，因此，它属于内在一致性系数。重测信度法和复本信度法需要重复测试或编制两个量表，成本较高；折半信度法一般适用于题项较多的量表，本书采用的量表大多较短，其中有多个量表仅有 3 题，无法进行折半分析。基于上述考虑，我们采用了操作简便、成本低廉的 α 系数法来评估量表的信度。

一般而言，α 值越大，表明量表的内部一致性越高，信度越好。但 α 值可以接受的下限是多少，学术界并无明确的结论。综合各家观点，本书认为，α 介于 0.6 和 0.7 之间表明量表信度一般，但尚可接受；α 大于 0.7 表明量表信度较好；α 大于 0.8 则是一种比较理想的状态。需要注意的是，α 系数并不是越高越好，过高的 α 值表明量表各题项的内容可能有重复之处，即量表存在进一步压缩的空间。量表的长度（题项的数量）与α值存在正相关。量表题项较少时，偶然因素就很容易影响其内部一致性，导致α值偏低；量表题项的增加有助于弱化偶然性的影响，进而提高测试的信度。但这种正相关并不是线性的，随着α值的增加，延长量表长度所带来的信度改善越来越小。因此，为提高α值而一味增加量表题项的做法并不可取，当量表长度超过某个范围时，增加题项只会导致被调查者产生疲劳或厌倦的情绪，而无助于改善测量质量。

效度（Validity）指的是量表的正确性或有效程度，即量表测量的结果能在多大程度上反映概念或变量的特征及内涵。对一个测验来说，效度比信度更重要。如果一个测验的内容与测量目的无关，那么即使测验的稳定性或一致性（信度）很好，这样的测验也是没有意义的。比如我们要测量某人的体重，但操作人员却拿了几把不同的尺子来测量此人的身高，由于这几把尺子都很精确，所以得到的结果相差无几（测量信度很好），但测量的结果不能反映我们想要考察的内容（测量效度很差），因此这样的测量毫无意义。

效度的分析比较复杂，我们可以从多个角度来评估测量的有效性，由此也发展出多个密切相关，但互有区别的效度概念，如内容效度（Content Validity）、结构效度（Construct Validity）、聚合效度（Convergent Validity）及区分效度（Discriminant Validity）等，下面我们将逐一介绍这些概念。

内容效度又被称为逻辑效度，是指测量的项目相对拟测内容的适当程度。在上文所举的例子中，体重的测量之所以失败，根本原因就在于操作人员选取的测量工具毫无内容效度可言。结构效度指的是通过量表收集的数据所呈现出的内部结构与理论预期相一致的程度。就高阶变量而言，如果对应的量表结构效度良好，那么相应的原始数据应表现出清晰的多因子结构，并且测量题项与因子之间的对应关系也应符合之前的预期。聚合效度及区分效度的概念与结构效度密切相关。所谓聚合效度，主要考察特定题项与对应因子之间的联系是否足够紧密。区分效度则主要考察高阶变量下辖的多个含义相近的维度之间是否具有足够清晰的界限。

内容效度的评估以定性为主，比如可以邀请专家就量表题项是否适切发表意见。本书所使用的量表均来自以往的成熟研究，在量表的拟定过程中我们采取了多种措施（如回译和小规模访谈等）以保证量表的质量，因此，我们预期量表的内容效度良好。

在研究的初始阶段，探索性因子分析（Exploratory Factor Analysis，EFA）常被用于检验量表效度。具体的做法并不复杂，我们可以对所有的测量题项进行 EFA，然后观察析出的因子，对其进行正交旋转。如果量表效度良好，那么同属一个维度的题项会负载在同一个公因子上，相应的因子载荷（Factor Loading）也会较大（一般认为应大于0.5），并且不存在交叉负载（Cross Loading）的情况。因子分析的前提条件是原有变量之间存在较强的相关关系。如果原有变量相互独立，不存在信息重叠，就无法将其浓缩或综合，也就没有因子分析的必要。在判断原有变量的相关性时，常用的方法有两种，分别是 Bartlett 球度检验（Bartlett Test of Sphericity）和 KMO（Kaiser—Meyer—Olkin）检验。如果 Bartlett 球度检验的检验统计量比较大，且对应的概率 p 值小于给定的显著性水平，则原有变量适合做因子分析；反之，则不适合。常用的 KMO 检验标准见表 4 – 15：

表 4 – 15　　**KMO 检验标准**

检测类别	取值范围	因子分析适合情况
KMO 值	大于 0.9	非常适合
	0.8—0.9	很适合
	0.7—0.8	适合
	0.6—0.7	不太适合
	0.5—0.6	勉强适合
	小于 0.5	不适合

本书采用主成分分析法（Principal Component Analysis，PCA）提取所有特征值大于 1 的因子，并采用方差极大法（Varimax）对因子进行正交旋转。若测量题项的因子载荷小于 0.5，则考虑删除该题项；剩余题项的因子载荷均应大于 0.5，且提取因子的累计方差解释率应超过 50%。

考虑到本书所使用的量表均来自以往的成熟研究，因此我们在删除测量题项时将非常慎重，需要综合评估信度及效度检验的结果，然后再做决定。

下面我们依次对各初始量表的信效度进行检验。

（1）重要他人的支持量表

表 4－16 列出了主管支持量表的信度分析结果。

表 4－16　**主管支持量表的信度分析**

变量	题号	CITC	删除该项后的 α 系数	α 系数
主管支持	SupervisorSupport01	0.748	0.765	0.833
	SupervisorSupport02	0.652	0.795	
	SupervisorSupport03	0.683	0.787	
	SupervisorSupport04	0.387	0.863	
	SupervisorSupport05	0.712	0.777	

表 4－16 第 3 列的 CITC 是"Corrected Item-Total Correlation"的缩写，即修正的项目—总体相关系数。分析表明，主管支持量表的 α 系数是 0.833；除 SupervisorSupport04 外，其余各题项的 CITC 均大于 0.65，且将该题项删除后，量表的 α 系数会有明显提升。因此，我们初步考虑应将 SupervisorSupport04 删除。

表 4－17 列出了同事支持量表的信度分析结果。

表4-17　　同事支持量表的信度分析

变量	题号	CITC	删除该项后的α系数	α系数
同事支持	ColleagueSupport01	0.639	0.795	0.828
	ColleagueSupport02	0.659	0.781	
	ColleagueSupport03	0.663	0.780	
	ColleagueSupport04	0.669	0.778	

从表4-17可以看出，同事支持量表的α系数是0.828；量表各题项的CITC均大于0.63，且将各题项删除后，α系数都将明显下降。因此，我们认为该量表的所有题项都应保留。

在通过EFA检验量表效度时，考虑到主管支持和同事支持这两个变量有相似之处（同属重要他人的支持），因此我们将相应量表的9个题项全部纳入因子分析，以检验这两个量表的结构效度、聚合效度及区分效度。具体分析结果见表4-18：

表4-18　　主管支持和同事支持的EFA结果

题号	因子	
	1	2
SupervisorSupport01	0.792	
SupervisorSupport02	0.744	
SupervisorSupport03	0.777	
SupervisorSupport04	0.478	
SupervisorSupport05	0.820	
ColleagueSupport01		0.708
ColleagueSupport02		0.799
ColleagueSupport03		0.724
ColleagueSupport04		0.807
特征值	4.711	1.007
解释的方差比例	52.35%	11.19%
KMO值	0.893	
Bartlett球度检验	412.630	
显著性概率	0.000	

在进行因子分析之前，我们首先进行了 KMO 检验和 Bartlett 球度检验。如表 4－18 所示，KMO 值为 0.893，Bartlett 球度检验值为 412.630，显著性概率为 0.000，低于一般的显著性水平 0.05。因此，原有变量适合进行因子分析。通过 PCA 法提取因子，共析出两个大于 1 的特征值，分别解释了变量总方差的 52.35% 和 11.19%，累计方差解释率为 63.54%，超过 50%。旋转因子后，测量主管支持的 5 个题项均负载于因子 1，测量同事支持的 4 个题项均负载于因子 2，并不存在交叉负载的情况，这表明量表的区分效度良好，所拟定的题项均按预期测量了相应的变量。因子载荷方面，除 SupervisorSupport04 小于 0.5 外，其余题项的因子载荷均大于 0.7，这表明绝大多数题项都按预期收敛于对应构面，量表的聚合效度及结构效度良好。综合信度及效度检验的结果，我们决定删除 SupervisorSupport04 这一题项。

（2）基本心理需求量表

表 4－19 列出了自主需求量表的信度分析结果。

表 4－19　**自主需求量表的信度分析**

变量	题号	CITC	删除该项后的 α 系数	α 系数
自主需求	Autonomy01	0.708	0.849	0.874
	Autonomy02	0.740	0.845	
	Autonomy03	0.661	0.855	
	Autonomy04	0.285	0.900	
	Autonomy05	0.724	0.847	
	Autonomy06	0.751	0.843	
	Autonomy07	0.727	0.846	

从表 4－19 可以看出，自主需求量表的 α 系数是 0.874；除 Autonomy04 的 CITC 为 0.285 外，其余各题项的 CITC 均大于 0.66，且将该题项删除后，量表的 α 系数会有明显提升。因此，我们初步考虑

应将 Autonomy04 删除。

表 4 - 20 列出了胜任需求量表的信度分析结果。

表 4 - 20　　**胜任需求量表的信度分析**

变量	题号	CITC	删除该项后的 α 系数	α 系数
胜任需求	Competence01	0. 677	0. 791	0. 833
	Competence02	0. 685	0. 789	
	Competence03	0. 714	0. 783	
	Competence04	0. 676	0. 791	
	Competence05	0. 648	0. 798	
	Competence06	0. 251	0. 869	

从表 4 - 20 可以看出，胜任需求量表的 α 系数是 0. 833；除 Competence06 的 CITC 为 0. 251 外，其余各题项的 CITC 均大于 0. 64，且将该题项删除后，量表的 α 系数会有明显提升。因此，我们初步考虑应将 Competence06 删除。

表 4 - 21 列出了关系需求量表的信度分析结果。

表 4 - 21　　**关系需求量表的信度分析**

变量	题号	CITC	删除该项后的 α 系数	α 系数
关系需求	Relatedness01	0. 733	0. 890	0. 904
	Relatedness02	0. 725	0. 890	
	Relatedness03	0. 746	0. 888	
	Relatedness04	0. 746	0. 888	
	Relatedness05	0. 730	0. 889	
	Relatedness06	0. 402	0. 917	
	Relatedness07	0. 755	0. 887	
	Relatedness08	0. 748	0. 887	

从表 4 - 21 可以看出，关系需求量表的 α 系数是 0. 904；除

Relatedness06的 CITC 为 0.402 外，其余各题项的 CITC 均大于 0.7，且将该题项删除后，量表的 α 系数会有明显提升。因此，我们初步考虑应将 Relatedness06 删除。

接下来我们将基本心理需求量表的 21 个题项全部纳入因子分析，以检验该量表的结构效度、聚合效度及区分效度。具体分析结果见表4－22：

表4－22　**基本心理需求的 EFA 结果**

题号	因子		
	1	2	3
Autonomy01		0.758	
Autonomy02		0.751	
Autonomy03		0.683	
Autonomy04		0.472	
Autonomy05		0.745	
Autonomy06		0.767	
Autonomy07		0.754	
Competence01			0.730
Competence02			0.778
Competence03			0.774
Competence04			0.723
Competence05			0.703
Competence06			0.449
Relatedness01	0.776		
Relatedness02	0.781		
Relatedness03	0.765		
Relatedness04	0.777		
Relatedness05	0.790		
Relatedness06	0.323		
Relatedness07	0.767		
Relatedness08	0.728		
特征值	8.530	2.109	1.930
解释的方差比例（%）	40.62	10.04	9.19
KMO 值	0.914		
Bartlett 球度检验	1160.773		
显著性概率	0.000		

在进行因子分析之前，我们首先进行了 KMO 检验和 Bartlett 球度检验。如表 4－22 所示，KMO 值为 0.914，Bartlett 球度检验值为 1160.773，显著性概率为 0.000，低于一般的显著性水平 0.05。因此，原有变量适合进行因子分析。通过 PCA 法提取因子，共析出 3 个大于 1 的特征值，分别解释了变量总方差的 40.62%、10.04% 和 9.19%，累计方差解释率为 59.85%，超过 50%。旋转因子后，测量自主需求的 7 个题项均负载于因子 2，测量胜任需求的 6 个题项均负载于因子 3，测量关系需求的 8 个题项均负载于因子 1，并不存在交叉负载的情况，这表明量表的区分效度良好，所拟定的题项均按预期测量了相应的变量。因子载荷方面，除 Autonomy04、Competence06 和 Relatedness06 小于 0.5 外，其余题项的因子载荷大多大于 0.7（仅 Autonomy03 为 0.683），这表明绝大多数题项都按预期收敛于对应构面，量表的聚合效度及结构效度良好。综合信度及效度检验的结果，我们决定删除 3 个题项，即 Autonomy04、Competence06 和 Relatedness06。

（3）知识贡献动机量表

表 4－23 列出了自我效能感量表的信度分析结果。

表 4－23　**自我效能感量表的信度分析**

变量	题号	CITC	删除该项后的 α 系数	α 系数
自我效能感	SelfEfficacy01	0.663	0.844	0.863
	SelfEfficacy02	0.705	0.827	
	SelfEfficacy03	0.715	0.823	
	SelfEfficacy04	0.761	0.804	

从表 4－23 可以看出，自我效能感量表的 α 系数是 0.863；量表各题项的 CITC 均大于 0.66，且将各题项删除后，α 系数都将明显下降。因此，我们认为该量表的所有题项都应保留。

表 4－24 列出了利他量表的信度分析结果。

表 4 - 24　**利他量表的信度分析**

变量	题号	CITC	删除该项后的 α 系数	α 系数
利他	Altruism01	0.755	0.820	0.869
	Altruism02	0.692	0.845	
	Altruism03	0.743	0.824	
	Altruism04	0.699	0.842	

从表 4 - 24 可以看出，利他量表的 α 系数是 0.869；量表各题项的 CITC 均大于 0.69，且将各题项删除后，α 系数都将明显下降。因此，我们认为该量表的所有题项都应保留。

表 4 - 25 列出了学习或自我成长量表的信度分析结果。

表 4 - 25　**学习或自我成长量表的信度分析**

变量	题号	CITC	删除该项后的 α 系数	α 系数
学习或自我成长	Learn01	0.715	0.814	0.857
	Learn02	0.740	0.791	
	Learn03	0.736	0.794	

从表 4 - 25 可以看出，学习或自我成长量表的 α 系数是 0.857；量表各题项的 CITC 均大于 0.7，且将各题项删除后，α 系数都将明显下降。因此，我们认为该量表的所有题项都应保留。

表 4 - 26 列出了集体情感与责任量表的信度分析结果。

表 4 - 26　**集体情感与责任量表的信度分析**

变量	题号	CITC	删除该项后的 α 系数	α 系数
集体情感与责任	Collectivism01	0.691	0.797	0.842
	Collectivism02	0.717	0.773	
	Collectivism03	0.717	0.773	

从表 4－26 可以看出，集体情感与责任量表的 α 系数是 0.842；量表各题项的 CITC 均大于 0.69，且将各题项删除后，α 系数都将明显下降。因此，我们认为该量表的所有题项都应保留。

接下来我们将测量自主动机的 4 个量表所包含的 14 个题项全部纳入因子分析，以检验自主动机这一高阶变量所对应的量表的结构效度、聚合效度及区分效度。具体分析结果见表 4－27：

表 4－27　**自主动机的 EFA 结果**

题号	因子			
	1	2	3	4
SelfEfficacy01		0.785		
SelfEfficacy02		0.762		
SelfEfficacy03		0.832		
SelfEfficacy04		0.826		
Altruism01	0.868			
Altruism02	0.808			
Altruism03	0.819			
Altruism04	0.785			
Learn01			0.808	
Learn02			0.829	
Learn03			0.856	
Collectivism01				0.835
Collectivism02				0.814
Collectivism03				0.808
特征值	5.632	1.992	1.506	1.329
解释的方差比例（%）	40.23	14.23	10.76	9.49
KMO 值	0.842			
Bartlett 球度检验	751.097			
显著性概率	0.000			

在进行因子分析之前，我们首先进行了 KMO 检验和 Bartlett 球度检验。如表 4－27 所示，KMO 值为 0.842，Bartlett 球度检验值为 751.097，显著性概率为 0.000，低于一般的显著性水平 0.05。因此，原有变量适合进行因子分析。通过 PCA 法提取因子，共析出 4 个大于 1 的特征值，分别解释了变量总方差的 40.23%、14.23%、10.76% 和 9.49%，累计方差解释率为 74.70%，超过 50%。旋转因子后，测量自我效能感的 4 个题项均负载于因子 2，测量利他的 4 个题项均负载于因子 1，测量学习或自我成长的 3 个题项均负载于因子 3，测量集体情感与责任的 3 个题项均负载于因子 4，并不存在交叉负载的情况，这表明量表的区分效度良好，所拟定的题项均按预期测量了相应的变量。因子载荷方面，所有题项的因子载荷均大于 0.75，这表明所有题项都按预期收敛于对应构面，量表的聚合效度及结构效度良好。综合信度及效度检验的结果，我们决定保留 4 种自主动机量表的所有题项。

表 4－28 列出了声誉量表的信度分析结果。

表 4－28　**声誉量表的信度分析**

变量	题号	CITC	删除该项后的 α 系数	α 系数
声誉	Reputation01	0.667	0.686	0.794
	Reputation02	0.655	0.700	
	Reputation03	0.589	0.768	

从表 4－28 可以看出，声誉量表的 α 系数是 0.794；量表各题项的 CITC 均大于 0.58，且将各题项删除后，α 系数都将明显下降。因此，我们认为该量表的所有题项都应保留。

表 4－29 列出了互惠量表的信度分析结果。

表 4－29　　互惠量表的信度分析

变量	题号	CITC	删除该项后的 α 系数	α 系数
互惠	Reciprocity01	0.705	0.734	0.806
	Reciprocity02	0.212	0.872	
	Reciprocity03	0.706	0.732	
	Reciprocity04	0.651	0.751	
	Reciprocity05	0.731	0.722	

从表 4－29 可以看出，互惠量表的 α 系数是 0.806；除 Reciprocity02 的 CITC 为 0.212 外，其余各题项的 CITC 均大于 0.65，且将该题项删除后，量表的 α 系数会有明显提升。因此，我们初步考虑应将 Reciprocity02 删除。

表 4－30 列出了经济利益量表的信度分析结果。

表 4－30　　经济利益量表的信度分析

变量	题号	CITC	删除该项后的 α 系数	α 系数
经济利益	Money01	0.709	0.827	0.863
	Money02	0.709	0.827	
	Money03	0.723	0.820	
	Money04	0.705	0.828	

从表 4－30 可以看出，经济利益量表的 α 系数是 0.863；量表各题项的 CITC 均大于 0.70，且将各题项删除后，α 系数都将明显下降。因此，我们认为该量表的所有题项都应保留。

接下来我们将测量受控动机的 3 个量表所包含的 12 个题项全部纳入因子分析，以检验受控动机这一高阶变量所对应的量表的结构效度、聚合效度及区分效度。具体分析结果见表 4－31：

表4-31　　　　**受控动机的EFA结果**

题号	因子		
	1	2	3
Reputation01			0.849
Reputation02			0.826
Reputation03			0.741
Reciprocity01		0.828	
Reciprocity02		0.431	
Reciprocity03		0.743	
Reciprocity04		0.713	
Reciprocity05		0.792	
Money01	0.807		
Money02	0.819		
Money03	0.728		
Money04	0.781		
特征值	5.172	1.660	1.273
解释的方差比例（%）	43.10	13.84	10.61
KMO值	0.862		
Bartlett球度检验	564.384		
显著性概率	0.000		

在进行因子分析之前，我们首先进行了KMO检验和Bartlett球度检验。如表4-31所示，KMO值为0.862，Bartlett球度检验值为564.384，显著性概率为0.000，低于一般的显著性水平0.05。因此，原有变量适合进行因子分析。通过PCA法提取因子，共析出3个大于1的特征值，分别解释了变量总方差的43.10%、13.84%和10.61%，累计方差解释率为67.54%，超过50%。旋转因子后，测量声誉的3个题项均负载于因子3，测量互惠的5个题项均负载于因子2，测量经济利益的4个题项均负载于因子1，并不存在交叉负载的情况，这表明量表的区分效度良好，所拟定的题项均按预期测量了相应的变量。因子载荷方面，除Reciprocity02小于0.5外，其余题项的因子载荷均大于0.7，这表明绝大多数题项都按预期收敛于对应构

面，量表的聚合效度及结构效度良好。综合信度及效度检验的结果，我们决定删除 Reciprocity02 这一题项。

（4）知识贡献行为量表

表 4－32 列出了显性知识贡献行为量表的信度分析结果。

表 4－32　　显性知识贡献行为量表的信度分析

变量	题号	CITC	删除该项后的 α 系数	α 系数
显性知识贡献行为	ExplicitContribution01	0.628	0.762	0.806
	ExplicitContribution02	0.699	0.693	
	ExplicitContribution03	0.640	0.752	

从表 4－32 可以看出，显性知识贡献行为量表的 α 系数是 0.806；量表各题项的 CITC 均大于 0.62，且将各题项删除后，α 系数都将明显下降。因此，我们认为该量表的所有题项都应保留。

表 4－33 列出了隐性知识贡献行为量表的信度分析结果。

表 4－33　　隐性知识贡献行为量表的信度分析

变量	题号	CITC	删除该项后的 α 系数	α 系数
隐性知识贡献行为	TacitContribution01	0.603	0.590	0.715
	TacitContribution02	0.679	0.538	
	TacitContribution03	0.677	0.537	
	TacitContribution04	0.121	0.845	

从表 4－33 可以看出，隐性知识贡献行为量表的 α 系数是 0.715；除 TacitContribution04 的 CITC 为 0.121 外，其余各题项的 CITC 均大于 0.60，且将该题项删除后，量表的 α 系数会有明显提升。因此，我们初步考虑应将 TacitContribution04 删除。

在通过 EFA 检验量表效度时，考虑到显性知识贡献行为和隐性知识贡献行为同属知识贡献行为，在以往的研究中常被视为一个整体，因此我们将相应量表的 7 个题项全部纳入因子分析，以检验这两个量表的结构效度、聚合效度及区分效度。具体分析结果见表 4－34：

表 4－34 **知识贡献行为的 EFA 结果**

题号	因子	
	1	2
ExplicitContribution01	0. 761	
ExplicitContribution02	0. 850	
ExplicitContribution03	0. 792	
TacitContribution01		0. 788
TacitContribution02		0. 832
TacitContribution03		0. 796
TacitContribution04		0. 462
特征值	3. 267	1. 351
解释的方差比例（%）	46. 67	19. 29
KMO 值	0. 794	
Bartlett 球度检验	261. 341	
显著性概率	0. 000	

在进行因子分析之前，我们首先进行了 KMO 检验和 Bartlett 球度检验。如表 4－34 所示，KMO 值为 0. 794，Bartlett 球度检验值为 261. 341，显著性概率为 0. 000，低于一般的显著性水平 0. 05。因此，原有变量适合进行因子分析。通过 PCA 法提取因子，共析出 2 个大于 1 的特征值，分别解释了变量总方差的 46. 67% 和 19. 29%，累计方差解释率为 65. 97%，超过 50%。旋转因子后，测量显性知识贡献行为的 3 个题项均负载于因子 1，测量隐性知识贡献行为的 4 个题项均负载于因子 2，并不存在交叉负载的情况，这表明量表的区分效度良好，所拟定的题项均按预期测量了相应的变量。因子载荷方面，除 TacitContribution04 小于 0. 5 外，其余题项的因子载荷均大于 0. 7，这表明绝大多数题项都按预期收敛于对应构面，量表的聚合效度及结构

效度良好。综合信度及效度检验的结果，我们决定删除 TacitContribution04 这一题项。

第四节　本章小结

受客观条件所限，我们拟采用问卷调查法展开研究，在具体操作时，我们严格遵循了相关的规范和要求：首先，基于系统的文献梳理筛选可能适合本书的量表。其次，通过回译、小规模访谈等措施反复推敲量表题项的内容及措辞，并形成初始问卷。再次，通过小范围的前测对初始量表进行检验，剔除某些信效度不合格的题项后，形成用于调研的最终问卷。最后，正式发放问卷，收集并分析数据，对研究假设和理论模型进行验证。

本书所拟定的初始问卷共包含 63 个题项，经前测后删除了 6 个题项，最终问卷共包含 57 个题项（以上均不包含与个人或企业背景信息有关的问项）。

第五章　正式调研与假设检验

在拟定最终问卷后，我们就可以此为基础展开正式调研。本章主要介绍了正式调研的具体情况，并基于调研数据对前述的理论模型和研究假设进行了验证。

第一节　调研的总体情况

与预调研相同，我们在正式调研阶段仍采用了便利抽样和滚雪球抽样相结合的办法，问卷的发放及回收程序也没有大的变动。事实上，本书的前测除检验初始量表的信效度外，另一个重要目的就是检验相关的数据收集方法是否可行。前测结果表明，我们所设计的问卷发放及回收程序并无大的瑕疵，因此，在正式调研阶段，我们沿用了这一方法。

在调研开始之前，首先要明确问卷的发放对象及拟抽取的样本容量。

本书的研究主题是企业员工的知识贡献行为，因此我们将调研对象锁定为各类企业中的知识型员工。按照德鲁克的定义，所谓知识型员工，是指那些掌握、运用符号及概念，利用知识或信息工作的人①。在调研过程中，我们将这一略显抽象的概念具体化为企业内部的研发

---

① 德鲁克：《大变革时代的管理》，上海译文出版社 1999 年版。

或职能管理人员，他们大多具有较高的学历，从事的工作以脑力劳动为主。为提高样本的代表性，我们在正式调研中尽可能地扩大了问卷发放所覆盖的地域、行业及公司类型，并提醒各公司的联络人，在发放问卷时要适当向研发部门倾斜，避免过度集中在职能管理部门。

样本容量的确定是一个复杂的问题。在本书提出的诸多假设中，核心是多重中介效应的检验。关于中介效应的检验，可以采用潜变量结构方程模型（Structural Equation Model，SEM）分析的方法，也可以采用显变量回归分析的方法。关于 SEM 分析究竟需要多大的样本量，目前学术界并无定论，这与模型本身的复杂程度以及样本数据的分布情况都有关系。汤普森（Thompson，1999）认为，样本数至少应该是问卷题项数的 10—15 倍，这一观点似乎得到了比较多的认可①。本书所使用的正式问卷共包含 57 个题项，按上述标准，所需样本数至少应在 570—855 个。经咨询相关专家，类似本书这样复杂的链式多重中介模型，要想得到比较理想的拟合结果，大概需要将近 1000 个有效样本。考虑到问卷的返回率及废卷比率，这意味着我们要发出并整理将近 1500 份问卷，这样的工作量是本书所无法承担的。因此，我们退而求其次，选择显变量回归分析的方法来验证本书的研究假设。一般认为，在回归分析中，样本量超过变量数的 5 倍即可。按此标准，我们只需获取约 300 个有效样本，这个调研工作量是我们可以接受的。

在明确了调研方法、调研对象及所需样本量后，我们开始了数据的收集与整理工作。正式调研从 2016 年 10 月开始，到 11 月基本结束，调研范围包括陕西、河南、河北、天津、广东等多个省区的数十家企业。正式调研累计发放问卷 120 套，返回 81 套，其中有 6 套因主管问卷不合格直接作废，剩余有效问卷 75 套。在返回问卷的 36 家企业中，有 9 家返回了 3 套问卷，有 21 家返回了 2 套问卷，有 6 家

① Thompson Bruce, "The Ten Commandments of Good Structural Equation Modeling Behavior: a User-Friendly, Introductory Primer on SEM", *Mathematical Models*, Vol. 26, No. 3, 1999.

返回了1套问卷。在75套有效问卷中，有18套问卷全部合格（提供6个有效样本）；50套问卷各存在1份员工废卷（每套提供5个有效样本）；余下7套问卷各存在2份员工废卷（每套提供4个有效样本）；总计获得有效样本386个，问卷有效回收率约为53.61%。

第二节　数据的分析方法

下面我们结合具体的数据分析流程介绍所使用的分析方法及工具。

在原始数据整理完毕之后，我们首先对其进行了描述性统计分析，具体包括被调查公司及样本的背景信息，各变量的均值、标准差等。这部分的工作由SPSS22.0完成。

随后我们基于正式调研的数据再次检验了量表的信效度。信度检验通过计算α系数实现，由SPSS22.0完成。效度检验通过验证性因子分析（Confirmatory Factor Analysis，CFA）实现，由AMOS17.0完成。

接下来我们检验了主要变量之间的相关性，为后续的回归分析奠定基础，这部分工作也由SPSS22.0完成。

最后，假设检验。如前所述，受研究条件所限，我们拟采用显变量回归分析的方法检验多重中介效应。此类方法中最常见的就是巴伦和肯尼（1986）所介绍的分层回归方法①，但分层回归的方法在近年来受到了越来越多的质疑，甚至有学者呼吁停止使用这一方法，如赵等（Zhao et al.，2010）建议改用Bootstrap法直接检验系数乘积的显著性②。除分层回归外，我们也可使用各种结构方程模型软件构建路径分析模型，直接检验模型的拟合度及中介效应。与分层回归相比，SEM方法的优点是比较明显的：首先，它将所有的变量放入一个模

① Baron Reuben M.，Kenny David A.，"The Moderator-Mediator Variable Distinction in Social Psychological Research：Conceptual，Strategic，and Statistical Considerations"，*Journal of Personality and Social Psychology*，Vol. 51，No. 6，1986.

② Zhao Xinshu，Lynch John G.，Chen Qimei，"Reconsidering Baron and Kenny：Myths and Truths about Mediation Analysis"，*Journal of Consumer Research*，Vol. 37，No. 2，2010.

型，通过检验模型的拟合度可以使我们获得对模型的整体认识，这一点是分层回归所无法做到的。其次，SEM 的步骤更简单。分层回归需要重复多次回归过程，当我们设定的模型是包含多个自变量、多个中介变量的多重中介模型时，具体的分析会变得非常烦琐。在 SEM 中，我们可以事先设定好模型，然后代入数据，经过一次运算得到全部结果，大大减少了工作量。再次，SEM 更加准确。越来越多的学者已达成共识，检验中介效应的核心在于直接检验系数乘积的显著性，完成这一检验的推荐方法是 Bootstrap 法。与传统的点估计相比，Bootstrap 法通过自抽样技术直接给出了系数乘积的置信区间（Confidence Interval，CI），使我们对中介效应的把握更加准确。分层回归所使用的 SPSS 软件无法直接针对系数乘积进行 Bootstrap 估计（这一问题可以通过安装海斯博士所开发的 Process 插件解决，但该插件只能基于给定的 76 个模板展开分析，使用起来不够灵活），但在 AMOS、Mplus 等 SEM 分析软件中，Bootstrap 估计已经是常见的标准选项。

综合上述分析，本书拟采用 SEM 软件建立显变量路径分析模型，以检验与中介效应有关的各项假设。在具体软件的选择上，我们选用了 Mplus7.4，而不是之前所使用的 AMOS17.0，这主要是因为 Mplus 在分析链式多重中介模型时要优于 AMOS，它可以直接输出每条具体路径的中介效应值和显著性水平，而在 AMOS 中要想实现这一功能就必须使用贝叶斯估计语法，非常麻烦。此外，Mplus 提供了灵活的自定义功能，我们可以直接检验不同中介路径差异的显著性，以比较各条具体路径中介效应的大小。

第三节　描述性统计分析

一　被调查企业的描述性统计分析

在正式调研中，共有 36 家企业返回问卷，表 5－1 报告了这 36 家企业的背景信息。

表 5 - 1　　正式调研企业背景信息

统计内容	题项	企业数量		受访者数量	
		频数	百分比（%）	频数	百分比（%）
成立年限	5 年以下（含）	2	5.56	21	5.44
	6—10 年（含）	12	33.33	127	32.90
	11—15 年（含）	13	36.11	148	38.34
	16—20 年（含）	4	11.11	49	12.69
	20 年以上	5	13.89	41	10.62
员工人数	50 人以下（含）	0	0.00	0	0.00
	51—100 人（含）	5	13.89	45	11.66
	101—500 人（含）	22	61.11	253	65.54
	501—1000 人（含）	5	13.89	56	14.51
	1000 人以上	4	11.11	32	8.29
产权类型	国有企业	14	38.89	144	37.31
	民营企业	22	61.11	242	62.69
	外资企业	0	0.00	0	0.00
	其他	0	0.00	0	0.00
行业类别	第一产业	0	0.00	0	0.00
	第二产业	21	58.33	214	55.44
	第三产业	15	41.67	172	44.56
合计		36	100.00	386	100.00

从表 5 - 1 可以看出：这些企业的成立年限大多集中在 6—15 年；员工人数以 101—500 人最多；产权类型方面，民营企业约占六成，国有企业约占四成，没有外资企业；行业类别方面，没有从事第一产业的企业，从事第二产业的有 21 家，从事第三产业的有 15 家。

二　被调查样本的描述性统计分析

表 5 - 2 报告了正式调研中被调查者的个人信息。

表 5 - 2　　正式调研被调查者的个人信息

统计内容	题项	受访者数量	
		频数	百分比（%）
性别	男	199	51.55
	女	187	48.45
年龄	20 岁以下	0	0.00
	20—29 岁	120	31.09
	30—39 岁	112	29.02
	40—49 岁	107	27.72
	50 岁及以上	47	12.18
学历	高中及以下	47	12.18
	大专	115	29.79
	本科	167	43.26
	硕士	52	13.47
	博士	5	1.30
工作年限	5 年以内（含）	157	40.67
	6—10 年（含）	180	46.63
	11—15 年（含）	44	11.40
	15 年以上	5	1.30
职位等级	普通员工	238	61.66
	基层管理人员	109	28.24
	中层管理人员	39	10.10
所属部门	职能管理	302	78.24
	研发	84	21.76
合计		386	100.00

从表 5 - 2 可以看出：被调查者的性别分布比较均衡，男女基本各占一半。年龄分布也比较均衡，老、中、青三代都有相当规模的样本。教育程度方面，本科学历最多，占比超过四成，大专及以上学历的样本占比约九成。这说明被调研对象的学历层次较高，属于典型的知识型员工，选择他们作为样本符合本书的研究主题。工作年限方面，大部分被调研者在 10 年以内，仅有 49 个样本超过 10 年。职位等级方面，普通员工最多，占比超过六成；基层管理人员次之，占比

接近三成；中层管理人员最少，占比约一成。所属部门方面，近八成样本来自职能管理部门，其余样本来自研发部门。

三　变量的描述性统计分析

表 5－3 报告了各变量的描述性统计分析结果。

表 5－3　**各变量的描述性统计分析结果**

变量	测量题项数	均值	标准差	最小值	最大值
主管支持	4	3.02	1.04	1.00	5.00
同事支持	4	3.01	1.05	1.00	5.00
基本心理需求	18	2.92	0.82	1.61	4.33
自主需求	6	2.95	1.06	1.17	4.83
胜任需求	5	2.88	1.02	1.00	5.00
关系需求	7	2.92	1.02	1.14	4.71
自主动机	14	2.98	0.74	1.64	4.36
自我效能感	4	2.97	1.07	1.00	5.00
利他	4	2.98	1.03	1.00	5.00
学习或自我成长	3	2.99	1.05	1.00	5.00
集体情感与责任	3	2.97	1.07	1.00	5.00
受控动机	11	2.96	0.82	1.27	4.73
声誉	3	3.01	1.07	1.00	5.00
互惠	4	2.99	1.08	1.00	5.00
经济利益	4	2.90	1.07	1.00	5.00
显性知识贡献行为	3	3.03	1.14	1.00	5.00
隐性知识贡献行为	3	3.02	1.12	1.00	5.00

注：本书以变量各测量题项的均值来为变量赋值。

第四节　数据质量分析

在使用正式调研数据验证研究假设之前，有必要先对数据的质量进行全面的评估。按照学术界的一般规范，数据质量的评估主要包括三个方面：同源偏差的检测及控制、信度检验及效度检验。本书使用了配对问卷同时从员工和主管两个信息源收集数据，从而从源头上避免了同源偏差问题，因此相关检验从略。下面我们依次报告信度及效度的检验情况。

一 信度检验

本书所使用的各量表的α值如表5－4至表5－7所示：

表5－4 **重要他人的支持、知识贡献行为量表信度分析结果**

	主管支持	同事支持	显性知识贡献行为	隐性知识贡献行为
Cronbach's α	0.841	0.850	0.828	0.822

表5－5 **基本心理需求量表信度分析结果**

	基本心理需求		
	自主需求	胜任需求	关系需求
Cronbach's α	0.898	0.873	0.908
	0.915		

表5－6 **自主动机量表信度分析结果**

	自主动机			
	自我效能感	利他	学习或自我成长	集体情感与责任
Cronbach's α	0.852	0.840	0.800	0.801
	0.849			

表5－7 **受控动机量表信度分析结果**

	受控动机		
	声誉	互惠	经济利益
Cronbach's α	0.806	0.855	0.855
	0.854		

从表5－4至表5－7可以看出，本书所使用的量表（包括二阶量表的各个维度）的α值均大于0.8，表明量表内部一致性程度较高，

信度良好。基本心理需求及其包含的各个维度的 α 值较高，这应该与相应量表包含的题项较多有关。

二　效度检验

在正式调研阶段，本书使用 AMOS17.0 进行验证性因子分析以检验各量表效度，具体结果报告如下：

（1）重要他人的支持

首先建立如图 5－1 所示的测量模型，然后代入数据，运行结果见表 5－8 和表 5－9。

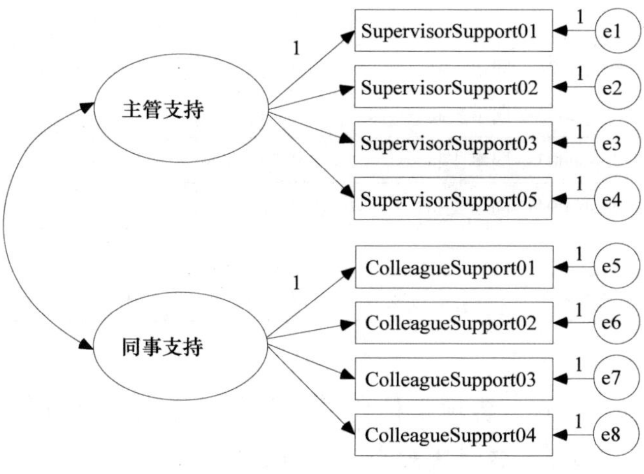

图 5－1　重要他人的支持的测量模型

表 5－8　　**测量模型适配度检验摘要表（重要他人的支持）**

项目	χ^2/df	RMR	GFI	AGFI	RMSEA	CFI	NFI	RFI	IFI
	1.049	0.039	0.988	0.977	0.011	0.999	0.985	0.978	0.999
参考值*	介于 1－3	<0.05	>0.90	>0.90	<0.08	>0.90	>0.90	>0.90	>0.90

注：＊参考值依据《结构方程模型：AMOS 的操作与应用》①。下同。

① 吴明隆：《结构方程模型：AMOS 的操作与应用》，重庆大学出版社 2010 年版。

从表 5 - 8 可知，测量模型的主要适配度指标均达到检验标准，样本数据所表现出的结构与理论预期基本一致，量表结构效度良好。

表 5 - 9 报告了量表聚合效度的检验结果。

表 5 - 9　　**聚合效度检验结果（重要他人的支持）**

	SFL	CR	AVE
SupervisorSupport01←主管支持	0.778		
SupervisorSupport02←主管支持	0.800		
SupervisorSupport03←主管支持	0.706		
SupervisorSupport05←主管支持	0.736		
		0.842	0.571
ColleagueSupport01←同事支持	0.755		
ColleagueSupport02←同事支持	0.771		
ColleagueSupport03←同事支持	0.758		
ColleagueSupport04←同事支持	0.782		
		0.851	0.588
参考值	0.50—0.95	>0.60	>0.50

从表 5 - 9 可知，各项指标均在参考值范围内，说明所有题项均收敛于对应的构面，各量表聚合效度良好。

主管支持和同事支持量表的 AVE 的平方根分别为 0.756 和 0.767，均大于两者的相关系数 0.403，根据福内尔和拉克尔（Fornell & Larcker，1981）提供的标准，这表明量表区分效度良好①。

（2）基本心理需求

首先建立如图 5 - 2 所示的测量模型，然后代入数据，运行结果见表 5 - 10 至表 5 - 12。

① Fornell Claes，Larcker David F.，"Evaluating Structural Equation Models with Unobservable Variables and Measurement Error"，*Journal of Marketing Research*，Vol. 18，No. 1，1981.

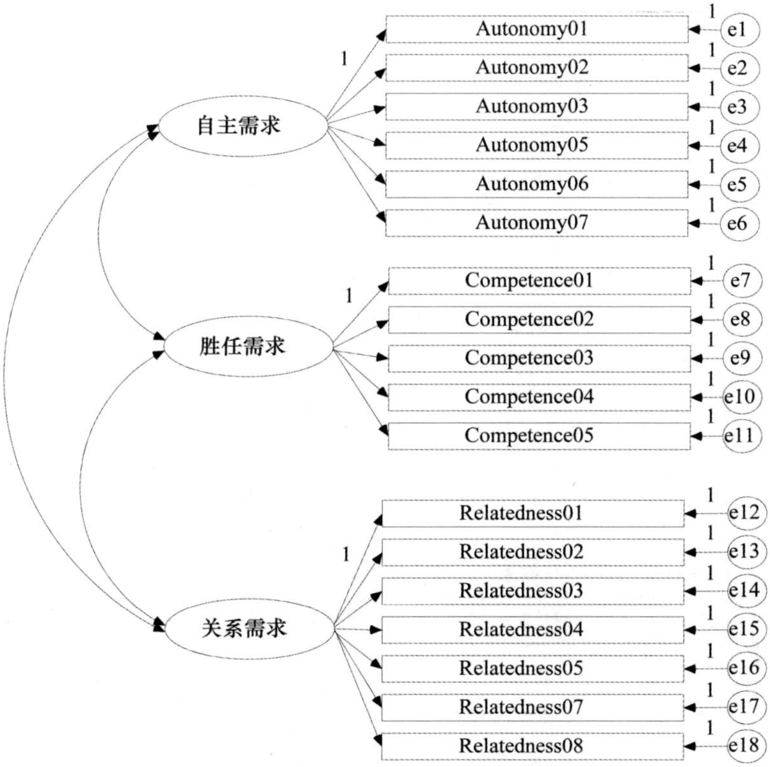

图 5-2　基本心理需求的测量模型

表 5-10　　**测量模型适配度检验摘要表（基本心理需求）**

项目	χ^2/df	RMR	GFI	AGFI	RMSEA	CFI	NFI	RFI	IFI
	1.165	0.051	0.958	0.946	0.021	0.994	0.961	0.954	0.994
参考值	介于 1-3	<0.05	>0.90	>0.90	<0.08	>0.90	>0.90	>0.90	>0.90

从表 5-10 可知，测量模型的主要适配度指标均达到检验标准，样本数据所表现出的结构与理论预期基本一致，量表结构效度良好。

表 5-11 报告了量表聚合效度的检验结果。

表 5 - 11　　聚合效度检验结果（基本心理需求）

	SFL	CR	AVE
Autonomy01←自主需求	0.754		
Autonomy02←自主需求	0.773		
Autonomy03←自主需求	0.771		
Autonomy05←自主需求	0.762		
Autonomy06←自主需求	0.785		
Autonomy07←自主需求	0.787		
		0.899	0.596
Competence01←胜任需求	0.778		
Competence02←胜任需求	0.739		
Competence03←胜任需求	0.759		
Competence04←胜任需求	0.767		
Competence05←胜任需求	0.764		
		0.873	0.580
Relatedness01←关系需求	0.783		
Relatedness02←关系需求	0.759		
Relatedness03←关系需求	0.749		
Relatedness04←关系需求	0.748		
Relatedness05←关系需求	0.769		
Relatedness07←关系需求	0.781		
Relatedness08←关系需求	0.760		
		0.908	0.584
参考值	0.50—0.95	>0.60	>0.50

从表 5 - 11 可知，各项指标均在参考值范围内，说明所有题项均收敛于对应的构面，各量表聚合效度良好。

表 5 - 12 报告了量表区分效度的检验结果。

表 5-12　　区分效度检验结果（基本心理需求）

	1	2	3
1 自主需求	0.772		
2 胜任需求	0.429 **	0.762	
3 关系需求	0.503 **	0.343 **	0.764

注：** 表示 $p<0.01$。对角线上数字为变量 AVE 的平方根，对角线下方数字为各变量间的相关系数。下同。

基于和上文相同的标准，我们认为基本心理需求量表具有较好的区分效度。

（3）自主动机

首先建立如图 5-3 所示的测量模型，然后代入数据，运行结果见表 5-13 至表 5-15。

表 5-13　　测量模型适配度检验摘要表（自主动机）

项目	χ^2/df	RMR	GFI	AGFI	RMSEA	CFI	NFI	RFI	IFI
	1.045	0.045	0.974	0.962	0.011	0.998	0.966	0.957	0.999
参考值	介于 1-3	<0.05	>0.90	>0.90	<0.08	>0.90	>0.90	>0.90	>0.90

从表 5-13 可知，测量模型的主要适配度指标均达到检验标准，样本数据所表现出的结构与理论预期基本一致，量表结构效度良好。

表 5-14 报告了量表聚合效度的检验结果。

表 5-14　　聚合效度检验结果（自主动机）

	SFL	CR	AVE
SelfEfficacy01←自我效能感	0.758		
SelfEfficacy02←自我效能感	0.779		
SelfEfficacy03←自我效能感	0.758		
SelfEfficacy04←自我效能感	0.780		
		0.853	0.591

续表

	SFL	CR	AVE
Altruism01←利他	0. 752		
Altruism02←利他	0. 687		
Altruism03←利他	0. 782		
Altruism04←利他	0. 793		
		0. 841	0. 569
Learn01←学习或自我成长	0. 793		
Learn02←学习或自我成长	0. 716		
Learn03←学习或自我成长	0. 764		
		0. 802	0. 575
Collectivism01←集体情感与责任	0. 755		
Collectivism02←集体情感与责任	0. 767		
Collectivism03←集体情感与责任	0. 753		
		0. 802	0. 575
参考值	0. 50—0. 95	>0. 60	>0. 50

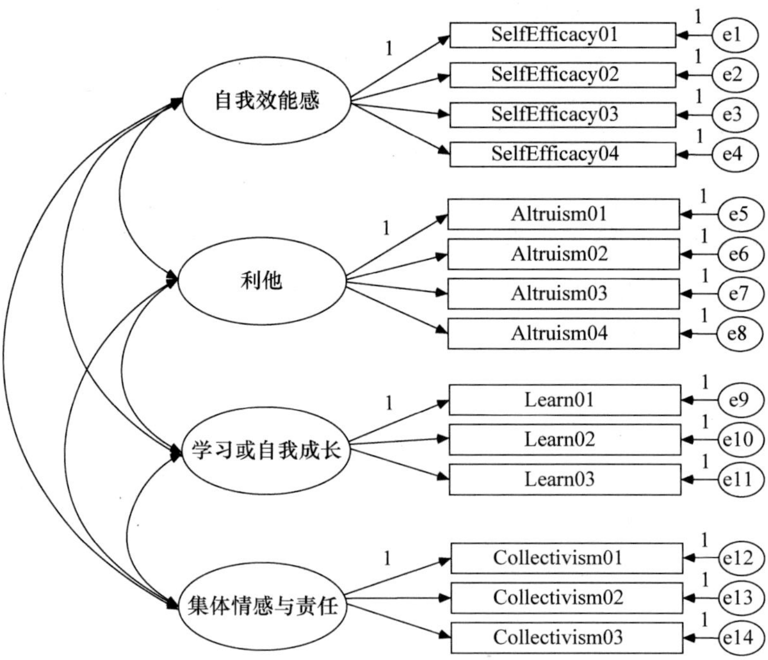

图 5-3　自主动机的测量模型

从表 5－14 可知，各项指标均在参考值范围内，说明所有题项均收敛于对应的构面，各量表聚合效度良好。

表 5－15 报告了量表区分效度的检验结果。

表 5－15　　　　区分效度检验结果（自主动机）

	1	2	3	4
1 自我效能感	0.769			
2 利他	0.375 **	0.755		
3 学习或自我成长	0.253 **	0.304 **	0.758	
4 集体情感与责任	0.312 **	0.353 **	0.211 **	0.758

基于和上文相同的标准，我们认为自主动机量表具有较好的区分效度。

（4）受控动机

首先建立如图 5－4 所示的测量模型，然后代入数据，运行结果见表 5－16 至表 5－18。

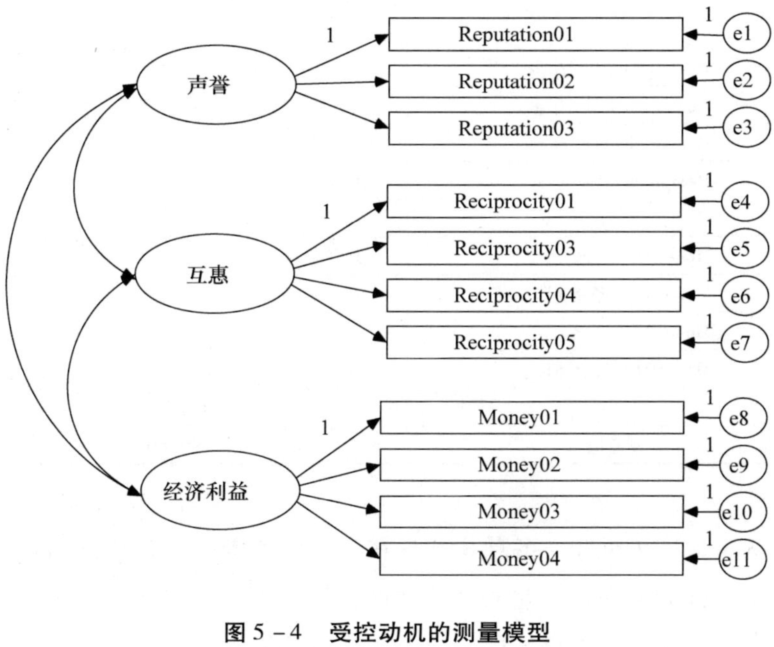

图 5－4　受控动机的测量模型

表 5－16　　测量模型适配度检验摘要表（受控动机）

项目	χ^2/df	RMR	GFI	AGFI	RMSEA	CFI	NFI	RFI	IFI
	1.087	0.041	0.979	0.967	0.015	0.998	0.976	0.968	0.998
参考值	介于1—3	<0.05	>0.90	>0.90	<0.08	>0.90	>0.90	>0.90	>0.90

从表 5－16 可知，测量模型的主要适配度指标均达到检验标准，样本数据所表现出的结构与理论预期基本一致，量表结构效度良好。

表 5－17 报告了量表聚合效度的检验结果。

表 5－17　　聚合效度检验结果（受控动机）

	SFL	CR	AVE
Reputation01←声誉	0.749		
Reputation02←声誉	0.782		
Reputation03←声誉	0.756		
		0.806	0.581
Reciprocity01←互惠	0.794		
Reciprocity03←互惠	0.747		
Reciprocity04←互惠	0.772		
Reciprocity05←互惠	0.777		
		0.856	0.597
Money01←经济利益	0.766		
Money02←经济利益	0.761		
Money03←经济利益	0.732		
Money04←经济利益	0.829		
		0.855	0.597
参考值	0.50—0.95	>0.60	>0.50

从表 5－17 可知，各项指标均在参考值范围内，说明所有题项均收敛于对应的构面，各量表聚合效度良好。

表 5－18 报告了量表区分效度的检验结果。

表 5－18　　　　区分效度检验结果（受控动机）

	1	2	3
1 声誉	0.772		
2 互惠	0.323**	0.762	
3 经济利益	0.296**	0.437**	0.764

基于和上文相同的标准，我们认为受控动机量表具有较好的区分效度。

（5）知识贡献行为

首先建立如图 5－5 所示的测量模型，然后代入数据，运行结果见表 5－19 和表 5－20。

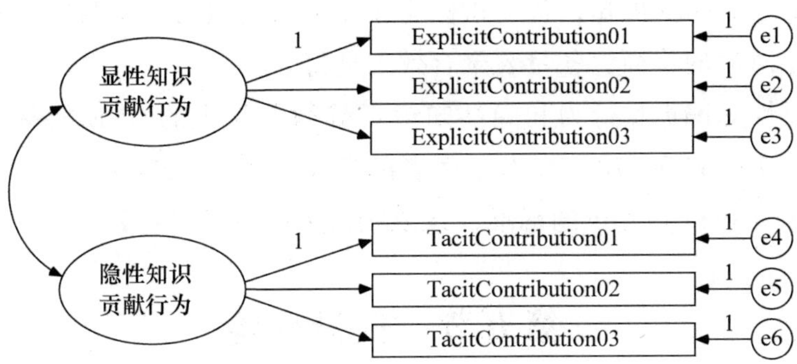

图 5－5　知识贡献行为的测量模型

表 5－19　　　　测量模型适配度检验摘要表（知识贡献行为）

项目	χ^2/df	RMR	GFI	AGFI	RMSEA	CFI	NFI	RFI	IFI
	1.218	0.042	0.991	0.977	0.024	0.998	0.990	0.981	0.998
参考值	介于 1－3	<0.05	>0.90	>0.90	<0.08	>0.90	>0.90	>0.90	>0.90

从表 5－19 可知，测量模型的主要适配度指标均达到检验标准，样本数据所表现出的结构与理论预期基本一致，量表结构效度良好。

表 5 -20 报告了量表聚合效度的检验结果。

表 5 -20　　**聚合效度检验结果（知识贡献行为）**

	SFL	CR	AVE
ExplicitContribution01←显性知识贡献行为	0.770		
ExplicitContribution02←显性知识贡献行为	0.779		
ExplicitContribution03←显性知识贡献行为	0.806		
		0.828	0.616
TacitContribution01←隐性知识贡献行为	0.788		
TacitContribution02←隐性知识贡献行为	0.786		
TacitContribution03←隐性知识贡献行为	0.762		
		0.822	0.606
参考值	0.50—0.95	>0.60	>0.50

从表 5 -20 可知，各项指标均在参考值范围内，说明所有题项均收敛于对应的构面，各量表聚合效度良好。

显性知识贡献行为和隐性知识贡献行为量表的 AVE 的平方根分别为 0.785 和 0.778，均大于两者的相关系数 0.457，根据福内尔和拉克尔（1981）提供的标准，这表明量表区分效度良好①。

第五节　假设检验

本节首先分析模型主要变量的相关关系，然后以此为基础，检验第三章所提出的各项研究假设。我们可将所有的假设分为两类，一类与变量间的两两关系有关，也包括有关动机内化程度和挤出效应的假设，另一类假设则与中介效应有关。第一类假设通过分析变量间的相关关系可以得到初步验证，在后续的中介效应分析中可以得到进一步的验证。有关内化程度和挤出效应的假设检验需要构造新的变量，这

① Fornell Claes, Larcker David F., "Evaluating Structural Equation Models with Unobservable Variables and Measurement Error", *Journal of Marketing Research*, Vol. 18, No. 1, 1981.

一部分工作我们将单独完成。第二类假设的验证则通过 Mplus7.4 构建显变量路径分析模型实现，其中各条具体路径的中介效应及其差异检验可通过编程自动实现。

一　相关分析

表 5－21 列出了模型主要变量间的 Pearson 相关系数。

表 5－21　模型主要变量间的 Pearson 相关系数

	1	2	3	4	5	6	7	8	9
1 主管支持	1								
2 同事支持	0.403**	1							
3 自主需求	0.283**	0.361**	1						
4 胜任需求	0.265**	0.244**	0.429**	1					
5 关系需求	0.318**	0.292**	0.503**	0.343**	1				
6 自主动机	0.349**	0.336**	0.348**	0.313**	0.466**	1			
7 受控动机	-0.356**	-0.364**	-0.371**	-0.324**	-0.413**	-0.802**	1		
8 显性知识贡献行为	0.392**	0.375**	0.351**	0.274**	0.299**	0.429**	-0.450**	1	
9 隐性知识贡献行为	0.398**	0.385**	0.319**	0.274**	0.284**	0.448**	-0.451**	0.457**	1

注：** 表示 $p<0.01$（双尾检验）。

从表 5－21 可以看出，模型的各主要变量之间都存在显著的相关关系。除个别值外，相关系数的绝对值大多集中在 0.3 或 0.4 左右，以低度相关为主。相关的统计分析经验表明，如果变量之间的相关系数较高（超过 0.75），就可能导致多重共线性问题，基于这一标准，可以初步判断本书的研究不存在严重的多重共线性问题。

如表 5－21 所示，主管支持和同事支持与各项基本心理需求显著正相关，初步验证了假设 H1a 和假设 H1b；各项基本心理需求与自主动机显著正相关，与受控动机显著负相关，初步验证了假设 H2 及假设 H2a、假设 H2b，对假设 H3 也提供了部分支持；自主动机与显性知识贡献行为、隐性知识贡献行为都显著正相关，初步验证了假设H6a和假设H6b；受控动机与显性知识贡献行为、隐性知识贡献行为都显著负相关，假设H7a未得到支持，假设H7b得到初步验证。有关中介效应及遮掩效应的检验比较复杂，简单的相关分析无法提供直接的证据，相关的假设检验工作留待以后完成。从上述分析可以看出，除假设H7a外，其余有关变量间两两关系的假设基本都得到了初步的验证。

二 路径分析

本节通过Mplus7.4构建显变量路径分析模型，以检验基本心理需求在动机内化过程中的中介作用，以及知识贡献动机在重要他人的支持和知识贡献行为之间的中介作用。在检验中介效应的同时，对一些有关变量间两两关系的假设也进行了验证。

（一）基本心理需求中介作用的检验

本节的检验分两部分，我们首先检验了基本心理需求作为一个整体所发挥的中介作用，然后检验了基本心理需求的三个维度（自主需求、胜任需求和关系需求）各自所发挥的中介作用。

（1）基本心理需求作为一个整体发挥中介作用

通过Mplus7.4构建如图5-6所示的饱和模型（模型1）以进行路径分析，检验基本心理需求作为一个整体在动机内化过程中所发挥的中介作用。控制变量共有10个，分别是与个人相关的性别、年龄、学历、工作年限、职位等级和所属部门，以及与企业相关的成立年限、员工人数、产权类型和行业类别，基于以往的研究，我们假定这些控制变量对中介变量和因变量都有影响。为获得更为可靠的中介效应估计结果，采用Bootstrap法进行参数估计（抽样次数N=1000）。

需要说明的是，在一般的SEM分析中，我们尽量避免建立饱和模型，这与SEM的指导思想有关，也体现了理论研究的意义。换言之，好的理论应该是非常简洁的，它应该能够从纷繁复杂的表象中提

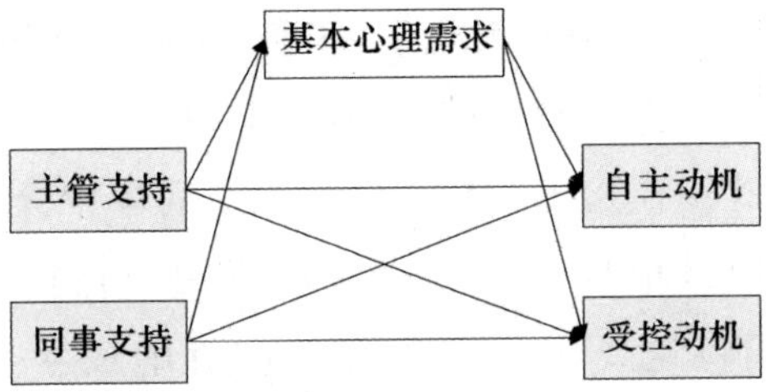

图5－6　模型1：基本心理需求作为一个整体发挥中介作用

取、概括出事物之间最本质的联系。因此，一个好的理论模型不仅要具有良好的拟合度，其所包含的变量之间的关系也应尽量精简。但在使用SEM分析中介效应时，情况略有一些不同。以最简单的中介模型“X→M→Y”为例，除非我们能从理论上证明M在X和Y之间发挥完全中介作用，否则X→Y的直接路径是不能省略的。当我们同时在模型中建立“X→M→Y”的间接路径和“X→Y”的直接路径时，这就是一个最简单的饱和模型（暂不考虑其他因素）。当中介效应变得更加复杂时，比如类似本书的链式多重中介模型，其原理是相通的，为了不遗漏可能的中介路径，用以检验中介效应的理论模型与饱和模型是非常接近的（考虑到控制变量的影响，以及残差项之间可能存在的共变等，中介模型并不一定是饱和模型）。总之，本书对模型的设定与之前的理论分析是一致的，有助于我们全面把握基本心理需求在动机内化过程中发挥的中介作用。

模型1包含2个自变量、1个中介变量和2个因变量，因此这个模型包含了4个简单中介效应，分别是“主管支持→基本心理需求→自主动机”“同事支持→基本心理需求→自主动机”“主管支持→基本心理需求→受控动机”和“同事支持→基本心理需求→受控动机”。这4个中介效应分别对应假设H4a、假设H4b、假设H4c和假设H4d。为方便表述，我们将以上4个中介效应依次编号为1－1、1－2、1－3和1－4，即模型1包含的第1、2、3、4个中介效应。按因变量的不同，这 4 个简单中介效应又可以分为 2 组，其中中介效应 1 -1 和 1 -2 为第 1 组，中介效应 1 -3 和 1 -4 为第 2 组。

严格来讲，在检验中介效应时，我们应以因变量为标准区分不同的中介效应，因此，模型 1 所包含的“4 个简单中介效应”实质上是 2 个复杂的双自变量单重中介效应（单重中介是指仅有 1 个中介变量，下同）。我们将这 2 个复杂中介效应拆解成 4 个“简单中介效应”，主要是为了方便编号及报告结果，也与上文提出的研究假设相呼应。这种纯粹技术上的处理不会影响中介效应的分析过程以及后续的假设检验工作。

模型运行的结果见表 5 -22 和表 5 -23。由于模型为饱和模型，因此 χ^2 值、自由度、RMSEA、SRMR 均为 0，CFI 和 TLI 均为 1。控制变量对中介变量和因变量均无显著影响。

表 5 -22 报告了第 1 组以自主动机为因变量的中介效应分析结果。

表 5 -22 **重要他人的支持→基本心理需求→自主动机**

效应类型	效应值	P	95% CI 下限	95% CI 上限
基本心理需求为因变量（R^2 =0.238）				
主管支持→基本心理需求	0.254	0.000	0.159	0.353
同事支持→基本心理需求	0.280	0.000	0.186	0.365
自主动机为因变量（R^2 =0.295）				
基本心理需求→自主动机	0.371	0.000	0.268	0.482
主管支持→自主动机（1 -1 - Direct）	0.153	0.004	0.040	0.247
同事支持→自主动机（1 -2-Direct）	0.135	0.006	0.038	0.237
主管支持→基本心理需求→自主动机（1 -1 - Indirect）	0.094	0.000	0.056	0.144
同事支持→基本心理需求→自主动机（1 -2-Indirect）	0.104	0.000	0.066	0.154
主管支持→自主动机（总效应 1 -1 - Total）	0.247	0.000	0.137	0.340

续表

效应类型	效应值	P	95% CI 下限	95% CI 上限
同事支持→自主动机（总效应 1 -2-Total）	0.239	0.000	0.149	0.329
效应差异对比结果				
1 -1 - Total—1 -2 - Total	0.007	0.911	-0.106	0.121
1 -1 - Direct -1 -1 - Indirect	0.041	0.357	-0.060	0.117
1 -2-Direct -1 -2-Indirect	0.022	0.607	-0.060	0.112

注："效应差异对比结果"行以上的效应值为标准化效应值，以下的效应值为非标准化效应值。下同。

从表5 -22 可以看出，"主管支持→基本心理需求→自主动机"这一间接路径显著，效应值 =0.094，p =0.000 <0.001，95%置信区间下限0.056，上限0.144，不包含0。这表明个体的基本心理需求在主管支持和自主动机之间的中介作用显著，假设 H4a 得到验证。我们将这一效应编号为1 -1 - Indirect，即模型1 的第1 个中介效应所对应的间接效应。"主管支持→自主动机"这一直接路径显著，效应值 =0.153，p =0.004 <0.01，95%置信区间下限0.040，上限0.247，不包含0。这表明个体基本心理需求在主管支持和自主动机之间所起的中介作用属于部分中介。我们将这一效应编号为1 -1 - Direct，即模型1 的第1 个中介效应所对应的直接效应。

"同事支持→基本心理需求→自主动机"这一间接路径显著，效应值 =0.104，p =0.000 <0.001，95%置信区间下限0.066，上限0.154，不包含0。这表明个体的基本心理需求在同事支持和自主动机之间的中介作用显著，假设 H4b 得到验证。我们将这一效应编号为1 -2-Indirect，即模型1 的第2 个中介效应所对应的间接效应。"同事支持→自主动机"这一直接路径显著，效应值 =0.135，p =0.006 <0.01，95%置信区间下限0.038，上限0.237，不包含0。这表明个体基本心理需求在同事支持和自主动机之间所起的中介作用属于部分中

介。我们将这一效应编号为 1 - 2-Direct，即模型 1 的第 2 个中介效应所对应的直接效应。

此外，从表 5 - 22 还可以看出，主管支持与基本心理需求显著正相关，效应值 = 0.254，p = 0.000 < 0.001，95% 置信区间下限 0.159，上限 0.353，不包含 0，假设 H1a 得到验证。同事支持与基本心理需求显著正相关，效应值 = 0.280，p = 0.000 < 0.001，95% 置信区间下限 0.186，上限 0.365，不包含 0，假设 H1b 得到验证。

接下来我们通过 Mplus 提供的自定义参数估计功能检验相关效应的差值是否显著，以比较不同效应的大小。关于效应值的比较，有以下两点需要说明：首先，只有当两个效应值同时显著时，比较其差异才是有意义的。如果一个效应值显著，而另一个效应值不显著，那么其显著性本身就已经说明问题，无须再进行比较。其次，Mplus 只能基于非标准化效应值估计自定义参数，因此，上表“效应差异对比结果”部分报告的是非标准化效应值的差值的显著性检验结果。在 Mplus 中，标准化效应值和非标准化效应值会有差异，但两者的显著性检验结果一般是一致的。因此，我们没有重复报告各效应的非标准化效应值，而是直接给出了用于检验的差值及相应的显著性检验结果。

如表 5 - 22 所示，主管支持→自主动机的总效应显著，效应值 = 0.247，p = 0.000 < 0.001，95% 置信区间下限 0.137，上限 0.340，不包含 0。我们将这一效应编号为 1 - 1 - Total，即模型 1 的第 1 个中介效应所对应的总效应。同事支持→自主动机的总效应显著，效应值 = 0.239，p = 0.000 < 0.001，95% 置信区间下限 0.149，上限 0.329，不包含 0。我们将这一效应编号为 1 - 2-Total，即模型 1 的第 2 个中介效应所对应的总效应。

首先比较 1 - 1 - Total 和 1 - 2 - Total 的差异。具体步骤如下：计算 1 - 1 - Total 和 1 - 2 - Total 各自对应的非标准化效应值的差，然后检验这一差值是否显著。检验结果如表 5 - 22 所示，该差值不显著，

其值 =0. 007，p = 0. 911 > 0. 05，95% 置信区间下限 - 0. 106，上限 0. 121，包含 0。这表明 1 - 1 - Total 和 1 - 2 - Total 之间的差异不具有显著性，主管支持和同事支持各自对自主动机的总体影响很可能并无不同。

接下来比较 1 - 1 - Direct（“主管支持→自主动机”的直接效应）和 1 - 1 - Indirect（“主管支持→基本心理需求→自主动机”的间接效应）的差异。具体步骤如下：计算 1 - 1 - Direct 和 1 - 1 - Indirect 各自对应的非标准化效应值的差，然后检验这一差值是否显著。检验结果如表 5 - 22 所示，该差值不显著，其值 =0. 041，p =0. 357 >0. 05，95% 置信区间下限 -0. 060，上限 0. 117，包含 0。这表明 1 - 1 - Direct 和 1 - 1 - Indirect 之间的差异不具有显著性。在中介效应 1 - 1 中，间接效应占总效应的比例是 38. 06%，但上述差异分析的结果表明，直接效应和间接效应的差异不显著，因此，主管支持对自主动机的直接影响与其通过基本心理需求对自主动机的间接影响很可能并无不同。

最后比较 1 - 2-Direct（“同事支持→自主动机”的直接效应）和 1 - 2-Indirect（“同事支持→基本心理需求→自主动机”的间接效应）的差异。具体步骤如下：计算 1 - 2-Direct 和 1 - 2-Indirect 各自对应的非标准化效应值的差，然后检验这一差值是否显著。检验结果如表 5 - 22所示，该差值不显著，其值 =0. 022，p =0. 607 >0. 05，95% 置信区间下限 -0. 060，上限 0. 112，包含 0。这表明 1 - 2-Direct 和 1 - 2-Indirect 之间的差异不具有显著性。在中介效应 1 - 2 中，间接效应占总效应的比例是 43. 51%，但上述差异分析的结果表明，直接效应和间接效应的差异不显著，因此，同事支持对自主动机的直接影响与其通过基本心理需求对自主动机的间接影响很可能并无不同。

表 5 - 23 报告了第 2 组以受控动机为因变量的中介效应分析结果。

表 5－23　　重要他人的支持→基本心理需求→受控动机

效应类型	效应值	P	95% CI 下限	95% CI 上限
基本心理需求为因变量（R^2＝0.238）				
主管支持→基本心理需求	0.254	0.000	0.159	0.353
同事支持→基本心理需求	0.280	0.000	0.186	0.365
受控动机为因变量（R^2＝0.291）				
基本心理需求→受控动机	－0.337	0.000	－0.452	－0.072
主管支持→受控动机（1－3-Direct）	－0.161	0.003	－0.274	－0.230
同事支持→受控动机（1－4-Direct）	－0.172	0.001	－0.266	－0.062
主管支持→基本心理需求→受控动机（1－3－Indirect）	－0.086	0.000	－0.134	－0.049
同事支持→基本心理需求→受控动机（1－4－Indirect）	－0.094	0.000	－0.143	－0.059
主管支持→受控动机（总效应 1－3－Total）	－0.246	0.000	－0.346	－0.152
同事支持→受控动机（总效应 1－4－Total）	－0.267	0.000	－0.350	－0.172
效应差异对比结果				
1－3－Total—1－4－Total	0.015	0.822	－0.118	0.140
1－3－Direct—1－3－Indirect	－0.059	0.248	－0.154	0.048
1－4－Direct—1－4－Indirect	－0.061	0.212	－0.151	0.035

从表 5－23 可以看出，“主管支持→基本心理需求→受控动机”这一间接路径显著，效应值＝－0.086，p＝0.000＜0.001，95%置信区间下限－0.134，上限－0.049，不包含 0。这表明个体的基本心理需求在主管支持和受控动机之间的中介作用显著，假设 H4c 得到验证。我们将这一效应编号为 1－3－Indirect，即模型 1 的第 3 个中介效应所对应的间接效应。“主管支持→受控动机”这一直接路径显著，效应值＝－0.161，p＝0.003＜0.01，95%置信区间下限－0.274，上限－0.230，不包含 0。这表明个体基本心理需求在主管支持和受控

动机之间所起的中介作用属于部分中介。我们将这一效应编号为 1－3－Direct，即模型 1 的第 3 个中介效应所对应的直接效应。

“同事支持→基本心理需求→受控动机”这一间接路径显著，效应值＝－0.094，p＝0.000＜0.001，95%置信区间下限－0.143，上限－0.059，不包含 0。这表明个体的基本心理需求在同事支持和受控动机之间的中介作用显著，假设 H4d 得到验证。我们将这一效应编号为 1－4－Indirect，即模型 1 的第 4 个中介效应所对应的间接效应。“同事支持→受控动机”这一直接路径显著，效应值＝－0.172，p＝0.001＜0.01，95%置信区间下限－0.266，上限－0.062，不包含 0。这表明个体基本心理需求在同事支持和受控动机之间所起的中介作用属于部分中介。我们将这一效应编号为 1－4－Direct，即模型 1 的第 4 个中介效应所对应的直接效应。

接下来我们检验相关效应的差值是否显著，以比较不同效应的大小。

如表 5－23 所示，主管支持→受控动机的总效应显著，效应值＝－0.246，p＝0.000＜0.001，95%置信区间下限－0.346，上限－0.152，不包含 0。我们将这一效应编号为 1－3－Total，即模型 1 的第 3 个中介效应所对应的总效应。同事支持→受控动机的总效应显著，效应值＝－0.267，p＝0.000＜0.001，95%置信区间下限－0.350，上限－0.172，不包含 0。我们将这一效应编号为 1－4－Total，即模型 1 的第 4 个中介效应所对应的总效应。

首先比较 1－3－Total 和 1－4－Total 的差异。具体步骤如下：计算 1－3－Total 和 1－4－Total 各自对应的非标准化效应值的差，然后检验这一差值是否显著。检验结果如表 5－23 所示，该差值不显著，其值＝0.015，p＝0.822＞0.05，95%置信区间下限－0.118，上限 0.140，包含 0。这表明 1－3－Total 和 1－4－Total 之间的差异不具有显著性，主管支持和同事支持各自对受控动机的总体影响很可能并无不同。

接下来比较 1 – 3 – Direct（“主管支持→受控动机”的直接效应）和 1 – 3 – Indirect（“主管支持→基本心理需求→受控动机”的间接效应）的差异。具体步骤如下：计算 1 – 3 – Direct 和 1 – 3 – Indirect 各自对应的非标准化效应值的差，然后检验这一差值是否显著。检验结果如表 5 – 23 所示，该差值不显著，其值 = – 0.059，p = 0.248 > 0.05，95% 置信区间下限 – 0.154，上限 0.048，包含 0。这表明 1 – 3 – Direct 和 1 – 3 – Indirect 之间的差异不具有显著性。在中介效应 1 – 3 中，间接效应占总效应的比例是 34.96%，但上述差异分析的结果表明，直接效应和间接效应的差异不显著，因此，主管支持对受控动机的直接影响与其通过基本心理需求对受控动机的间接影响很可能并无不同。

最后比较 1 – 4 – Direct（“同事支持→受控动机”的直接效应）和 1 – 4 – Indirect（“同事支持→基本心理需求→受控动机”的间接效应）的差异。具体步骤如下：计算 1 – 4 – Direct 和 1 – 4 – Indirect 各自对应的非标准化效应值的差，然后检验这一差值是否显著。检验结果如表 5 – 23 所示，该差值不显著，其值 = – 0.061，p = 0.212 > 0.05，95% 置信区间下限 – 0.151，上限 0.035，包含 0。这表明 1 – 4 – Direct 和 1 – 4 – Indirect 之间的差异不具有显著性。在中介效应 1 – 4 中，间接效应占总效应的比例是 35.21%，但上述差异分析的结果表明，直接效应和间接效应的差异不显著，因此，同事支持对受控动机的直接影响与其通过基本心理需求对受控动机的间接影响很可能并无不同。

（2）自主需求、胜任需求和关系需求各自发挥中介作用

为检验基本心理需求的三个维度（自主需求、胜任需求和关系需求）在动机内化过程中各自所发挥的中介作用，我们构建如图 5 – 7 所示的饱和模型（模型 2）以进行路径分析。控制变量与 Bootstrap 法的设定与模型 1 相同。

模型 2 包含 2 个自变量、3 个中介变量和 2 个因变量，因此这个模型包含了 4 个三重中介效应，分别是“主管支持→（自主需求、胜

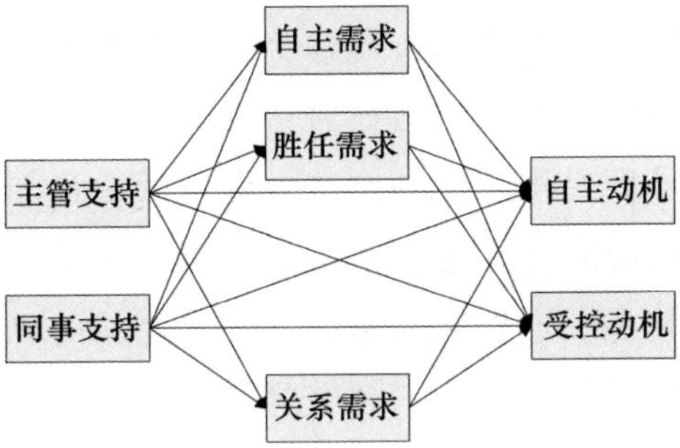

图5-7　模型2：自主需求、胜任需求和关系需求各自发挥中介作用

任需求、关系需求）→自主动机”“同事支持→（自主需求、胜任需求、关系需求）→自主动机”“主管支持→（自主需求、胜任需求、关系需求）→受控动机”和“同事支持→（自主需求、胜任需求、关系需求）→受控动机”。对这4个三重中介效应内部各中介变量效应值的比较分别对应假设H5a、假设H5b、假设H5c和假设H5d。为方便表述，我们将以上4个中介效应依次编号为2-1、2-2、2-3和2-4，即模型2包含的第1、2、3、4个中介效应。按因变量的不同，这4个三重中介效应又可以分为2组，其中中介效应2-1和2-2为第1组，中介效应2-3和2-4为第2组。

模型运行的结果见表5-24和表5-25。由于模型为饱和模型，因此χ^2值、自由度、RMSEA、SRMR均为0，CFI和TLI均为1。控制变量方面，我们仅简单报告通过显著性检验的结果。企业成立年限对自主需求有显著影响。成立时间越久的企业，其员工自主需求的满足程度越低。这可能是因为与初创企业相比，成立时间久的企业往往已建立了完善的规章制度，员工的自主性受到了一定限制。员工的工作年限对其胜任需求有显著影响。员工工作越久，其胜任需求的满足程度越高。这与常识也是相符的，所谓熟能生巧，长时间工作经验的累积往往有助于提升个体的胜任感。员工所属部门对其胜任需求也有显著影响。职能管理部门的员工的胜任需求满足程度更高，这可能是因为职能管理部门的工作相对研发部门要更为程式化，研发人员在工作中会遇到更多的不确定性或失败，从而降低了他们的胜任感。企业的产权类型对员工的关系需求有显著影响。与民营企业相比，国有企业员工的关系需求满足程度更高。这可能是因为我国的国有企业或多或少还带有计划经济时代的烙印，工会、团委等党团部门的设立，各种文体活动的开展在一定程度上密切了员工之间的联系。此外，国企员工的流动性要弱于民营企业，频繁跳槽的行为在国企并不多见，人员的相对稳定性有助于大家建立良好的人际关系。除以上所提及的各点外，控制变量对模型中各变量的影响均不显著。

表5-24报告了第1组以自主动机为因变量的中介效应分析结果。

表5-24 **重要他人的支持→（自主需求、胜任需求、关系需求）→自主动机**

效应类型	效应值	P	95% CI 下限	95% CI 上限
自主需求为因变量（R^2 =0.172）				
主管支持→自主需求	0.158	0.003	0.057	0.262
同事支持→自主需求	0.301	0.000	0.201	0.396
胜任需求为因变量（R^2 =0.132）				
主管支持→胜任需求	0.211	0.000	0.100	0.318
同事支持→胜任需求	0.151	0.007	0.047	0.267
关系需求为因变量（R^2 =0.174）				
主管支持→关系需求	0.232	0.000	0.123	0.335
同事支持→关系需求	0.201	0.000	0.099	0.294
自主动机为因变量（R^2 =0.308）				
自主需求→自主动机	0.049	0.402	-0.056	0.168
胜任需求→自主动机	0.118	0.022	0.020	0.224
关系需求→自主动机	0.301	0.000	0.190	0.400
主管支持→自主动机（2-1-Direct）	0.145	0.005	0.031	0.239

续表

效应类型	效应值	P	95% CI 下限	95% CI 上限
同事支持→自主动机（2－2－Direct）	0.146	0.004	0.051	0.252
主管支持→自主需求→自主动机（2－1－IndirectA）	0.008	0.411	－0.008	0.030
主管支持→胜任需求→自主动机（2－1－IndirectB）	0.025	0.052	0.006	0.057
主管支持→关系需求→自主动机（2－1－IndirectC）	0.070	0.001	0.035	0.113
同事支持→自主需求→自主动机（2－2－IndirectA）	0.015	0.421	－0.016	0.055
同事支持→胜任需求→自主动机（2－2－IndirectB）	0.018	0.081	0.003	0.048
同事支持→关系需求→自主动机（2－2－IndirectC）	0.061	0.002	0.030	0.105
主管支持→自主动机（总效应2－1－Total）	0.247	0.000	0.137	0.340
同事支持→自主动机（总效应2－2－Total）	0.239	0.000	0.149	0.329

接下来我们结合表5－24依次报告模型2所包含的前两个三重中介效应的检验结果。

首先，中介效应2－1，即“主管支持→（自主需求、胜任需求、关系需求）→自主动机”。

从表5－24可以看出，“主管支持→自主需求→自主动机”这一间接路径不显著，效应值＝0.008，p＝0.411＞0.05，95%置信区间下限－0.008，上限0.030，包含0。这表明自主需求在主管支持和自主动机之间的中介作用不显著。我们将这一效应编号为2－1－IndirectA，即模型2的第1个中介效应所对应的3个间接效应之一。

“主管支持→胜任需求→自主动机”这一间接路径的显著性检验结果比较复杂。其效应值＝0.025，95%置信区间下限0.006，上限

0.057。这一置信区间虽然不包含0，但其下限与0非常接近，可将其解读为边缘显著。再看p值，p=0.052>0.05，不显著。一般认为，将这样的检验结果解读为显著是不严谨的，也十分勉强。因此，综合置信区间及p值的结果，我们认为，胜任需求在主管支持和自主动机之间的中介作用不显著。我们将这一效应编号为2-1-IndirectB，即模型2的第1个中介效应所对应的3个间接效应之二。

“主管支持→关系需求→自主动机”这一间接路径显著，效应值=0.070，p=0.001<0.01，95%置信区间下限0.035，上限0.113，不包含0。这表明关系需求在主管支持和自主动机之间的中介作用显著。我们将这一效应编号为2-1-IndirectC，即模型2的第1个中介效应所对应的3个间接效应之三。

“主管支持→自主动机”这一直接路径显著，效应值=0.145，p=0.005<0.01，95%置信区间下限0.031，上限0.239，不包含0。我们将这一效应编号为2-1-Direct，即模型2的第1个中介效应所对应的直接效应。

模型2表明，主管支持有可能通过4条路径影响自主动机，分别是以自主需求为中介的间接路径2-1-IndirectA，以胜任需求为中介的间接路径2-1-IndirectB，以关系需求为中介的间接路径2-1-IndirectC，以及从主管支持到自主动机的直接路径2-1-Direct。但中介效应分析的结果表明，在这4条可能的路径中，2-1-IndirectA和2-1-IndirectB不显著，2-1-IndirectC和2-1-Direct显著。我们原本设想的是通过检验不同中介效应值的差值的显著性来了解自主、胜任及关系需求究竟哪一个更重要，但现在看来，这一检验已无必要。自主需求和胜任需求的中介效应不显著，关系需求的中介效应显著，这表明，除主管支持对自主动机的直接影响外，其对自主动机的间接影响基本上全部通过关系需求传导，与自主需求、胜任需求相比，关系需求无疑发挥了最重要的中介作用，因此，假设H5a得到验证。

其次，中介效应 2 - 2，即“同事支持→（自主需求、胜任需求、关系需求）→自主动机”。

从表 5 - 24 可以看出，“同事支持→自主需求→自主动机”这一间接路径不显著，效应值 = 0.015，$p = 0.421 > 0.05$，95% 置信区间下限 -0.016，上限 0.055，包含 0。这表明自主需求在同事支持和自主动机之间的中介作用不显著。我们将这一效应编号为 2 - 2 - IndirectA，即模型 2 的第 2 个中介效应所对应的 3 个间接效应之一。

“同事支持→胜任需求→自主动机”这一间接路径的显著性检验结果也比较复杂。其效应值 = 0.018，95% 置信区间下限 0.003，上限 0.048。这一置信区间虽然不包含 0，但其下限与 0 非常接近，可将其解读为边缘显著。再看 p 值，$p = 0.081 > 0.05$，不显著。基于和上文相同的标准，我们认为，这表明胜任需求在同事支持和自主动机之间的中介作用不显著。我们将这一效应编号为 2 - 2 - IndirectB，即模型 2 的第 2 个中介效应所对应的 3 个间接效应之二。

“同事支持→关系需求→自主动机”这一间接路径显著，效应值 = 0.061，$p = 0.002 < 0.01$，95% 置信区间下限 0.030，上限 0.105，不包含 0。这表明关系需求在同事支持和自主动机之间的中介作用显著。我们将这一效应编号为 2 - 2 - IndirectC，即模型 2 的第 2 个中介效应所对应的 3 个间接效应之三。

“同事支持→自主动机”这一直接路径显著，效应值 = 0.146，$p = 0.004 < 0.01$，95% 置信区间下限 0.051，上限 0.252，不包含 0。我们将这一效应编号为 2 - 2 - Direct，即模型 2 的第 2 个中介效应所对应的直接效应。

模型 2 表明，同事支持有可能通过 4 条路径影响自主动机，分别是以自主需求为中介的间接路径 2 - 2 - IndirectA，以胜任需求为中介的间接路径 2 - 2 - IndirectB，以关系需求为中介的间接路径 2 - 2 - IndirectC，以及从同事支持到自主动机的直接路径 2 - 2 - Direct。但中介效应分析的结果表明，在这 4 条可能的路径中，2 - 2 - IndirectA

和2－2－IndirectB不显著，2－2－IndirectC和2－2－Direct显著。基于同样的逻辑，我们认为，除同事支持对自主动机的直接影响外，其对自主动机的间接影响基本上全部通过关系需求传导，与自主需求、胜任需求相比，关系需求发挥了最重要的中介作用，因此，假设H5b得到验证。

此外，从表5－24可以看出，主管支持与自主需求显著正相关，效应值＝0.158，p＝0.003＜0.01，95%置信区间下限0.057，上限0.262，不包含0。主管支持与胜任需求显著正相关，效应值＝0.211，p＝0.000＜0.001，95%置信区间下限0.100，上限0.318，不包含0。主管支持与关系需求显著正相关，效应值＝0.232，p＝0.000＜0.001，95%置信区间下限0.123，上限0.335，不包含0。以上检验结果再次表明，假设H1a是成立的。

同事支持与自主需求显著正相关，效应值＝0.301，p＝0.000＜0.001，95%置信区间下限0.201，上限0.396，不包含0。同事支持与胜任需求显著正相关，效应值＝0.151，p＝0.007＜0.01，95%置信区间下限0.047，上限0.267，不包含0。同事支持与关系需求显著正相关，效应值＝0.201，p＝0.000＜0.001，95%置信区间下限0.099，上限0.294，不包含0。以上检验结果再次表明，假设H1b是成立的。

表5－25报告了第2组以受控动机为因变量的中介效应分析结果。

表5－25　**重要他人的支持→（自主需求、胜任需求、关系需求）→受控动机**

效应类型	效应值	P	95% CI 下限	95% CI 上限
自主需求为因变量（R^2＝0.172）				
主管支持→自主需求	0.158	0.003	0.057	0.262
同事支持→自主需求	0.301	0.000	0.201	0.396

续表

效应类型	效应值	P	95% CI 下限	95% CI 上限
胜任需求为因变量（R^2 =0.132）				
主管支持→胜任需求	0.211	0.000	0.100	0.318
同事支持→胜任需求	0.151	0.007	0.047	0.267
关系需求为因变量（R^2 =0.174）				
主管支持→关系需求	0.232	0.000	0.123	0.335
同事支持→关系需求	0.201	0.000	0.099	0.294
受控动机为因变量（R^2 =0.294）				
自主需求→受控动机	-0.097	0.078	-0.216	0.005
胜任需求→受控动机	-0.118	0.017	-0.218	-0.023
关系需求→受控动机	-0.212	0.000	-0.309	-0.105
主管支持→受控动机（2-3-Direct）	-0.157	0.004	-0.272	-0.052
同事支持→受控动机（2-4-Direct）	-0.177	0.001	-0.275	-0.075
主管支持→自主需求→受控动机（2-3-IndirectA）	-0.015	0.111	-0.044	-0.001
主管支持→胜任需求→受控动机（2-3-IndirectB）	-0.025	0.053	-0.057	-0.004
主管支持→关系需求→受控动机（2-3-IndirectC）	-0.049	0.002	-0.089	-0.023
同事支持→自主需求→受控动机（2-4-IndirectA）	-0.029	0.104	-0.073	-0.001
同事支持→胜任需求→受控动机（2-4-IndirectB）	-0.018	0.072	-0.043	-0.004
同事支持→关系需求→受控动机（2-4-IndirectC）	-0.043	0.009	-0.083	-0.017
主管支持→受控动机（总效应2-3-Total）	-0.246	0.000	-0.346	-0.152
同事支持→受控动机（总效应2-4-Total）	-0.267	0.000	-0.350	-0.172

接下来我们结合表5-25依次报告模型2所包含的后两个三重中

介效应的检验结果。

首先，中介效应2-3，即“主管支持→（自主需求、胜任需求、关系需求）→受控动机”。

从表5-25可以看出，“主管支持→自主需求→受控动机”这一间接路径的显著性检验结果比较复杂。其效应值=-0.015，95%置信区间下限-0.044，上限-0.001。这一置信区间虽然不包含0，但其上限与0非常接近，可将其解读为边缘显著。再看p值，$p=0.111>0.05$，不显著。基于和上文相同的标准，我们认为，这表明自主需求在主管支持和受控动机之间的中介作用不显著。我们将这一效应编号为2-3-IndirectA，即模型2的第3个中介效应所对应的3个间接效应之一。

“主管支持→胜任需求→受控动机”这一间接路径的显著性检验结果也比较复杂。其效应值=-0.025，95%置信区间下限-0.057，上限-0.004。这一置信区间虽然不包含0，但其上限与0非常接近，可将其解读为边缘显著。再看p值，$p=0.053>0.05$，不显著。基于和上文相同的标准，我们认为，这表明胜任需求在主管支持和受控动机之间的中介作用不显著。我们将这一效应编号为2-3-IndirectB，即模型2的第3个中介效应所对应的3个间接效应之二。

“主管支持→关系需求→受控动机”这一间接路径显著，效应值=-0.049，$p=0.002<0.01$，95%置信区间下限-0.089，上限-0.023，不包含0。这表明关系需求在主管支持和受控动机之间的中介作用显著。我们将这一效应编号为2-3-IndirectC，即模型2的第3个中介效应所对应的3个间接效应之三。

“主管支持→受控动机”这一直接路径显著，效应值=-0.157，$p=0.004<0.01$，95%置信区间下限-0.272，上限-0.052，不包含0。我们将这一效应编号为2-3-Direct，即模型2的第3个中介效应所对应的直接效应。

模型2表明，主管支持有可能通过4条路径影响受控动机，分别是以自主需求为中介的间接路径 2－3－IndirectA，以胜任需求为中介的间接路径 2－3－IndirectB，以关系需求为中介的间接路径 2－3－IndirectC，以及从主管支持到受控动机的直接路径 2－3－Direct。但中介效应分析的结果表明，在这 4 条可能的路径中，2－3－IndirectA 和 2－3－IndirectB 不显著，2－3－IndirectC 和 2－3－Direct 显著。基于同样的逻辑，我们认为，除主管支持对受控动机的直接影响外，其对受控动机的间接影响基本上全部通过关系需求传导，与自主需求、胜任需求相比，关系需求发挥了最重要的中介作用，因此，假设 H5c 得到验证。

其次，中介效应 2－4，即“同事支持→（自主需求、胜任需求、关系需求）→受控动机”。

从表 5－25 可以看出，“同事支持→自主需求→受控动机”这一间接路径的显著性检验结果比较复杂。其效应值＝－0.029，95% 置信区间下限－0.073，上限－0.001。这一置信区间虽然不包含 0，但其上限与 0 非常接近，可将其解读为边缘显著。再看 p 值，p＝0.104＞0.05，不显著。基于和上文相同的标准，我们认为，这表明自主需求在同事支持和受控动机之间的中介作用不显著。我们将这一效应编号为 2－4－IndirectA，即模型 2 的第 4 个中介效应所对应的 3 个间接效应之一。

“同事支持→胜任需求→受控动机”这一间接路径的显著性检验结果也比较复杂。其效应值＝－0.018，95% 置信区间下限－0.043，上限－0.004。这一置信区间虽然不包含 0，但其上限与 0 非常接近，可将其解读为边缘显著。再看 p 值，p＝0.072＞0.05，不显著。基于和上文相同的标准，我们认为，这表明胜任需求在同事支持和受控动机之间的中介作用不显著。我们将这一效应编号为 2－4－IndirectB，即模型 2 的第 4 个中介效应所对应的 3 个间接效应之二。

“同事支持→关系需求→受控动机”这一间接路径显著，效应值＝－0.043，p＝0.009＜0.01，95% 置信区间下限－0.083，上限－0.017，不包含 0。这表明关系需求在同事支持和受控动机之间的中介作用显著。我们将这一效应编号为 2 - 4 - IndirectC，即模型 2 的第 4 个中介效应所对应的 3 个间接效应之三。

"同事支持→受控动机"这一直接路径显著，效应值 = -0.177，$p = 0.001 < 0.01$，95% 置信区间下限 -0.275，上限 -0.075，不包含 0。我们将这一效应编号为 2 - 4 - Direct，即模型 2 的第 4 个中介效应所对应的直接效应。

模型 2 表明，同事支持有可能通过 4 条路径影响受控动机，分别是以自主需求为中介的间接路径 2 - 4 - IndirectA，以胜任需求为中介的间接路径 2 - 4 - IndirectB，以关系需求为中介的间接路径 2 - 4 - IndirectC，以及从同事支持到受控动机的直接路径 2 - 4 - Direct。但中介效应分析的结果表明，在这 4 条可能的路径中，2 - 4 - IndirectA 和 2 - 4 - IndirectB 不显著，2 - 4 - IndirectC 和 2 - 4 - Direct 显著。基于同样的逻辑，我们认为，除同事支持对受控动机的直接影响外，其对受控动机的间接影响基本上全部通过关系需求传导，与自主需求、胜任需求相比，关系需求发挥了最重要的中介作用，因此，假设 H5d 得到验证。

（二）知识贡献动机中介作用的检验

本节主要检验知识贡献动机在重要他人的支持和知识贡献行为之间的中介作用。在检验中介效应的同时，对有关知识贡献动机和知识贡献行为关系的假设也进行了验证。通过 Mplus7.4 构建如图 5 - 8 所示的饱和模型（模型 3）以进行路径分析，控制变量与 Bootstrap 法的设定与模型 1 相同。

模型 3 包括 2 个自变量、2 个中介变量和 2 个因变量，因此这个模型包含了 4 个二重中介效应，分别是"主管支持→（自主动机、受控动机）→显性知识贡献行为""同事支持→（自主动机、受控动机）→显性知识贡献行为""主管支持→（自主动机、受控动机）→隐性知识贡献行为"和"同事支持→（自主动机、受控动机）→隐性知识贡献行为"。这 4 个二重中介效应分别对应假设 H8a、假设

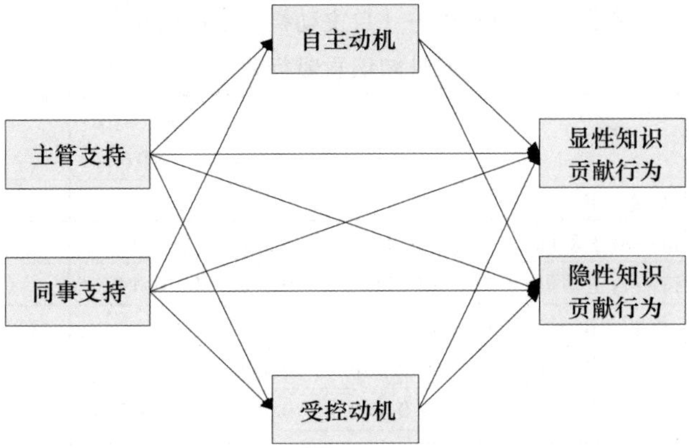

图 5－8 模型 3：知识贡献动机发挥中介作用

H8b、假设 H8c 和假设 H8d。为方便表述，我们将以上 4 个中介效应依次编号为 3－1、3－2、3－3 和 3－4，即模型 3 包含的第 1、2、3、4 个中介效应。按因变量的不同，这 4 个二重中介效应又可以分为 2 组，其中中介效应 3－1 和 3－2 为第 1 组，中介效应 3－3 和 3－4 为第 2 组。

模型运行的结果见表 5－26 和表 5－27。由于模型为饱和模型，因此 χ^2 值、自由度、RMSEA、SRMR 均为 0，CFI 和 TLI 均为 1。控制变量方面，我们仅简单报告通过显著性检验的结果。企业产权类型对员工的显性知识贡献行为有显著影响。与国有企业相比，民营企业的员工表现出更多的显性知识贡献行为。这可能是因为国有企业相对正规，员工可以通过文件汇编、数据库等方式获取有关的显性知识，而无须向他人求助。企业员工人数对员工的隐性知识贡献行为有显著影响，随着员工人数的减少，隐性知识贡献行为也会增多。这可能是因为在规模较小的企业，员工之间比较容易建立密切的联系，相应的非正式的隐性知识贡献行为也更加普遍。除以上所提及的两点外，控制变量对模型中各变量的影响均不显著。

表 5－26 报告了第 1 组以显性知识贡献行为为因变量的中介效应分析结果。

表5-26　重要他人的支持→（自主动机、受控动机）→显性知识贡献行为

效应类型	效应值	P	95% CI 下限	95% CI 上限
自主动机为因变量（R^2=0.190）				
主管支持→自主动机	0.247	0.000	0.137	0.340
同事支持→自主动机	0.239	0.000	0.149	0.329
受控动机为因变量（R^2=0.205）				
主管支持→受控动机	-0.246	0.000	-0.345	-0.151
同事支持→受控动机	-0.267	0.000	-0.350	-0.172
显性知识贡献行为为因变量（R^2=0.318）				
自主动机→显性知识贡献行为	0.136	0.099	-0.030	0.301
受控动机→显性知识贡献行为	-0.211	0.012	-0.387	-0.048
主管支持→显性知识贡献行为（3-1-Direct）	0.203	0.000	0.086	0.299
同事支持→显性知识贡献行为（3-2-Direct）	0.164	0.002	0.061	0.263
主管支持→自主动机→显性知识贡献行为（3-1-IndirectA）	0.034	0.119	-0.007	0.079
主管支持→受控动机→显性知识贡献行为（3-1-IndirectB）	0.052	0.029	0.013	0.106
同事支持→自主动机→显性知识贡献行为（3-2-IndirectA）	0.033	0.124	-0.002	0.071
同事支持→受控动机→显性知识贡献行为（3-2-IndirectB）	0.056	0.020	0.013	0.111
主管支持→显性知识贡献行为（总效应3-1-Total）	0.289	0.000	0.175	0.381
同事支持→显性知识贡献行为（总效应3-2-Total）	0.253	0.000	0.153	0.347
效应差异对比结果				
3-1-Total-3-2-Total	0.041	0.673	-0.169	0.213
3-1-Direct—3-1-IndirectB	0.166	0.012	0.031	0.286
3-2-Direct—3-2-IndirectB	0.118	0.070	-0.001	0.253

接下来我们结合表 5－26 依次报告模型 3 所包含的前两个二重中介效应的检验结果。

首先，中介效应 3－1，即“主管支持→（自主动机、受控动机）→显性知识贡献行为”。

从表 5－26 可以看出，“主管支持→自主动机→显性知识贡献行为”这一间接路径不显著，效应值 $=0.034$，$p=0.119>0.05$，95%置信区间下限 -0.007，上限 0.079，包含 0。这表明自主动机在主管支持和显性知识贡献行为之间的中介作用不显著。我们将这一效应编号为 3－1－IndirectA，即模型 3 的第 1 个中介效应所对应的 2 个间接效应之一。

“主管支持→受控动机→显性知识贡献行为”这一间接路径显著，效应值 $=0.052$，$p=0.029<0.05$，95%置信区间下限 0.013，上限 0.106，不包含 0。这表明受控动机在主管支持和显性知识贡献行为之间的中介作用显著。我们将这一效应编号为 3－1－IndirectB，即模型 3 的第 1 个中介效应所对应的 2 个间接效应之二。

“主管支持→显性知识贡献行为”这一直接路径显著，效应值 $=0.203$，$p=0.000<0.001$，95%置信区间下限 0.086，上限 0.299，不包含 0。我们将这一效应编号为 3－1－Direct，即模型 3 的第 1 个中介效应所对应的直接效应。

模型 3 表明，主管支持有可能通过 3 条路径影响显性知识贡献行为，分别是以自主动机为中介的间接路径 3－1－IndirectA，以受控动机为中介的间接路径 3－1－IndirectB，以及从主管支持到显性知识贡献行为的直接路径 3－1－Direct。假设 H8a 认为，自主及受控动机在主管支持和显性知识贡献行为之间起遮掩作用。这一假设的具体含义是指，主管支持通过自主及受控动机传递了两种相反的影响，其中通过自主动机传递正向影响（主管支持强化了自主动机，而自主动机与显性知识贡献行为正相关），通过受控动机传递负向影响（主管支持弱化了受控动机，而受控动机仍然与显性知识贡献行为正相关），这两种相反的效应互相抵消，就表现出了所谓的遮掩效应。但中介效应分析的结果表明，在 2 条间接路径中，3 - 1 - IndirectA 不显著，3 - 1 - IndirectB 显著，但其效应值的符号与预期相反（预期为负，实际为正）。综合以上分析，我们认为，假设 H8a 没有得到支持。

其次，中介效应 3 - 2，即“同事支持→（自主动机、受控动机）→显性知识贡献行为”。

从表 5 - 26 可以看出，“同事支持→自主动机→显性知识贡献行为”这一间接路径不显著，效应值 = 0.033，$p = 0.124 > 0.05$，95% 置信区间下限 -0.002，上限 0.071，包含 0。这表明自主动机在同事支持和显性知识贡献行为之间的中介作用不显著。我们将这一效应编号为 3 - 2 - IndirectA，即模型 3 的第 2 个中介效应所对应的 2 个间接效应之一。

“同事支持→受控动机→显性知识贡献行为”这一间接路径显著，效应值 = 0.056，$p = 0.020 < 0.05$，95% 置信区间下限 0.013，上限 0.111，不包含 0。这表明受控动机在同事支持和显性知识贡献行为之间的中介作用显著。我们将这一效应编号为 3 - 2 - IndirectB，即模型 3 的第 2 个中介效应所对应的 2 个间接效应之二。

“同事支持→显性知识贡献行为”这一直接路径显著，效应值 = 0.164，$p = 0.002 < 0.01$，95% 置信区间下限 0.061，上限 0.263，不包含 0。我们将这一效应编号为 3 - 2 - Direct，即模型 3 的第 2 个中介效应所对应的直接效应。

模型 3 表明，同事支持有可能通过 3 条路径影响显性知识贡献行为，分别是以自主动机为中介的间接路径 3 - 2 - IndirectA，以受控动机为中介的间接路径 3 - 2 - IndirectB，以及从同事支持到显性知识贡献行为的直接路径 3 - 2 - Direct。中介效应分析的结果表明，在 2 条间接路径中，3 - 2 - IndirectA 不显著，3 - 2 - IndirectB 显著，但其效应值的符号与预期相反（预期为负，实际为正）。基于同样的逻辑，我们认为，假设 H8b 没有得到支持。

接下来我们检验相关效应的差值是否显著，以比较不同效应的大小。

如表 5 - 26 所示，主管支持→显性知识贡献行为的总效应显著，效应值 = 0.289，p = 0.000 < 0.001，95% 置信区间下限 0.175，上限 0.381，不包含 0。我们将这一效应编号为 3 - 1 - Total，即模型 3 的第 1 个中介效应所对应的总效应。同事支持→显性知识贡献行为的总效应显著，效应值 = 0.253，p = 0.000 < 0.001，95% 置信区间下限 0.153，上限 0.347，不包含 0。我们将这一效应编号为 3 - 2 - Total，即模型 3 的第 2 个中介效应所对应的总效应。

首先比较 3 - 1 - Total 和 3 - 2 - Total 的差异。具体步骤如下：计算 3 - 1 - Total 和 3 - 2 - Total 各自对应的非标准化效应值的差，然后检验这一差值是否显著。检验结果如表 5 - 26 所示，该差值不显著，其值 = 0.041，p = 0.673 > 0.05，95% 置信区间下限 - 0.169，上限 0.213，包含 0。这表明 3 - 1 - Total 和 3 - 2 - Total 之间的差异不显著，主管支持和同事支持各自对显性知识贡献行为的总体影响很可能并无不同。

接下来比较 3 - 1 - Direct（“主管支持→显性知识贡献行为”的直接效应）和 3 - 1 - IndirectB（“主管支持→受控动机→显性知识贡献行为”的间接效应）的差异，3 - 1 - IndirectA（“主管支持→自主动机→显性知识贡献行为”的间接效应）不显著，故不参与比较。具体步骤如下：计算 3 - 1 - Direct 和 3 - 1 - IndirectB 各自对应的非标准化效应值的差，然后检验这一差值是否显著。检验结果如表 5 - 26 所示，该差值显著，其值 = 0.166，p = 0.012 < 0.05，95% 置信区间下限 0.031，上限 0.286，不包含 0。这表明 3 - 1 - Direct 和 3 - 1 - IndirectB 之间的差异具有显著性。在中介效应 3 - 1 中，间接效应占总效应的比例是 17.99%，上述差异分析的结果表明，主管支持对显性知识贡献行为的影响以直接效应为主，通过受控动机传导的间接效应比较有限。

最后比较 3 - 2 - Direct（“同事支持→显性知识贡献行为”的直接效应）和 3 - 2 - IndirectB（“同事支持→受控动机→显性知识贡献

行为”的间接效应）的差异，3 – 2 – IndirectA（“同事支持→自主动机→显性知识贡献行为”的间接效应）不显著，故不参与比较。具体步骤如下：计算 3 – 2 – Direct 和 3 – 2 – IndirectB 各自对应的非标准化效应值的差，然后检验这一差值是否显著。检验结果如表 5 – 26 所示，该差值不显著，其值 = 0. 118，p = 0. 070 > 0. 05，95% 置信区间下限 – 0. 001，上限 0. 253，包含 0。这表明 3 – 2 – Direct 和 3 – 2 – IndirectB之间的差异不具有显著性。在中介效应 3 – 2 中，间接效应占总效应的比例是 22. 13%，但上述差异分析的结果表明，直接效应和间接效应的差异不显著，因此，同事支持对显性知识贡献行为的直接影响与其通过受控动机对显性知识贡献行为的间接影响很可能并无不同。

表 5 – 27 报告了第 2 组以隐性知识贡献行为为因变量的中介效应分析结果。

表 5 – 27　**重要他人的支持→（自主动机、受控动机）→隐性知识贡献行为**

效应类型	效应值	P	95% CI 下限	95% CI 上限
自主动机为因变量（R^2 = 0. 190）				
主管支持→自主动机	0. 247	0. 000	0. 137	0. 340
同事支持→自主动机	0. 239	0. 000	0. 149	0. 329
受控动机为因变量（R^2 = 0. 205）				
主管支持→受控动机	– 0. 246	0. 000	– 0. 345	– 0. 151
同事支持→受控动机	– 0. 267	0. 000	– 0. 350	– 0. 172
隐性知识贡献行为为因变量（R^2 = 0. 333）				
自主动机→隐性知识贡献行为	0. 178	0. 039	0. 014	0. 345
受控动机→隐性知识贡献行为	– 0. 172	0. 051	– 0. 341	0. 002
主管支持→隐性知识贡献行为（3 – 3 – Direct）	0. 203	0. 000	0. 085	0. 299
同事支持→隐性知识贡献行为（3 – 4 – Direct）	0. 182	0. 000	0. 088	0. 273

续表

效应类型	效应值	P	95% CI 下限	95% CI 上限
主管支持→自主动机→隐性知识贡献行为（3 - 3 - IndirectA）	0.044	0.055	0.006	0.097
主管支持→受控动机→隐性知识贡献行为（3 - 3 - IndirectB）	0.042	0.080	0.002	0.094
同事支持→自主动机→隐性知识贡献行为（3 - 4 - IndirectA）	0.043	0.061	0.007	0.095
同事支持→受控动机→隐性知识贡献行为（3 - 4 - IndirectB）	0.046	0.070	0.001	0.098
主管支持→隐性知识贡献行为（总效应 3 - 3 - Total）	0.289	0.000	0.187	0.379
同事支持→隐性知识贡献行为（总效应 3 - 4 - Total）	0.270	0.000	0.179	0.359
效应差异对比结果				
3 - 3 - Total—3 - 4 - Total	0.022	0.807	-0.158	0.183

接下来我们结合表 5 - 27 依次报告模型 3 所包含的后两个二重中介效应的检验结果。

首先，中介效应 3 - 3，即“主管支持→（自主动机、受控动机）→隐性知识贡献行为”。

从表 5 - 27 可以看出，“主管支持→自主动机→隐性知识贡献行为”这一间接路径的显著性检验结果比较复杂。其效应值 = 0.044，95% 置信区间下限 0.006，上限 0.097。这一置信区间虽然不包含 0，但其下限与 0 非常接近，可将其解读为边缘显著。再看 p 值，$p = 0.055 > 0.05$，不显著。基于和上文相同的标准，我们认为，这表明自主动机在主管支持和隐性知识贡献行为之间的中介作用不显著。我们将这一效应编号为 3 - 3 - IndirectA，即模型 3 的第 3 个中介效应所对应的 2 个间接效应之一。

“主管支持→受控动机→隐性知识贡献行为”这一间接路径的显著性检验结果也比较复杂。其效应值 = 0.042，95% 置信区间下限

0.002，上限 0.094。这一置信区间虽然不包含 0，但其下限与 0 非常接近，可将其解读为边缘显著。再看 p 值，$p = 0.080 > 0.05$，不显著。基于和上文相同的标准，我们认为，这表明受控动机在主管支持和隐性知识贡献行为之间的中介作用不显著。我们将这一效应编号为 3 - 3 - IndirectB，即模型 3 的第 3 个中介效应所对应的 2 个间接效应之二。

“主管支持→隐性知识贡献行为”这一直接路径显著，效应值 = 0.203，$p = 0.000 < 0.001$，95% 置信区间下限 0.085，上限 0.299，不包含 0。我们将这一效应编号为 3 - 3 - Direct，即模型 3 的第 3 个中介效应所对应的直接效应。

模型 3 表明，主管支持有可能通过 3 条路径影响隐性知识贡献行为，分别是以自主动机为中介的间接路径 3 - 3 - IndirectA，以受控动机为中介的间接路径 3 - 3 - IndirectB，以及从主管支持到隐性知识贡献行为的直接路径 3 - 3 - Direct。假设 H8c 认为，自主及受控动机在主管支持和隐性知识贡献行为之间起中介作用。但中介效应分析的结果表明，2 条间接路径 3 - 3 - IndirectA 和 3 - 3 - IndirectB 均不显著，因此，假设 H8c 没有得到支持。

其次，中介效应 3 - 4，即“同事支持→（自主动机、受控动机）→隐性知识贡献行为”。

从表 5 - 27 可以看出，“同事支持→自主动机→隐性知识贡献行为”这一间接路径的显著性检验结果比较复杂。其效应值 = 0.043，95% 置信区间下限 0.007，上限 0.095。这一置信区间虽然不包含 0，但其下限与 0 非常接近，可将其解读为边缘显著。再看 p 值，$p = 0.061 > 0.05$，不显著。基于和上文相同的标准，我们认为，这表明自主动机在同事支持和隐性知识贡献行为之间的中介作用不显著。我们将这一效应编号为 3 - 4 - IndirectA，即模型 3 的第 4 个中介效应所对应的 2 个间接效应之一。

“同事支持→受控动机→隐性知识贡献行为”这一间接路径的显

著性检验结果也比较复杂。其效应值 = 0.046，95% 置信区间下限 0.001，上限 0.098。这一置信区间虽然不包含 0，但其下限与 0 非常接近，可将其解读为边缘显著。再看 p 值，p = 0.070 > 0.05，不显著。基于和上文相同的标准，我们认为，这表明受控动机在同事支持和隐性知识贡献行为之间的中介作用不显著。我们将这一效应编号为 3 – 4 – IndirectB，即模型 3 的第 4 个中介效应所对应的 2 个间接效应之二。

“同事支持→隐性知识贡献行为”这一直接路径显著，效应值 = 0.182，p = 0.000 < 0.001，95% 置信区间下限 0.088，上限 0.273，不包含 0。我们将这一效应编号为 3 – 4 – Direct，即模型 3 的第 4 个中介效应所对应的直接效应。

模型 3 表明，同事支持有可能通过 3 条路径影响隐性知识贡献行为，分别是以自主动机为中介的间接路径 3 – 4 – IndirectA，以受控动机为中介的间接路径 3 – 4 – IndirectB，以及从同事支持到隐性知识贡献行为的直接路径 3 – 4 – Direct。假设 H8d 认为，自主及受控动机在同事支持和隐性知识贡献行为之间起中介作用。但中介效应分析的结果表明，2 条间接路径 3 – 4 – IndirectA 和 3 – 4 – IndirectB 均不显著，因此，假设 H8d 没有得到支持。

接下来我们检验相关效应的差值是否显著，以比较不同效应的大小。在中介效应 3 – 3 中，预期的 2 条间接路径 3 – 3 – IndirectA 和 3 – 3 – IndirectB均不显著，因此我们不再比较该中介效应内部间接效应和直接效应之间的差异。中介效应 3 – 4 的情况也是如此，需要比较的仅是主管支持和同事支持各自对隐性知识贡献行为的总体影响（总效应）的差异是否显著。

如表 5 – 27 所示，主管支持→隐性知识贡献行为的总效应显著，效应值 = 0.289，p = 0.000 < 0.001，95% 置信区间下限 0.187，上限 0.379，不包含 0。我们将这一效应编号为 3 – 3 – Total，即模型 3 的第 3 个中介效应所对应的总效应。同事支持→隐性知识贡献行为的总

效应显著，效应值 = 0.270，p = 0.000 < 0.001，95% 置信区间下限 0.179，上限 0.359，不包含 0。我们将这一效应编号为 3 - 4 - Total，即模型 3 的第 4 个中介效应所对应的总效应。

接下来我们比较 3 - 3 - Total 和 3 - 4 - Total 的差异。具体步骤如下：计算 3 - 3 - Total 和 3 - 4 - Total 各自对应的非标准化效应值的差，然后检验这一差值是否显著。检验结果如表 5 - 27 所示，该差值不显著，其值 = 0.022，p = 0.807 > 0.05，95% 置信区间下限 -0.158，上限 0.183，包含 0。这表明 3 - 3 - Total 和 3 - 4 - Total 之间的差异不显著，主管支持和同事支持各自对隐性知识贡献行为的总体影响很可能并无不同。

三　回归分析

在上节的路径分析中，假设 H1a - b、H4a - d、H5a - d 及 H8a - d 的检验工作已经完成，本节将通过回归分析检验余下的几个假设。

假设 H2 认为，个体基本心理需求的满足有助于知识贡献动机的内化。我们构建了回归方程 a 和 b 以检验这一假设，各方程的具体设定及检验结果如表 5 - 28 所示。

表 5 - 28　**基本心理需求的满足与动机内化程度的关系**

变量	方程 a	方程 b
	动机内化程度	动机内化程度
基本心理需求	0.499***	
自主需求		0.140*
胜任需求		0.164**
关系需求		0.326***
F 值	12.110***	10.527***
R^2	0.263	0.269
调整后的 R^2	0.241	0.243

注：* 表示 p < 0.05，** 表示 p < 0.01，*** 表示 p < 0.001。表内所报告的是标准化回归系数。下同。

如表5－28所示，回归方程a显著（$F = 12.110$，$p = 0.000 < 0.001$），基本心理需求的满足对动机内化程度有显著的正向影响（$\beta = 0.499$，$p = 0.000 < 0.001$），假设H2得到验证。回归方程b显著（$F = 10.527$，$p = 0.000 < 0.001$），自主需求（$\beta = 0.140$，$p = 0.010 < 0.05$）、胜任需求（$\beta = 0.164$，$p = 0.001 < 0.01$）和关系需求（$\beta = 0.326$，$p = 0.000 < 0.001$）对动机内化程度都有显著的正向影响，假设H2得到进一步验证。

假设H2a认为，个体基本心理需求的满足有助于强化其知识贡献的自主动机；假设H2b认为，个体基本心理需求的满足有助于弱化其知识贡献的受控动机。我们构建了回归方程c－f以检验这两个假设，各方程的具体设定及检验结果如表5－29所示。

表5－29　**基本心理需求的满足与自主动机、受控动机的关系**

变量	方程c	方程d	方程e	方程f
	自主动机	自主动机	受控动机	受控动机
基本心理需求	0.482 ***		－0.466 ***	
自主需求		0.103		－0.161 **
胜任需求		0.154 **		－0.158 **
关系需求		0.353 ***		－0.271 ***
F值	11.262 ***	10.129 ***	10.181 ***	8.655 ***
R^2	0.249	0.261	0.230	0.232
调整后的R^2	0.227	0.236	0.208	0.205

如表5－29所示，回归方程c显著（$F = 11.262$，$p = 0.000 < 0.001$），基本心理需求的满足对自主动机有显著的正向影响（$\beta = 0.482$，$p = 0.000 < 0.001$），假设H2a得到验证。回归方程d显著（$F = 10.129$，$p = 0.000 < 0.001$），除自主需求（$\beta = 0.103$，$p = 0.060 > 0.05$）对自主动机的影响不显著外，胜任需求（$\beta = 0.154$，$p = 0.003 < 0.01$）和关系需求（$\beta = 0.353$，$p = 0.000 < 0.001$）对自

主动机都有显著的正向影响。回归方程 e 显著（F = 10.181，p = 0.000 < 0.001），基本心理需求的满足对受控动机有显著的负向影响（β = −0.466，p = 0.000 < 0.001），假设 H2b 得到验证。回归方程 f 显著（F = 8.655，p = 0.000 < 0.001），自主需求（β = −0.161，p = 0.004 < 0.01）、胜任需求（β = −0.158，p = 0.002 < 0.01）和关系需求（β = −0.271，p = 0.000 < 0.001）对受控动机都有显著的负向影响。以上 4 个回归方程的检验结果不仅验证了假设 H2a 和 H2b，也有助于我们进一步了解基本心理需求的三个维度对自主动机及受控动机的不同影响，还可与上文的中介效应分析结果互相印证。

修订后的 RAI 通过计算自主动机与受控动机的差值来测量动机的内化程度，参考这一做法，我们通过计算外在动机与内在动机的差值来测量挤出效应。差值越高，表明挤出效应越严重。内在动机/外在动机的划分与自主动机/受控动机的划分非常类似，自主动机包括了所有的内在动机和 1 种外在动机（作为认同或整合调节的集体情感与责任），受控动机则包括了余下的 3 种外在动机（经济利益、互惠和声誉），具体划分可参考表 3 − 3。假设 H3 认为，个体基本心理需求的满足有助于消除知识贡献外在动机对内在动机的挤出效应。我们构建了回归方程 g 和 h 以检验这一假设，各方程的具体设定及检验结果如表 5 − 30 所示。

表 5 − 30　　**基本心理需求的满足与挤出效应的关系**

变量	方程 g	方程 h
	挤出效应	挤出效应
基本心理需求	−0.485***	
自主需求		−0.072
胜任需求		−0.187***
关系需求		−0.360***
F 值	11.148***	10.240***
R^2	0.247	0.264
调整后的 R^2	0.225	0.238

如表 5－30 所示，回归方程 g 显著（$F = 11.148$，$p = 0.000 < 0.001$），基本心理需求的满足对挤出效应有显著的负向影响（$\beta = -0.485$，$p = 0.000 < 0.001$），假设 H3 得到验证。回归方程 h 显著（$F = 10.240$，$p = 0.000 < 0.001$），除自主需求（$\beta = -0.072$，$p = 0.189 > 0.05$）对挤出效应的影响不显著外，胜任需求（$\beta = -0.187$，$p = 0.000 < 0.001$）和关系需求（$\beta = -0.360$，$p = 0.000 < 0.001$）对挤出效应都有显著的负向影响。自主需求的满足对挤出效应没有显著影响，这一结果与上文有关中介效应的分析结论也是一致的。

假设 H6a 和 H6b 认为，个体自主动机的水平与其显性及隐性知识贡献行为正相关；假设 H7a 和 H7b 认为，个体受控动机的水平与其显性知识贡献行为正相关，与其隐性知识贡献行为负相关。我们构建了回归方程 i 和 j 以检验这 4 个假设，各方程的具体设定及检验结果如表 5－31 所示。

表 5－31　**自主动机、受控动机与知识贡献行为的关系**

变量	方程 i	方程 j
	显性知识贡献行为	隐性知识贡献行为
自主动机	0.192 *	0.236 **
受控动机	－0.300 ***	－0.265 **
F 值	9.957 ***	10.381 ***
R^2	0.243	0.250
调整后的 R^2	0.218	0.226

如表 5－31 所示，回归方程 i 显著（$F = 9.957$，$p = 0.000 < 0.001$）；自主动机对显性知识贡献行为有显著的正向影响（$\beta = 0.192$，$p = 0.012 < 0.05$），假设 H6a 得到验证；受控动机对显性知

识贡献行为有显著的负向影响（$\beta = -0.300$，$p = 0.000 < 0.001$），假设 H7a 未得到验证。回归方程 j 显著（$F = 10.381$，$p = 0.000 < 0.001$）；自主动机对隐性知识贡献行为有显著的正向影响（$\beta = 0.236$，$p = 0.002 < 0.01$），假设 H6b 得到验证；受控动机对隐性知识贡献行为有显著的负向影响（$\beta = -0.265$，$p = 0.001 < 0.01$），假设 H7b 得到验证。假设 H7a 认为，个体受控动机的水平与其显性知识贡献行为正相关，但实证检验的结果却与预期相反，两者负相关。这一结果表明，即便重要他人的支持通过受控动机所传导的对显性知识贡献行为的间接影响是显著的，这种影响也只可能是正向的，假设 H8a 和 H8b 所预期的遮掩效应应该不会出现，上一节路径分析的结果也验证了这一点。

为避免多重共线性问题，我们在分析前对数据进行了中心化处理。回归结果表明，各方程中变量的方差膨胀因子（Variance Inflation Factor，VIF）都小于 3（参考值为 $VIF < 10$），表明自变量之间不存在严重的多重共线性。

第六节　本章小结

本章首先介绍了调研的总体情况及拟采用的数据分析方法，然后给出了被调查企业、样本及各研究变量的描述性统计分析。

在正式开始假设检验之前，我们首先对数据的质量进行了分析。结果表明，各量表的信度及效度都达到了预期标准，数据质量较好。

在假设检验阶段，我们首先给出了各研究变量的相关系数矩阵。相关分析表明，模型的各主要变量之间都存在显著的相关关系，这为后续的路径分析及回归分析奠定了良好的基础。此外，相关分析的结果初步验证了一些比较简单的研究假设。接下来，我们采用 Mplus7.4 构建了三个路径分析模型，对研究涉及的两个复杂多重中介效应进行了全面深入的检验。最后，我们借助回归分析对余下的假设进行了检验。表 5 - 32 汇总报告了假设检验的结果，对这些结果的深入讨论将在第六章展开。

表 5 - 32 **假设检验结果汇总**

序号	研究假设	检验结果
H1a	主管支持有助于满足个体的基本心理需求。	支持
H1b	同事支持有助于满足个体的基本心理需求。	支持
H2	个体基本心理需求的满足有助于知识贡献动机内化。	支持
H2a	个体基本心理需求的满足有助于强化其知识贡献的自主动机。	支持
H2b	个体基本心理需求的满足有助于弱化其知识贡献的受控动机。	支持
H3	个体基本心理需求的满足有助于消除知识贡献外在动机对内在动机的挤出效应。	支持
H4a	个体基本心理需求在主管支持和自主动机之间起中介作用。	支持
H4b	个体基本心理需求在同事支持和自主动机之间起中介作用。	支持
H4c	个体基本心理需求在主管支持和受控动机之间起中介作用。	支持
H4d	个体基本心理需求在同事支持和受控动机之间起中介作用。	支持
H5a	与自主需求、胜任需求相比，关系需求在主管支持和自主动机之间发挥的中介作用最强。	支持
H5b	与自主需求、胜任需求相比，关系需求在同事支持和自主动机之间发挥的中介作用最强。	支持
H5c	与自主需求、胜任需求相比，关系需求在主管支持和受控动机之间发挥的中介作用最强。	支持
H5d	与自主需求、胜任需求相比，关系需求在同事支持和受控动机之间发挥的中介作用最强。	支持
H6a	个体自主动机的水平与其显性知识贡献行为正相关。	支持
H6b	个体自主动机的水平与其隐性知识贡献行为正相关。	支持
H7a	个体受控动机的水平与其显性知识贡献行为正相关。	不支持
H7b	个体受控动机的水平与其隐性知识贡献行为负相关。	支持

续表

序号	研究假设	检验结果
H8a	自主及受控动机在主管支持和显性知识贡献行为之间起遮掩作用。	不支持
H8b	自主及受控动机在同事支持和显性知识贡献行为之间起遮掩作用。	不支持
H8c	自主及受控动机在主管支持和隐性知识贡献行为之间起中介作用。	不支持
H8d	自主及受控动机在同事支持和隐性知识贡献行为之间起中介作用。	不支持

第六章　研究结论与展望

本章的内容主要包括以下几个方面：首先，对假设检验的结果进行讨论，并得出研究结论；其次，探讨研究的理论贡献及其对管理实践的启示；最后，对后续研究进行展望。

第一节　研究结论

本书共提出 22 个研究假设，其中前 14 个假设（H1a—H5d）围绕动机内化机制提出，全部得到了验证；后 8 个假设（H6a—H8d）围绕动机内化效果提出，仅有 3 个得到验证。总体而言，我们对于动机内化机制的设想得到了数据支持，但对于动机内化效果的设想未得到数据支持。

一　关于动机内化机制的讨论

在关于动机内化机制的 14 个假设中，前 6 个假设（H1a—H3）基本停留在现象层面，主要描述了变量之间的两两关系（内化程度、挤出效应等概念实质上也只是对现象的简单归纳和整理）。我们可将这 6 个假设视为与动机内化机制有关的表层假设，这些假设得到数据支持的门槛并不高，它们最终全部得到验证也在情理之中。在这 14 个假设中，后 8 个假设（H4a—H5d）与基本心理需求在动机内化过程中的中介作用有关，这 8 个假设触及了动机内化机制的本质，可将其视为深层假设。基于模型 1 和模型 2 的路径分析结果验证了上述 8 个深层假设，基本心理需求在重要他人的支持与知识贡献的自主及受控动机之间的中介效应显著；在三种基本心理需求中，关系需求发挥了最重要的作用。但除了验证这 8 个假设外，模型 1 和模型 2 的运行结果还提供了更为丰富的信息等待我们去挖掘。

首先，基本心理需求的中介作用是部分中介而非完全中介。在模型 1 中，我们检验了各个中介效应中直接效应和间接效应的差异是否显著，检验结果表明，在 4 个简单中介效应中，重要他人的支持对知识贡献动机的直接影响与其通过基本心理需求所传导的间接影响的差异都不具有显著性。这一结果向我们提出了一个新的问题，怎么理解那些没有通过基本心理需求传导的影响？当然，我们可以接受中介效应的检验结果，认为这是重要他人的支持对知识贡献动机的“直接”影响，但这样的理解未免有些草率。

当中介效应的检验结果是部分中介时，这实际上是在暗示我们，在自变量和因变量之间，可能存在着其他中介变量。考虑到模型 1 中各个间接效应与直接效应的差异都不显著，我们更加不能忽视这种可能性。那么这个潜在的中介变量会是什么？参考基本心理需求的中介作用，我们认为，这个潜在的中介变量很可能是一种或多种新的心理需求。

事实上，SDT 将个体的基本心理需求归纳为自主、胜任和关系三种，并非全无争议。以马斯洛的需要层次理论为代表的内容型激励理论对人类的各种需求都有详细的归纳，其影响力并不逊色于 SDT。经过系统的文献梳理，并结合调研的情况，我们认为，SDT 很可能忽略了一种对于中国人来说非常重要的心理需求，即安全需求。在马斯洛的需要层次理论中，安全需要位于第二层，介于生理需要和更高层次的精神需要之间。事实上，在 SDT 所提出的三种需求中，多少也能看到安全需求的影子。以胜任需求为例，个体追求胜任需求的满足，有可能是为了追求那种一切尽在掌握的控制感或成就感，也有可能是为了获取安全感。毕竟，在这样一个竞争激烈的社会中，拥有一技之长对于个体的生存和发展是极为重要的。再以关系需求为例，个体追求关系需求的满足，有可能是为了从他人那里获得爱、关心或者尊重，但也可能是为了编织所谓的“人脉关系”，以备不时之需，这或多或少也与安全感有关。此外，对个体需求的分析不能脱离具体的文化背景。与西方文化相比，东方文化保守、谨慎，传统的中国人更是如此，这在一定程度上也折射出中国人安全感匮乏。近代中国积贫积弱，人民群众普遍过上富足的生活不过是近几十年的事情。事实上，直到今天，还有许多中国人在为教育、医疗和住房等问题焦虑，安全感缺失似乎始终在困扰着中国人。综合上述分析，我们认为，重要他人的支持对知识贡献动机的直接影响很有可能是通过安全需求传导的，对中国人而言，仅有自主、胜任和关系需求的满足是不够的，安全需求同样重要。

其次，在自主、胜任及关系三种基本心理需求中，仅有关系需求在动机内化过程中的中介作用显著，其余两种基本心理需求的中介作用不显著。假设 H5a—H5d 认为，与自主需求、胜任需求相比，关系需求发挥的中介作用最强。模型 2 的运行结果验证了这些假设，但其所传递的信息却略有些出人意料。在三种基本心理需求中，难道只有关系需求的满足是重要的吗？难道自主需求和胜任需求的满足没有意义？

笔者认为，我们可以尝试从以下几个方面来解读这一结果：

第一，自主需求和胜任需求没有起到任何中介作用，这很可能只是技术因素造成的错觉。在一个典型的并行多重中介模型中，自变量对因变量的影响可能通过多条路径传导。如果总效应比较大且显著，并且多条路径的影响相差不大，那么我们就比较容易得到预期的结果，即多条路径同时显著，多重中介效应成立。但是，当总效应比较小且显著，并且多条路径的影响存在较大差异时，影响较小的路径就容易呈现出不显著的结果。通俗地讲，某条路径不显著，可能并不意味着这条路径是无效的，而只是因为这条路径的影响相对较小，与那些发挥重要作用的路径相比，显得不那么重要了。此外，多位学者的研究均指出，如果测量信度不是很高（如0.7左右，未达到0.9），那么使用显变量分析变量之间的关系往往会低估效应。中介效应因为涉及两个路径系数的乘积，受到的影响可能更大①②。

第二，即便上述技术因素的干扰是存在的，这种有限的修正也不会影响三种基本心理需求重要性的排序，我们仍然需要回答模型2提出的问题，为什么自主需求及胜任需求的重要性如此之低（预期的中介效应并没有出现）?

就自主需求而言，最可能的原因与文化有关。东方文化强调长幼有别，尊卑有序，这种文化所推崇的“忠”与“孝”也体现出明显的等级和服从观念。在这样的文化氛围中，自主很可能是不被看重的③④⑤。笔者认为，除文化原因外，自主需求不具有重要性还可能与本书的研究情境有关。本书所研究的是企业员工在工作情境下的知识贡献行为，而工作情境的一大特点就是个体的行为会受到各种流程、规范、规章及制度的约束。以笔者熟悉的石油企业为例，当我们在企业调研时，“安全生产只有规定动作，没有自选动作”“安全规程系生命，自觉遵守是保障”等安全生产的标语随处可见。当员工被反复告知“每一条安全规章都是用鲜血和生命换来的教训”时，试图去进行所谓的“创新”，或者“按照自己的意愿或想法完成工作”似乎就变得有些不合时宜。受到规章约束的不仅是生产一线的技术人员，

---

① 温忠麟、叶宝娟：《中介效应分析：方法和模型发展》，《心理科学进展》2014年第5期。

② 侯杰泰：《结构方程模型及其应用》，经济科学出版社2004年版。

③ 乔晓熔：《中学生数学学习自我决定及其与数学学习投入的关系》，硕士学位论文，河南大学，2006年。

④ 暴占光：《初中生外在学习动机内化的实验研究》，博士学位论文，东北师范大学，2006年。

⑤ Vansteenkiste Maarten, Zhou Mingming, Lens Willy, Soenens Bart, “Experiences of Autonomy and Control among Chinese Learners: Vitalizing or Immobilizing?”, *Journal of Educational Psychology*, Vol. 97, No. 3, 2005.

在办公室工作的知识型员工（即所谓的“白领”）也不例外，内部控制、风险管理及合规操作等理念早已深入人心。或许我们不得不承认这样的事实：资本的力量已将个体异化为一架架庞大机器上的螺丝钉，对于大多数工作（特别是中低端岗位）来说，自主或创造性并不是最重要的，按照已有的规章或流程，高效地完成本职工作才是关键。总之，工作情境的这种特点或许从另一个侧面解释了为什么自主需求不再重要。

就胜任需求而言，这种需求不再重要可能与调研对象的选择有关。本书的调研对象以普通员工和基层管理人员为主，没有涉及高层管理人员。对这些员工来说，他们的日常工作并不会十分复杂，经过一段时间的培训或熟悉后，大部分人都能够胜任自己的工作岗位。因此，胜任需求的满足并不是一个特别迫切的问题，其重要性也就随之下降。

二　关于动机内化效果的讨论

在关于动机内化效果的 8 个假设中，前 4 个假设（H6a—H7b）基本停留在现象层面，主要描述了知识贡献动机和知识贡献行为之间的两两关系，我们可将这 4 个假设视为与动机内化效果有关的表层假设；后 4 个假设（H8a—H8d）与知识贡献动机的中介作用有关，这 4 个假设触及了问题的本质，可将其视为深层假设。

回归分析的结果表明，除 H7a 外，其余 3 个表层假设都得到了验证；基于模型 3 的路径分析结果则表明，有关知识贡献动机中介作用的 4 个深层假设均未得到验证。总体而言，本书关于动机内化效果的设想没有得到数据的支持。

假设 H7a 和 H7b 认为，个体受控动机的水平与其显性知识贡献行为正相关，与其隐性知识贡献行为负相关。本书提出这样的假设主要是基于如下考虑：受控动机并不全然是有害的，个体对经济利益、互惠及声誉的追求固然会抑制其隐性知识贡献行为，但也会促使其贡献更多的显性知识，也正是基于此考虑，本书将显性知识贡献行为和隐性知识贡献行为视为两个独立的变量。事实上，学者们早已注意到了同样的动机会对显性知识贡献行为和隐性知识贡献行为产生不同的影响，相关研究并不鲜见①②③。但这些学者大多按调节效应立论，即随着知识隐性程度的提高，动机对知识贡献行为的影响在强度或方向上会发生变化。本书的研究以中介效应为主，所以我们没有引入调节变量，而是将知识贡献行为分解成两个独立的变量，这一做法与前人的研究没有本质的不同。

回归分析的结果表明，动机对不同知识贡献行为的影响并不存在方向上的差异，自主动机对两种知识贡献行为都有显著的正向影响，而受控动机对两种知识贡献行为都有显著的负向影响。

笔者认为，假设 H7a 未得到验证，受控动机没有像预期的那样对不同的知识贡献行为表现出相反方向的影响，可能是因为我们未能站在更高的层面审视员工的知识贡献行为。当我们假定受控动机强烈的员工会选择贡献显性知识而不是隐性知识时，无形中忽视了重要的一点，即当个体受控动机强烈，非常看重经济利益和声誉等外部回报时，贡献知识作为一个整体（包括显性知识的贡献和隐性知识的贡献）并不是一个好的选择。恰恰相反，隐匿知识，将这些宝贵的私有知识以及更多的时间、精力投入到自己的本职工作中，或许才能帮助这些个体更有效地得到自己想要的回报。因此，如果我们能站在一个更高的层面审视员工的行为，或许就能理解为什么受控动机强烈的个体不愿意贡献知识了。

---

① 金辉：《内外生激励、知识属性与组织内知识共享治理研究》，博士学位论文，南京大学，2013 年。

② Hau Yong Sauk, Kim Byoungsoo, Lee Heeseok, Kim Young-Gul, "The Effects of Individual Motivations and Social Capital on Employees' Tacit and Explicit Knowledge Sharing Intentions", *International Journal of Information Management*, Vol. 33, No. 2, 2013.

③ Ko Dong-Gil, Kirsch Laurie J., King William R., "Antecedents of Knowledge Transfer from Consultants to Clients in Enterprise System Implementations", *MIS Quarterly*, Vol. 29, No. 1, 2005.

假设 H8a 和 H8b 认为，自主及受控动机在重要他人的支持和显性知识贡献行为之间起遮掩作用，这一假设在逻辑上与假设 H6a—H7b 密切相关。如果假设 H6a—H7b 成立，那么重要他人的支持就有可能通过自主动机向显性知识贡献行为传递正向影响，通过受控动机向显性知识贡献行为传递负向影响，这两种相反的影响互相抵消，就表现出了所谓的遮掩效应。既然假设 H7a 未得到支持，那么重要他人的支持也就无法通过受控动机传递负向影响，假设 H8a 和 H8b 所预期的遮掩效应应该不会出现，路径分析的结果也验证了这一点。但是，遮掩效应没有出现，不仅是因为受控动机对应的间接路径没有传递负向影响，还因为自主动机对应的间接路径不具有显著性。

为什么自主动机在重要他人的支持和显性知识贡献行为之间没有表现出显著的中介作用？笔者认为，这可能也与研究情境的设定有关。自主动机包括了内在动机和认同或整合调节的外在动机，这类动机在教育、体育训练等领域所发挥的积极作用已得到大量研究证实[①]，但正如盖格纳和德西（2005）所言，在企业里，许多人工作的目的就是赚钱养家，诸如成就感、自我成长、集体责任等因素并不是他们关注的重点[②]。本书以中低端劳动者为主要的调研对象，上述情况在这一群体表现得更加明显，这或许解释了为什么自主动机没有像预期的那样发挥中介作用。

假设 H8c 和 H8d 认为，自主及受控动机在重要他人的支持和隐性知识贡献行为之间起中介作用。模型 3 的运行结果表明，重要他人的支持对隐性知识贡献行为的直接作用显著，但自主及受控动机在这两者之间的中介作用并不显著。基于和上文相同的逻辑，我们认为，这可能表明在重要他人的支持和隐性知识贡献行为之间存在着其他中

---

① 刘靖东、钟伯光、姒刚彦：《自我决定理论在中国人人群的应用》，《心理科学进展》2013 年第 10 期。

② Gagné Marylène, Deci Edward L., "Self-Determination Theory and Work Motivation", *Journal of Organizational Behavior*, Vol. 26, No. 4, 2005.

介变量，那么这个潜在的中介变量会是什么？参考 MOA 模型，笔者认为这个潜在的中介变量很可能是“机会”。SDT 将绝大部分注意力都聚焦于人的主观范畴，它似乎传递了这样一个信息：只要我们成功激发了个体的自主动机，那么个体的积极行为就是可以预期的。SDT 的这一逻辑无形中夸大了内因在事物发展变化中所起的作用，而忽视了外因。与 SDT 相比，MOA 模型对动机的理解略显粗糙，但它注意到了“机会”（外因）的重要作用，这是其优越之处。

在企业里，个体强烈的知识贡献动机必然会转化为知识贡献行为吗？答案很可能是否定的。想要贡献显性知识的员工会发现，企业并没有建立专门的数据库来接收自己所撰写的各种报告，领导也很少组织经验交流活动以至于自己没有机会和同事分享工作心得；想要贡献隐性知识的员工会发现，工作压力太大，考核标准太高，自己根本没有空闲时间和同事进行深入的交流，复杂的隐性知识共享也就无从谈起。从上述几个例子可以看出，动机固然重要，但如果缺乏外部条件的配合，知识贡献行为发生的概率也是很低的。简言之，动机的成功激发只是“心动”，而从“心动”到“行动”，离不开外部条件的支持与配合①。

事实上，知识贡献动机对知识贡献行为的预测能力低于预期，这一现象和上文所提到的自主需求重要性下降是遥相呼应的（如果个体的动机水平高低在很大程度上决定了行为是否会发生，这实际上说明个体的自主程度是很高的，他能够按照自己的意愿做自己想做的事；反之亦然），它们都反映了工作情境的一个重要特点，即个体在工作情境下的行为会受到许多限制，要想透彻地理解个体在这种情境下的行为，仅考虑动机可能是不够的，有必要把更多的外部因素纳入理论模型中。

此外，在检验假设 H8a 时，我们发现主管支持对显性知识贡献行

① 金辉、杨忠：《从“心动”到“行动”：基于多模型对比的知识共享行为研究》，《科学学与科学技术管理》2013 年第 7 期。

为的直接影响显著大于其通过受控动机传导的间接影响。在检验假设H8b时，我们发现同事支持对显性知识贡献行为的直接影响与其通过受控动机传导的间接影响没有显著差异。这两个检验结果都表明，重要他人的支持对显性知识贡献行为的总体影响有相当一部分没有通过动机传导，那么这部分影响是通过什么中介变量传导的呢？上述关于假设H8c和H8d检验结果的讨论已经回答了这一问题，这个潜在的中介变量很可能是机会。

为避免同源偏差问题，本书邀请员工的直接主管来评价其知识贡献行为。这种做法并非笔者首创，在以往的研究中也有先例可循①。但假设H7a和H8a—H8d 5个假设都未得到验证却使得我们开始怀疑这种测量方法的准确性。

许多学者都曾指出，知识共享行为的监控及考核是非常困难的②③。对员工的直接主管来说，评价下属的显性知识贡献行为还是可以做到的，但要求他们评价下属的隐性知识贡献行为或许真的有点儿为难。毕竟，大量的隐性知识贡献行为发生在没有第三人在场的非正式场合，员工的主管可能根本就不知道有这样的行为发生，又怎么去作出准确的评价呢？更关键的是，我们很难对这种偏差的方向作出估计：一些严谨的主管可能按自己的实际观察给出评价，其结果可能会低估员工的知识贡献行为；另一些随和的主管可能倾向于在这些无关紧要的问卷中为自己的下属打高分，其结果可能会高估员工的知识贡献行为。但有一点或许可以肯定，即显性知识贡献行为的测量准确度会高于隐性知识贡献行为。这可能解释了为什么在重要他人的支持

① 金辉：《内外生激励、知识属性与组织内知识共享治理研究》，博士学位论文，南京大学，2013年。

② 金辉：《内、外生激励因素与员工知识共享：挤出与挤入效应》，《管理科学》2013年第3期。

③ Masterson Suzanne S., Lewis Kyle, Goldman Barry M., Taylor M. Susan, "Integrating Justice and Social Exchange: the Differing Effects of Fair Procedures and Treatment on Work Relationships", *Academy of Management Journal*, Vol. 43, No. 4, 2000.

和显性知识贡献行为之间我们观察到了部分动机的中介作用（自主动机中介效应不显著，受控动机中介效应显著），但是在重要他人的支持和隐性知识贡献行为之间，两种动机的中介作用都不显著。

三　研究的最终结论

本书最终得出以下结论：

（1）主管支持及同事支持有助于满足个体的基本心理需求；个体基本心理需求的满足促进了知识贡献动机的内化，同时有助于消除知识贡献外在动机对内在动机的挤出效应。

（2）主管支持及同事支持有助于强化个体知识贡献的自主动机，弱化个体知识贡献的受控动机；在上述过程中，个体基本心理需求发挥了部分中介作用。就基本心理需求的三个维度而言，关系需求在上述过程中发挥了部分中介作用，自主需求及胜任需求在上述过程中的中介作用并不显著，因此，关系需求的重要性要超过自主需求及胜任需求。

（3）个体知识贡献的自主动机的水平与其知识贡献行为正相关，知识贡献的受控动机的水平与其知识贡献行为负相关。主管支持及同事支持对个体的知识贡献行为有显著的正向影响，但在此过程中，除受控动机在重要他人的支持和显性知识贡献行为之间发挥了部分中介作用外，知识贡献动机在重要他人的支持和知识贡献行为之间的中介作用并不显著。

第二节　研究创新之处

本书研究的创新之处主要体现在以下 4 个方面：

（1）基于 SDT 研究中国企业员工的知识贡献行为，拓展了 SDT 的适用范围，使其可以用于鼓励员工贡献知识。SDT 从动机入手，在教育、体育训练、医疗等领域都取得了成功[①]，但 SDT 强调内在动机的作用，对金钱等物质奖励的使用持谨慎态度，这与现实的工作情境存在一定的冲突。与一般的工作行为相比，知识贡献背后的经济动机并不是特别突出，它带有明显的助人及亲社会性质，和组织公民行为比较类似[②]。笔者认为，在将 SDT 应用于工作情境时，知识贡献可能是一个比较好的突破口。本书的研究表明，主管支持及同事支持通过满足个体的基本心理需求促进了员工知识贡献动机的内化，并最终促使员工更加积极主动地贡献知识。总体而言，基于 SDT 研究中国企业员工的知识贡献行为是可行的。

（2）基于中国企业的工作情境验证了三种基本心理需求的普适性，并进一步指出，中国人最看重关系需求而非自主需求。SDT 认为，个体普遍具有三种基本心理需求，分别是自主需求、胜任需求和关系需求[③]。在这三种基本心理需求中，一般认为自主需求更为重要[④⑤⑥]，但也有学者认为，在东方文化背景下，自主是不被看重的[⑦⑧⑨]。本书的研究表明，中国企业的员工在工作情境下也具有这三

---

① 刘靖东、钟伯光、姒刚彦：《自我决定理论在中国人人群的应用》，《心理科学进展》2013 年第 10 期。

② 闵锐、和金生、戴万亮：《基于组织公民行为的知识共享分析》，《图书馆理论与实践》2011 年第 10 期。

③ Ryan R. M., Sheldon K. M., Kasser T., Deci E. L., *All Goals Are Not Created Equal: an Organismic Perspective on the Nature of Goals and Their Regulation*, Guilford Press, 1996.

④ Deci Edward L., Ryan Richard M., "The 'What' and 'Why' of Goal Pursuits: Human Needs and the Self-Determination of Behavior", *Psychological Inquiry*, Vol. 11, No. 4, 2000.

⑤ 张剑、郭德俊：《内部动机与外部动机的关系》，《心理科学进展》2003 年第 5 期。

⑥ 恽广岚：《动机研究的新进展：自我决定理论》，《南通大学学报》（教育科学版）2005 年第 3 期。

⑦ 乔晓熔：《中学生数学学习自我决定及其与数学学习投入的关系》，硕士学位论文，河南大学，2006 年。

⑧ 暴占光：《初中生外在学习动机内化的实验研究》，博士学位论文，东北师范大学，2006 年。

⑨ Vansteenkiste Maarten, Zhou Mingming, Lens Willy, Soenens Bart, "Experiences of Autonomy and Control among Chinese Learners: Vitalizing or Immobilizing?", *Journal of Educational Psychology*, Vol. 97, No. 3, 2005.

种基本心理需求，并且他们最看重关系需求。

（3）对知识贡献情境下重要他人的支持的内涵进行扩展与具体化，结果表明，扩展的重要他人的支持与员工的知识贡献行为正相关。在SDT的理论框架下，重要他人的自主支持是一个非常重要的概念，但学者们往往将工作情境下的重要他人简单理解为领导或主管[①]。本书的研究表明，不同于一般的工作行为，许多知识贡献发生在领导或主管缺席的非正式场合，此时作为知识获取方或旁观者的同事的支持性回应对知识贡献者的动机及行为都会产生积极影响，因此，就员工的知识贡献行为而言，同事也应被视为重要他人。此外，本书的研究还表明，主管及同事的支持应全面回应个体的三种基本心理需求，而不能只强调自主需求。

（4）基于SDT全面、动态地研究了中国文化背景下企业员工的知识贡献动机。SDT按自主程度高低将外在动机分为四类，依次是外部调节、内摄调节、认同调节和整合调节[②]。已有的研究大多只是罗列了知识贡献外在动机的内容，很少关注其自主程度的高低。本书在文献梳理的基础上，归纳、总结出中国企业员工贡献知识的七种动机，并按其自主程度高低将这些动机分成自主动机和受控动机两类，预期这一工作将为后续研究提供一些便利。

第三节　实践启示

本书的研究对我国企业改善知识管理实践可以提供一些启示，具体包括以下几个方面：

① 张剑、张微、冯俭：《领导者的自主支持与员工创造性绩效的关系》，《中国软科学》2010年第S1期。

② Gagné Marylène, Deci Edward L., "Self-Determination Theory and Work Motivation", *Journal of Organizational Behavior*, Vol. 26, No. 4, 2005.

（1）加大外部支持力度，促进员工的知识贡献行为

本书的研究结果表明，主管支持及同事支持对个体的知识贡献行为有显著的正向影响，因此，管理者应着力加大外部支持力度，以促进员工的知识贡献行为。

领导或主管决定了企业内部的资源如何分配，他们的支持对于员工的知识贡献行为是非常重要的[①][②]。综合上文的分析，我们认为主管支持对知识贡献行为的影响有可能通过多条路径实现：首先，SDT认为，主管支持有助于全面满足个体的基本心理需求，进而促进动机内化，在自主动机驱动下的个体会更加积极主动地贡献知识。这一路径的前半段得到了验证，主管支持确实通过基本心理需求的满足提升了个体的自主动机，但动机在主管支持和知识贡献行为之间的中介作用并不显著。其次，MOA 模型认为，动机、机会和能力是个体发生某种行为的必要前提，三者缺一不可。这一观点暗示我们，主管支持对知识贡献行为的影响很可能是以机会作为中介的。正如我们之前所分析的，主管支持不仅包括精神上的“软支持”，也包括资源上的“硬支持”。这些“硬支持”可能体现在多个方面，比如为知识共享搭建专门的数据库，为员工的非正式交流提供场合和时间等，这些具体措施所提供的机会很可能在主管支持和知识贡献行为之间发挥了重要的中介作用。最后，主管支持也有可能对知识贡献行为产生直接影响，这种影响实际上体现了一种“交换”的逻辑，即当员工感知到来自主管的支持时，基于互惠的原则，他会觉得自己有义务回报组织，帮助组织实现目标，因此就会积极地贡献知识[③]。

---

① 张剑、张微、冯俭：《领导者的自主支持与员工创造性绩效的关系》，《中国软科学》2010 年第 S1 期。

② 何会涛、彭纪生：《基于员工—组织关系视角的人力资源管理实践、组织支持与知识共享问题探讨》，《外国经济与管理》2008 年第 12 期。

③ Y. Lew T. , “The Relationships between Perceived Organizational Support, Felt Obligation, Affective Organizational Commitment and Turnover Intention of Academics Working with Private Higher Educational Institutions in Malaysia”, *European Journal of Social Sciences*, Vol. 9, No. 1, 2009.

作为知识的获取方或旁观者，同事的支持性回应对知识贡献者的动机及行为都会产生积极影响，这一点在以往的研究中并未被过多提及。笔者认为，同事支持对知识贡献行为的影响路径与主管支持大致相同，但由于同事没有分配资源、指派工作、考核绩效的权力，所以他们的支持以精神上的“软支持”为主。

在本书的研究中，主管支持和同事支持被视为两个独立的变量，这主要是考虑到在现实的企业中，两者出现差异的概率还是很高的。对某个特定的员工而言，来自主管的“过度”支持甚至可能导致其被其他同事孤立、排挤。但本书的研究表明，个体完全有可能同时感知到高水平的主管支持和同事支持，这就对领导或主管的管理技巧提出了较高要求。具体而言，领导或主管在为下属提供支持时，要坚持公平原则，不能因个人好恶或关系亲疏远近而对下属区别对待。此外，领导或主管在公平待人的同时，也要注意协调好同事之间的关系，及时化解各种矛盾和纠纷。只有这样，才能在企业内部营造出和谐、友善的氛围，员工才有可能感知到来自他人的支持，并因此而积极地贡献知识。

（2）避免使用短期的直接经济奖励，转而向员工提供长期的综合回报

个人知识无法定价，知识贡献行为难以监控，企业不太可能为员工的知识贡献行为提供准确的直接经济奖励①。即便企业做到了这一点，其效果也很可能与其鼓励员工贡献知识的初衷南辕北辙。因为精准、及时的经济奖励只会强化员工的经济动机，使他们进一步忽视与知识贡献有关的内在动机，从而带来更严重的挤出效应。但是，个体为获取知识付出了大量的时间和精力，这些知识也为其职业发展提供了保障。员工甘冒风险、不辞辛劳地将这些知识贡献出来，帮助他人

---

① 詹泽慧、刘选：《知识管理在香港：通过货币奖励分享知识是一个神话——与香港理工大学方识华博士的对话》，《现代远程教育研究》2016 年第 2 期。

或企业提升绩效，这种行为应该也必须得到补偿[①]。为解决知识贡献者合理的利益诉求，企业应转而向员工提供长期的综合回报，即尊重、信守与员工的隐形契约，使每个员工相信，只要自己持续不断地贡献有价值的知识，就一定能从组织那里得到回报，而且这种回报同时包括了经济利益、声誉和地位等，其内涵要更加丰富。只有这样，企业才能引导员工逐步淡化知识贡献行为背后的经济动机，转而关注这一行为本身的乐趣和意义，使员工在内在动机的驱使下，更加积极主动地贡献知识。

（3）多措并举，激发员工贡献知识的自主动机

从上文的分析可以看出，员工贡献知识的自主动机除包括常见的内在动机外，还包括了认同或整合调节的外在动机，即集体情感与责任。员工贡献知识的受控动机则包括经济利益、互惠和声誉。对比两种动机，我们可以发现，受控动机驱使下的知识贡献行为带有明显的交换色彩，知识被其贡献者视为换取个人利益的筹码。当受控动机十分强烈时，个体甚至会倾向于隐匿知识而不是贡献知识。自主动机则不然，受内在动机驱使的员工会自动自发地贡献知识，他不需要督促、监控和考核，管理者也无须为其提供额外的奖酬，贡献知识的员工从其行为本身就得到了想要的回报。毫无疑问，这是管理者最乐于看到的理想情况。作为高度自主的外在动机（认同或整合调节），集体情感与责任动机所发挥的作用与内在动机是非常类似的。当员工出于集体情感与责任贡献知识时，他关注的重点是集体利益而非个人得失，因此，可以预期其知识贡献行为的质量是很高的。

鉴于自主动机的诸多优点，企业在知识管理实践中应采取多种措施以激发员工贡献知识的自主动机，具体可以从以下几个方面着手：

首先，在招聘阶段，选聘那些更易受内在动机驱使的个体。在现实生活中，个体差异总是存在的。研究表明，某些个体更看重自我成

① Davenport Thomas H.，Prusak Laurence，*Working Knowledge：how Organizations Manage What They Know*，Harvard Business Press，1998.

长、成就感等内部奖酬，其行为更易受内在动机驱使，此类特质被称为内在动机偏好（Intrinsic Motivational Orientation，IMO）；与之相对应的则是外在动机偏好（Extrinsic Motivational Orientation，EMO）①。从员工激励的角度来看，企业应尽量选聘那些 IMO 型的员工。

其次，通过以员工为中心的工作再设计（Employee-centered Work Redesign），为员工提供更丰富、更有意义的工作，以激发其内在动机。员工内在动机水平的高低不仅与其个人特质有关，和他所从事的具体工作也有密切联系。我们很难想象员工会因为单调、乏味的例行工作而感受到自我成长或成就感。工作特征模型（Job Characteristics Model，JCM）理论认为，我们可以从 5 个维度来把握工作的特征，这 5 个维度分别是：技能多样性（Skill Variety）、任务同一性（Task Identity）、任务重要性（Task Significance）、自主性（Autonomy）和反馈性（Feedback）。以上述 5 个维度为基础，可以计算得出一个预测性指标，即激励潜能分数（Motivating Potential Score，MPS），MPS = ［（技能多样性 + 任务同一性 + 任务重要性）/3］×自主性×反馈性，MPS 被认为可以反映工作的内在激励度②。综合上述分析，笔者认为，基于 JCM 理论进行工作再设计，通过工作丰富化（Job Enrichment）、工作扩大化（Job Enlargement）和工作轮调（Job Rotation）等方式适当增加工作的复杂度，或许将有助于企业更好地激发员工的内在动机。

最后，企业还可以通过各种支持性措施满足员工的基本心理需求，以启动相应的动机内化过程，这也是本书所重点推荐的做法。通过招聘、工作再设计等途径激发员工的内在动机，在实践中会受到许多限制。企业招聘新员工的数量总是有限的，而且在招聘时，需要考

---

① Amabile Teresa M., Hill Karl G., Hennessey Beth A., Tighe Elizabeth M., "The Work Preference Inventory: Assessing Intrinsic and Extrinsic Motivational Orientations", *Journal of Personality and Social Psychology*, Vol. 66, No. 5, 1994.

② Hackman J. Richard, Oldham Greg R., "Motivation through the Design of Work: Test of a Theory", *Organizational Behavior and Human Performance*, Vol. 16, No. 2, 1976.

察的因素很多，动机偏好的优先级很可能并不靠前。工作再设计更是与流程再造、内部控制和风险管理等密切相关，要想真正实行绝非易事。相比之下，通过提供外部支持以促进动机内化要更为可行。此外，招聘和工作再设计主要针对内在动机的激发，自主动机中所包含的认同或整合调节的外在动机（集体情感与责任）在无形中被忽视了，而外部支持所启动的动机内化过程则是针对所有的自主动机，其所涵盖的范围要更广。

总之，如果企业能通过多种途径激发起员工贡献知识的自主动机，那么员工的知识贡献行为就会由他律走向自律，由“要我贡献”转变为“我要贡献”，企业的知识管理实践也将因此而获得极大的改善。

第四节　研究局限与展望

一　研究局限

本书采用规范的管理学研究方法，深入研究了我国企业员工知识贡献动机的内化机制及效果，由于各种主客观条件的制约，本书的研究还存在许多局限。

首先，本书通过问卷调查法所获取的是横截面数据，因此，从本质上来讲，我们所得出的结论只反映了变量间的相关关系，在基于这些结论推测变量间的因果关系时，一定要非常谨慎。

其次，在抽取样本时，本书采用的是便利抽样和滚雪球抽样相结合的方法。这两个方法简便易行，省时省力，但其缺陷也十分明显。由于在抽样过程中掺杂了许多主观因素，导致样本的代表性有所欠缺。比如，在正式调研涉及的 36 家企业中，没有一家从事第一产业，也没有一家外资企业。再比如，填答问卷的企业员工多来自职能管理部门，来自研发部门的员工较少。此外，本书最终获取的有效样本只有 386 个，总体偏少，导致我们最终采用了忽略测量误差的显变量路径分析模型。

最后，采用他人报告的方式来测量知识贡献行为究竟是否可行？笔者认为，这一问题尚存模糊之处。如果我们站在更高的层面审视这个问题，就会发现其中隐藏着一个悖论。从某种意义上讲，知识贡献的研究之所以聚焦于动机，在很大程度上是因为管理者无法准确地监控、考核员工的知识贡献行为。因此，企业希望激发员工的自主动机，使其自动自发地贡献知识，如此一来，管理者的监控是否准确就不那么重要了。基于上述推理，我们会发现，当研究者在问卷调查法中采用他人报告的方式来测量知识贡献行为时，会陷入一种自相矛盾的境地：因为“管理者对员工知识贡献的测量”不准确，所以我们重点研究了知识贡献的动机问题；但研究假设是否成立，却要基于“管理者对员工知识贡献的测量”来作出判断。

当然，上述推理并非无懈可击，管理者对员工知识贡献的测量的精确度或许只是“中等”，基于这种精度的测量结果来决定员工的报酬是不合适的，但并不妨碍将其用于学术研究。笔者的质疑只是基于逻辑推理所作的推测，但上述分析表明，问卷调查法固有的局限会给研究结论的稳健性带来一定的威胁。

二 研究展望

笔者认为，后续研究可以从以下几个方面展开。

首先，鉴于问卷调查法的局限性，后续研究可考虑采用案例研究法或现场实验法。如果条件允许的话，还可选择部分有代表性的企业进行纵向研究，以更准确地了解变量之间的因果关系。

其次，在研究模型的设定方面，可考虑引入调节变量或将 SDT 与 MOA 模型结合起来。本书的研究以中介效应分析为主，对潜在的调节变量的关注略显不足。笔者认为，可以考虑在模型中引入与员工个人特质有关的调节变量，比如个体的动机偏好或因果定向（Causality Orientations）[①②]。员工的个体差异会影响其对外部环境的感知，进而影响其动机和行为。调节变量的引入有助于我们厘清各变量之间相互作用的边界条件，也有助于提高企业管理干预的针对性。此外，SDT 的研究以动机为核心，但“心动”并不等于“行动”，个体行为的发生是内因和外因共同作用的结果。MOA 模型对动机的刻画或许有些粗糙，但其对机会这一外部因素的强调却值得我们借鉴（MOA 所强调的能力与 SDT 中的胜任需求也有重合之处，这里不再展开）。因此，将 SDT 和 MOA 模型有机整合，同时研究动机和机会的中介作用，或许是一个可行的研究方向。

最后，知识获取的问题也应引起关注。知识共享包括两个维度，分别是知识贡献和知识获取。个体层面的知识共享研究更多地关注了知识贡献问题，有关知识获取的研究大多在组织层面展开[③]。笔者认为，个体的知识获取行为包括明确需求、搜索定位、验证吸收等多个环节[④]，其复杂性不亚于知识贡献，有必要在将来对其进行更深入的研究。

---

① 张剑、张建兵、李跃：《促进工作动机的有效路径：自我决定理论的观点》，《心理科学进展》2010 年第 5 期。

② Amabile Teresa M., Hill Karl G., Hennessey Beth A., Tighe Elizabeth M., “The Work Preference Inventory: Assessing Intrinsic and Extrinsic Motivational Orientations”, *Journal of Personality and Social Psychology*, Vol. 66, No. 5, 1994.

③ 尹婵娟、朱晓峰、黄霞：《近 10 年来我国知识获取研究综述》，《情报理论与实践》2011 年第 9 期。

④ 陈则谦：《基于互联网的知识获取行为动力模型及实证分析》，《情报杂志》2013 年第 4 期。

附录1　正式调查问卷

员工填写 编号：____________________

尊敬的先生/女士：

您好！非常感谢您能在百忙之中抽出时间接受本次问卷调查。我们是西北大学经济管理学院的研究人员，本次调查旨在了解员工在企业内部的知识贡献情况。

为帮助您更好地填写问卷，烦请注意以下事项：

（1）据实填写。本问卷的答案没有对错之分，您可根据自己的真实感受勾选相应的选项，无须过多思考；

（2）请勿多选。本问卷的所有题目均为单选，每个题目只能选择一个答案。请您在最符合的选项上画"√"。

再次对您的支持和帮助表示感谢！

一　重要他人的支持

题号	题目内容	完全不符合	不符合	一般	符合	完全符合
1	我的主管会帮助员工解决与工作相关的问题。	1	2	3	4	5
2	我的主管鼓励员工发展新的技能。	1	2	3	4	5
3	我的主管鼓励员工参与重要的决策。	1	2	3	4	5
4	我的主管会对好的工作表现给予称赞。	1	2	3	4	5
5	我的同事愿意帮助我更好地完成工作。	1	2	3	4	5
6	即使我的工作做得很好，我的同事也视而不见。	1	2	3	4	5
7	我的同事会关注我的意见。	1	2	3	4	5
8	我的同事关心我对工作是否满意。	1	2	3	4	5

二　基本心理需求

题号	题目内容	完全不符合	不符合	一般	符合	完全符合
1	我感觉我可以自己决定工作的具体方式。	1	2	3	4	5
2	我很喜欢与我一起工作的同事。	1	2	3	4	5
3	我经常感觉自己并不是很胜任工作。	1	2	3	4	5
4	在工作中，我感到有压力。	1	2	3	4	5
5	我的同事告诉我，我很擅长自己的工作。	1	2	3	4	5
6	我和同事们相处得很好。	1	2	3	4	5
7	我没有很多的社会交际。	1	2	3	4	5
8	在工作中，我可以自由表达自己的想法和意见。	1	2	3	4	5
9	我把同事当作自己的朋友。	1	2	3	4	5
10	我最近在工作中学到了一些有趣的新技能。	1	2	3	4	5
11	同事们关心我。	1	2	3	4	5
12	很多时候，我能从工作中感受到成就感。	1	2	3	4	5
13	在工作中同事们常常会考虑我的感受。	1	2	3	4	5
14	在工作中，我没有太多的机会去展示自己的能力。	1	2	3	4	5
15	在工作中，我感觉我可以做我自己。	1	2	3	4	5
16	我的同事似乎不太喜欢我。	1	2	3	4	5
17	我没有太多机会来决定如何处理自己工作中的问题。	1	2	3	4	5
18	同事们对我很友好。	1	2	3	4	5

三　知识贡献动机

题号	题目内容	完全不符合	不符合	一般	符合	完全符合
1	我自信能够向其他同事提供他们认为有价值的知识。	1	2	3	4	5
2	我拥有为组织提供有价值知识所需的专业技能。	1	2	3	4	5
3	无论我是否和同事共享知识，结果并无区别。	1	2	3	4	5

续表

题号	题目内容	完全不符合	不符合	一般	符合	完全符合
4	与我相比，大部分其他同事可以提供更有价值的知识。	1	2	3	4	5
5	我喜欢与同事共享知识。	1	2	3	4	5
6	我喜欢通过贡献知识来帮助同事。	1	2	3	4	5
7	通过贡献知识来帮助他人，让我感觉很好。	1	2	3	4	5
8	与同事共享知识，给我带来了快乐。	1	2	3	4	5
9	通过贡献知识，我可以避免遗忘已掌握的知识。	1	2	3	4	5
10	通过贡献知识，我有机会将已掌握的知识付诸实践。	1	2	3	4	5
11	通过贡献知识，我可以深化对已掌握的知识的理解。	1	2	3	4	5
12	我之所以向集体贡献自己的知识和经验，是因为我爱这个集体。	1	2	3	4	5
13	我之所以参加组织的知识共享活动，是因为我热爱这个组织。	1	2	3	4	5
14	向组织或同事贡献自己的知识和经验是我的责任。	1	2	3	4	5
15	贡献知识可以帮助我获得他人的尊重。	1	2	3	4	5
16	贡献知识可以帮助我建立自己的专家形象。	1	2	3	4	5
17	贡献知识可以帮助我提高自己在组织中的地位。	1	2	3	4	5
18	通过贡献知识，我和现有同事之间的关系将会得到强化。	1	2	3	4	5
19	贡献知识将会让我更容易熟悉组织的新成员。	1	2	3	4	5
20	贡献知识有助于吸引组织的优秀成员更好地与我合作。	1	2	3	4	5
21	贡献知识会让我和组织中有相同兴趣的成员产生密切的联系。	1	2	3	4	5
22	贡献知识会增加我获得更高薪水的可能性。	1	2	3	4	5
23	贡献知识会增加我获得更高奖金的可能性。	1	2	3	4	5
24	贡献知识会增加我获得更好工作安排的可能性。	1	2	3	4	5
25	贡献知识会增加我晋升的可能性。	1	2	3	4	5

四　个人背景资料（请据实填写，或者在对应的□内画“√”。）

1. 性别：____________________

2. 年龄：____________________

3. 学历：□高中及以下　□大专　□本科　□硕士　□博士

4. 在本单位工作年限：____________________

5. 职位等级：□普通员工　□基层管理人员　□中层管理人员

6. 所属部门：□职能管理　□研发

问卷填写到此结束，感谢您的支持！

主管填写 编号：________

尊敬的先生/女士：

您好！非常感谢您能在百忙之中抽出时间接受本次问卷调查。我们是西北大学经济管理学院的研究人员，本次调查旨在了解员工在企业内部的知识贡献情况。

为帮助您更好地填写问卷，烦请注意以下事项：

（1）据实填写。本问卷的答案没有对错之分，您可根据自己的真实感受勾选相应的选项，无须过多思考；

（2）请勿多选。本问卷的所有题目均为单选，每个题目只能选择一个答案。请您在最符合的选项上画“√”。

再次对您的支持和帮助表示感谢！

下表列出了需要您评价的下属名单，请您对应下属的编号，完成后续问卷的填写。

编号	姓名	编号	姓名
A		D	
B		E	
C		F	

请您对 A 的知识贡献行为做出评价。

题号	题目内容	完全不符合	不符合	一般	符合	完全符合
1	他会与同事分享组织的工作资料。	1	2	3	4	5
2	他会把自己的工作手册、方法等提供给同事。	1	2	3	4	5
3	他会与同事分享自己从各种渠道获得的书面知识。	1	2	3	4	5
4	他会与同事分享自己的工作经验、业务诀窍。	1	2	3	4	5
5	他会向同事示范某些工作的具体做法。	1	2	3	4	5
6	他会告诉同事本企业的惯例、不成文的工作默契。	1	2	3	4	5

请您对B的知识贡献行为做出评价。

题号	题目内容	完全不符合	不符合	一般	符合	完全符合
1	他会与同事分享组织的工作资料。	1	2	3	4	5
2	他会把自己的工作手册、方法等提供给同事。	1	2	3	4	5
3	他会与同事分享自己从各种渠道获得的书面知识。	1	2	3	4	5
4	他会与同事分享自己的工作经验、业务诀窍。	1	2	3	4	5
5	他会向同事示范某些工作的具体做法。	1	2	3	4	5
6	他会告诉同事本企业的惯例、不成文的工作默契。	1	2	3	4	5

请您对C的知识贡献行为做出评价。

题号	题目内容	完全不符合	不符合	一般	符合	完全符合
1	他会与同事分享组织的工作资料。	1	2	3	4	5
2	他会把自己的工作手册、方法等提供给同事。	1	2	3	4	5
3	他会与同事分享自己从各种渠道获得的书面知识。	1	2	3	4	5
4	他会与同事分享自己的工作经验、业务诀窍。	1	2	3	4	5
5	他会向同事示范某些工作的具体做法。	1	2	3	4	5
6	他会告诉同事本企业的惯例、不成文的工作默契。	1	2	3	4	5

请您对D的知识贡献行为做出评价。

题号	题目内容	完全不符合	不符合	一般	符合	完全符合
1	他会与同事分享组织的工作资料。	1	2	3	4	5
2	他会把自己的工作手册、方法等提供给同事。	1	2	3	4	5
3	他会与同事分享自己从各种渠道获得的书面知识。	1	2	3	4	5
4	他会与同事分享自己的工作经验、业务诀窍。	1	2	3	4	5
5	他会向同事示范某些工作的具体做法。	1	2	3	4	5
6	他会告诉同事本企业的惯例、不成文的工作默契。	1	2	3	4	5

请您对 E 的知识贡献行为做出评价。

题号	题目内容	完全不符合	不符合	一般	符合	完全符合
1	他会与同事分享组织的工作资料。	1	2	3	4	5
2	他会把自己的工作手册、方法等提供给同事。	1	2	3	4	5
3	他会与同事分享自己从各种渠道获得的书面知识。	1	2	3	4	5
4	他会与同事分享自己的工作经验、业务诀窍。	1	2	3	4	5
5	他会向同事示范某些工作的具体做法。	1	2	3	4	5
6	他会告诉同事本企业的惯例、不成文的工作默契。	1	2	3	4	5

请您对 F 的知识贡献行为做出评价。

题号	题目内容	完全不符合	不符合	一般	符合	完全符合
1	他会与同事分享组织的工作资料。	1	2	3	4	5
2	他会把自己的工作手册、方法等提供给同事。	1	2	3	4	5
3	他会与同事分享自己从各种渠道获得的书面知识。	1	2	3	4	5
4	他会与同事分享自己的工作经验、业务诀窍。	1	2	3	4	5

续表

题号	题目内容	完全不符合	不符合	一般	符合	完全符合
5	他会向同事示范某些工作的具体做法。	1	2	3	4	5
6	他会告诉同事本企业的惯例、不成文的工作默契。	1	2	3	4	5

问卷填写到此结束，感谢您的支持！

联络人填写 编号：________

尊敬的先生/女士：

感谢您对此次调研的大力协助，现需要您提供贵公司的一些背景资料，请在对应的□内画“√”。

1. 成立年限：□5 年以下(含) □6—10 年(含) □11—15 年(含) □16—20 年(含) □20 年以上

2. 员工人数：□50 人以下（含） □51—100 人（含） □101—500 人（含） □501—1000 人（含） □1000 人以上

3. 产权类型：□国有企业 □民营企业 □外资企业 □其他

4. 行业类别：□第一产业 □第二产业 □第三产业

问卷填写到此结束，感谢您的支持！

附录2　Mplus 源代码

模型1代码

```
Title：模型 1；
Data：File isdata. txt；
Variable：Names are sex age edu work rank dep exiy size type busi
                    x1—x2 m1—m3 w1—w2 y1—y2；
          Usevar sex age edu work rank dep exiy size type busi
                    x1—x2   w1—w2 m；
Define：m = （m1 * 6 + m2 * 5 + m3 * 7） /18；
Analysis：Bootstrap = 1000；
Model：w1 on x1 （c11）
            x2 （c12）
            m （b1）；
       w2 on x1 （c21）
            x2 （c22）
            m （b2）；
       m on x1 （a1）
            x2 （a2）；
       w1—w2 m on sex age edu work rank dep exiy size type busi；
Model indirect：w1 ind x1；
                w1 ind x2；
```

```
w2 ind x1;
w2 ind x2;
Model Constraint: New (indx1mw1 indx2mw1 indx1mw2 indx2mw2
dind1-dind4);
indx1mw1 = a1 * b1;
indx2mw1 = a2 * b1;
indx1mw2 = a1 * b2;
indx2mw2 = a2 * b2;
dind1 = c11 - indx1mw1;
dind2 = c12 - indx2mw1;
dind3 = c21 - indx1mw2;
dind4 = c22 - indx2mw2;
New (tx1w1 tx2w1 tx1w2 tx2w2 dt1 dt2);
tx1w1 = c11 + indx1mw1;
tx2w1 = c12 + indx2mw1;
dt1 = tx1w1 - tx2w1;
tx1w2 = c21 + indx1mw2;
tx2w2 = c22 + indx2mw2;
dt2 = tx1w2 - tx2w2;
output: Stdyx Cinterval (bcBoot);
```

模型 2 代码

```
Title: 模型 2;
Data: File isdata. txt;
Variable: Names are sex age edu work rank dep exiy size type busi
          x1 - x2 m1 - m3 w1 - w2 y1 - y2;
     Usevar sex age edu work rank dep exiy size type busi
          x1 - x2 m1 - m3 w1 - w2;
```

```
Analysis: Bootstrap = 1000;
Model: m1 on x1 (a11)
            x2 (a12);        m2 on x1 (a21)
            x2 (a22);
       m3 on x1 (a31)
            x2 (a32);
       w1 on m1 (b11)
            m2 (b12)
            m3 (b13);
       w2 on m1 (b21)
            m2 (b22)
            m3 (b23);
       w1 on x1 (c11)
            x2 (c12);
       w2 on x1 (c21)
            x2 (c22);
       w1 - w2 m1 - m3 on sex age edu work rank dep exiy size type
busi;
       m1 with m2 m3;
       m2 with m3;
 Model indirect: w1 ind x1;
                 w1 ind x2;
                 w2 ind x1;
                 w2 ind x2;
 Model Constraint: New (indx1m1w1 indx1m2w1 indx1m3w1 in-
dx2m1w1
                   indx2m2w1 indx2m3w1 dind1 - dind12);
                 indx1m1w1 = a11 * b11;
```

```
indx1m2w1 = a21 * b12;
indx1m3w1 = a31 * b13;
indx2m1w1 = a12 * b11;
indx2m2w1 = a22 * b12;
indx2m3w1 = a32 * b13;
dind1 = indx1m1w1 - indx1m2w1;
dind2 = indx1m1w1 - indx1m3w1;
dind3 = indx1m2w1 - indx1m3w1;
dind4 = indx2m1w1 - indx2m2w1;
dind5 = indx2m1w1 - indx2m3w1;
dind6 = indx2m2w1 - indx2m3w1;
dind7 = c11 - indx1m1w1;
dind8 = c11 - indx1m2w1;
dind9 = c11 - indx1m3w1;
dind10 = c12 - indx2m1w1;
dind11 = c12 - indx2m2w1;
dind12 = c12 - indx2m3w1;
  New (indx1m1w2 indx1m2w2 indx1m3w2 in-
dx2m1w2
indx2m2w2 indx2m3w2 dind13 - dind24);
indx1m1w2 = a11 * b21;
indx1m2w2 = a21 * b22;
indx1m3w2 = a31 * b23;
indx2m1w2 = a12 * b21;
indx2m2w2 = a22 * b22;
indx2m3w2 = a32 * b23;
dind13 = indx1m1w2 - indx1m2w2;
dind14 = indx1m1w2 - indx1m3w2;
```

```
dind15 = indx1m2w2 - indx1m3w2;
dind16 = indx2m1w2 - indx2m2w2;
dind17 = indx2m1w2 - indx2m3w2;
dind18 = indx2m2w1 - indx2m3w2;
dind19 = c21 - indx1m1w2;
dind20 = c21 - indx1m2w2;
dind21 = c21 - indx1m3w2;
dind22 = c22 - indx2m1w2;
dind23 = c22 - indx2m2w2;
dind24 = c22 - indx2m3w2;
New (tx1w1 tx2w1 tx1w2 tx2w2 dtw1 dtw2);
  tx1w1 = c11 + indx1m1w1 + indx1m2w1 + indx1m3w1;
  tx2w1 = c12 + indx2m1w1 + indx2m2w1 + indx2m3w1;
  tx1w2 = c21 + indx1m1w2 + indx1m2w2 + indx1m3w2;
  tx2w2 = c22 + indx2m1w2 + indx2m2w2 + indx2m3w2;
dtw1 = tx1w1 - tx2w1;
dtw2 = tx1w2 - tx2w2;
output: Stdyx Cinterval (bcBoot);
```

模型3代码

```
Title: 模型3;
Data: File isdata.txt;
Variable: Names are sex age edu work rank dep exiy size type busi
          x1 - x2 m1 - m3 w1 - w2 y1 - y2;
```

```
        Usevar sex age edu work rank dep exiy size type busi
               x1 - x2 w1 - w2 y1 - y2;
Analysis: Bootstrap = 1000;
Model: y1 on x1 (c11)
             x2 (c12);
       w1 on x1 (a11)
             x2 (a12);
       y1 on w1 (b11)
             w2 (b12);
       y2 on x1 (c21)
             x2 (c22);
       w2 on x1 (a21)
             x2 (a22);
       y2 on w1 (b21)
             w2 (b22);
       w1 - w2 y1 - y2 on sex age edu work rank dep exiy size type
busi;
       w1 with w2;
Model indirect: y1 ind x1;
                y1 ind x2;
                y2 ind x1;
                y2 ind x2;
Model Constraint: New (indx1w1y1 indx1w2y1 indx2w1y1 in-
dx2w2y1 dind1 - dind6);
                indx1w1y1 = a11 * b11;
                indx1w2y1 = a21 * b12;
                indx2w1y1 = a12 * b11;
                indx2w2y1 = a22 * b12;
```

```
dind1 = indx1w1y1 - indx1w2y1;
dind2 = indx2w1y1 - indx2w2y1;
dind3 = c11 - indx1w1y1;
dind4 = c11 - indx1w2y1;
dind5 = c12 - indx2w1y1;
dind6 = c12 - indx2w2y1;
New (tx1y1 tx2y1 dt1);
tx1y1 = c11 + indx1w1y1 + indx1w2y1;
tx2y1 = c12 + indx2w1y1 + indx2w2y1;
dt1 = tx1y1 - tx2y1;
    New (indx1w1y2 indx1w2y2 indx2w1y2 in-
dx2w2y2 dind7 - dind12);
indx1w1y2 = a11 * b21;
indx1w2y2 = a21 * b22;
indx2w1y2 = a12 * b21;
indx2w2y2 = a22 * b22;
dind7 = indx1w1y2 - indx1w2y2;
dind8 = indx2w1y2 - indx2w2y2;
dind9 = c21 - indx1w1y2;
dind10 = c21 - indx1w2y2;
dind11 = c22 - indx2w1y2;
dind12 = c22 - indx2w2y2;
New (tx1y2 tx2y2 dty2);
tx1y2 = c21 + indx1w1y2 + indx1w2y2;
tx2y2 = c22 + indx2w1y2 + indx2w2y2;
dty2 = tx1y2 - tx2y2;
output: Stdyx Cinterval (bcBoot);
```

主要参考文献

中文参考文献

暴占光、张向葵：《自我决定认知动机理论研究概述》，《东北师范大学学报》（哲学社会科学版）2005 年第 6 期。

暴占光：《初中生外在学习动机内化的实验研究》，博士学位论文，东北师范大学，2006 年。

陈小锋：《知识员工心理契约对知识共享意愿的影响研究》，博士学位论文，江西财经大学，2012 年。

陈晓萍、徐淑英、樊景立：《组织与管理研究的实证方法》，北京大学出版社 2012 年版。

陈则谦：《MOA 模型的形成、发展与核心构念》，《图书馆学研究》2013 年第 13 期。

费孝通：《乡土中国》，北京出版社 2009 年版。

何会涛：《知识共享有效性研究：个体与组织导向的视角》，《科学学研究》2011 年第 3 期。

贺金波、陈艳：《自主支持：促进动机内化的情境因素》，《教育研究与实验》2011 年第 3 期。

胡小勇、郭永玉：《自主—受控动机效应及应用》，《心理科学进展》2009 年第 1 期。

黄新萍、杨池、肖石英、李梅芳：《组织支持感对员工知识共享行为的影响：自我效能的中介效应》，《财经理论与实践》2015 年第 4 期。

金辉、吴洁、尹洁：《内生和外生视角下组织激励问题的研究综述及展望》，《江苏科技大学学报》（社会科学版）2011 年第 3 期。

金辉、杨忠：《从“心动”到“行动”：基于多模型对比的知识共享行为研究》，《科学学与科学技术管理》2013 年第 7 期。

金辉：《内、外生激励因素与员工知识共享：挤出与挤入效应》，《管理科学》2013 年第 3 期。

金辉：《内外生激励、知识属性与组织内知识共享治理研究》，博士学位论文，南京大学，2013 年。

李纲、纪曼、陈璟浩、叶光辉：《基于社会网络的知识共享研究综述》，《信息资源管理学报》2013 年第 2 期。

林南：《社会资本：关于社会结构与行动的理论》，上海人民出版社 2005 年版。

凌文辁、杨海军、方俐洛：《企业员工的组织支持感》，《心理学报》2006 年第 2 期。

刘靖东、钟伯光、姒刚彦：《自我决定理论在中国人人群的应用》，《心理科学进展》2013 年第 10 期。

刘俊升、林丽玲、吕媛、魏超波、周颖、陈欣银：《基本心理需求量表中文版的信、效度初步检验》，《中国心理卫生杂志》2013 年第 10 期。

刘宁、张正堂：《知识供应者的动机与团队知识分享的激励机制》，《情报杂志》2010 年第 11 期。

温忠麟、叶宝娟：《中介效应分析：方法和模型发展》，《心理科学进展》2014 年第 5 期。

文鹏、廖建桥：《国外知识共享动机研究述评》，《科学学与科学技术管理》2008 年第 11 期。

薛会娟:《共享心智模型和交互记忆系统:对立或协同?——基于知识管理视角》,《心理科学进展》2010年第10期。

薛会娟:《知识分享的困境及突围策略研究》,《情报杂志》2010年第3期。

袁留亮:《QQ群成员知识交流意愿的实证研究——基于自主动机理论》,《图书馆学研究》2013年第10期。

詹泽慧、刘选:《知识管理在香港:通过货币奖励分享知识是一个神话——与香港理工大学方识华博士的对话》,《现代远程教育研究》2016年第2期。

张剑、郭德俊:《内部动机与外部动机的关系》,《心理科学进展》2003年第5期。

张剑、宋亚辉、刘肖:《削弱效应是否存在:工作场所中内外动机的关系》,《心理学报》2016年第1期。

张剑、张微、Deci Edward L.:《心理需要的满足与工作满意度:哪一个能够更好地预测工作绩效?》,《管理评论》2012年第6期。

张剑、张微、冯俭:《领导者的自主支持与员工创造性绩效的关系》,《中国软科学》2010年第S1期。

张剑、张微、宋亚辉:《自我决定理论的发展及研究进展评述》,《北京科技大学学报》(社会科学版)2011年第4期。

张爽:《企业内部员工知识共享动机的实证研究》,博士学位论文,大连理工大学,2010年。

张永军、廖建桥:《基于动机视角的知识共享考核研究》,《情报杂志》2010年第1期。

赵书松、廖建桥、张可军:《个体知识共享动机:国外研究综述与本土化的理论拓展》,《情报杂志》2010年第1期。

赵书松:《中国文化背景下员工知识共享的动机模型研究》,《南开管理评论》2013年第5期。

赵燕梅、张正堂、刘宁、丁明智:《自我决定理论的新发展述评》,

《管理学报》2016 年第 7 期。
周波：《知识能否交易：一个文献述评》，《经济学家》2011 年第 5 期。
周其仁：《市场里的企业：一个人力资本与非人力资本的特别合约》，《经济研究》1996 年第 6 期。
[德] 尼克拉斯·卢曼：《信任：一个社会复杂性的简化机制》，瞿铁鹏、李强译，上海人民出版社 2005 年版。
[美] 德鲁克：《大变革时代的管理》，赵干城译，上海译文出版社 1999 年版。
[日] 竹内弘高、野中郁次郎：《知识创造的螺旋：知识管理理论与案例研究》，李萌译，高飞校译，知识产权出版社 2006 年版。

英文参考文献

Ajzen Icek, "Perceived Behavioral Control, Self – Efficacy, Locus of Control, and the Theory of Planned Behavior", *Journal of Applied Social Psychology*, Vol. 32, No. 4, 2002.

Ajzen Icek, "The Theory of Planned Behavior", *Organizational Behavior and Human Decision Processes*, Vol. 50, No. 2, 1991.

Amabile Teresa M., Hill Karl G., Hennessey Beth A., Tighe Elizabeth M., "The Work Preference Inventory: Assessing Intrinsic and Extrinsic Motivational Orientations", *Journal of Personality and Social Psychology*, Vol. 66, No. 5, 1994.

Bandura Albert, "Self – Efficacy: toward a Unifying Theory of Behavioral Change", *Psychological Review*, Vol. 84, No. 2, 1977.

Baron Reuben M., Kenny David A., "The Moderator – Mediator Variable Distinction in Social Psychological Research: Conceptual, Strategic, and Statistical Considerations", *Journal of Personality and Social Psychology*, Vol. 51, No. 6, 1986.

Blau Peter Michael, *Exchange and Power in Social Life*, Transaction Pub., 1964.

Bock Gee W., Kim Young – Gul, "Breaking the Myths of Rewards: an Exploratory Study of Attitudes about Knowledge Sharing", *Information Resources Management Journal*, Vol. 15, No. 2, 2002.

Bock Gee – Woo, Zmud Robert W., Kim Young – Gul, Lee Jae – Nam, "Behavioral Intention Formation in Knowledge Sharing: Examining the Roles of Extrinsic Motivators, Social – Psychological Forces, and Organizational Climate", *MIS Quarterly*, Vol. 29, No. 1, 2005.

Coase R. H., "The Nature of the Firm", *Economica*, Vol. 4, No. 16, 1937.

Coleman James Samuel, *Foundations of Social Theory*, Harvard University Press, 1994.

Davenport Thomas H., Prusak Laurence, *Working Knowledge: how Organizations Manage What They Know*, Harvard Business Press, 1998.

Deci Edward L., Ryan Richard M., *Handbook of Self – Determination Research*, University Rochester Press, 2003.

Deci Edward L., Ryan Richard M., *Intrinsic Motivation and Self – Determination in Human Behavior*, Springer Science & Business Media, 1985.

Deci Edward L., Ryan Richard M., "Facilitating Optimal Motivation and Psychological Well – Being Across Life's Domains", *Canadian Psychology*, Vol. 49, No. 1, 2008.

Deci Edward L., Ryan Richard M., "The 'What' and 'Why' of Goal Pursuits: Human Needs and the Self – Determination of Behavior", *Psychological Inquiry*, Vol. 11, No. 4, 2000.

Deci Edward L., "Effects of Externally Mediated Rewards on Intrinsic Motivation", *Journal of Personality and Social Psychology*, Vol. 18, No. 1, 1971.

Eisenberger Robert, Pierce W. David, Cameron Judy, "Effects of Reward on Intrinsic Motivation-Negative, Neutral, and Positive: Comment on Deci, Koestner, and Ryan (1999)", *Psychological Bulletin*, Vol. 125, No. 6, 1999.

Fishbein Martin, Ajzen Icek, "Belief, Attitude, Intention and Behavior: an Introduction to Theory and Research", *Philosophy & Rhetoric*, Vol. 41, No. 4, 1975.

Fornell Claes, Larcker David F., "Evaluating Structural Equation Models with Unobservable Variables and Measurement Error", *Journal of Marketing Research*, Vol. 18, No. 1, 1981.

Frey Bruno S., Jegen Reto, "Motivation Crowding Theory", *Journal of Economic Surveys*, Vol. 15, No. 5, 2001.

Gagné Marylène, Deci Edward L., "Self-Determination Theory and Work Motivation", *Journal of Organizational Behavior*, Vol. 26, No. 4, 2005.

Gagné Marylène, "A Model of Knowledge-Sharing Motivation", *Human Resource Management*, Vol. 48, No. 4, 2009.

Granovetter Mark S., "The Strength of Weak Ties", *American Journal of Sociology*, Vol. 78, No. 6, 1973.

Grant Robert M., "Toward a Knowledge – Based Theory of the Firm", *Strategic Management Journal*, Vol. 17, No. S2, 1996.

Hendriks Paul, "Why Share Knowledge? The Influence of ICT on the Motivation for Knowledge Sharing", *Knowledge and Process Management*, Vol. 6, No. 2, 1999.

Hofstede Geert, Bond Michael H., "Hofstede's Culture Dimensions: an Independent Validation Using Rokeach's Value Survey", *Journal of Cross – cultural Psychology*, Vol. 15, No. 4, 1984.

Hsu Chin – Lung, Lin Judy Chuan – Chuan, "Acceptance of Blog Usage: the Roles of Technology Acceptance, Social Influence and Knowledge Sharing Motivation", *Information & Management*, Vol. 45, No. 1, 2008.

Kankanhalli Atreyi, Tan Bernard C. Y., Wei Kwok – Kee, "Contributing

Knowledge to Electronic Knowledge Repositories: an Empirical Investigation", *MIS Quarterly*, Vol. 29, No. 1, 2005.

Kelman Herbert C., "Compliance, Identification, and Internalization: Three Processes of Attitude Change", *Journal of Conflict Resolution*, Vol. 2, No. 1, 1958.

King William R., Marks Jr. Peter V., "Motivating Knowledge Sharing through a Knowledge Management System", *Omega*, Vol. 36, No. 1, 2008.

Lee Jae Nam, "The Impact of Knowledge Sharing, Organizational Capability and Partnership Quality on IS Outsourcing Success", *Information & Management*, Vol. 38, No. 5, 2001.

Lepper Mark R., Greene David, Nisbett Richard E., "Undermining Children's Intrinsic Interest with Extrinsic Reward: a Test of the 'Overjustification' Hypothesis", *Journal of Personality and Social Psychology*, Vol. 28, No. 1, 1973.

Lin Hsiu – Fen, "Effects of Extrinsic and Intrinsic Motivation on Employee Knowledge Sharing Intentions", *Journal of Information Science*, Vol. 33, No. 2, 2007.

Lou Jie, Fang Yulin, Lim Kai H., Peng Jerry Zeyu, "Contributing High Quantity and Quality Knowledge to Online Q&A Communities", *Journal of the Association for Information Science and Technology*, Vol. 64, No. 2, 2013.

Maslow A. H., Green Christopher D., "A Theory of Human Motivation", *Psychological Review*, Vol. 50, No. 1, 1943.

Nonaka Ikujiro, Takeuchi Hirotaka, *The Knowledge – Creating Company: how Japanese Companies Create the Dynamics of Innovation*, Oxford University Press, 1995.

Oldham Greg R., Cummings Anne, "Employee Creativity: Personal and Contextual Factors at Work", *Academy of Management Journal*, Vol. 39,

No. 3, 1996.

Porter Lyman W., Lawler Edward E., *Managerial Attitudes and Performance*, Prentice Hall, 1968.

Ryan Richard M., Connell James P., "Perceived Locus of Causality and Internalization", *Journal of Laboratory & Clinical Medicine*, Vol. 113, No. 5, 1989.

Thompson Bruce, "The Ten Commandments of Good Structural Equation Modeling Behavior: a User – Friendly, Introductory Primer on SEM", *Mathematical Models*, Vol. 26, No. 3, 1999.

Vroom Victor Harold, *Work and Motivation*, John Wiley & Sons, 1964.

Wang Wei – Tsong, Hou Ya – Pei, "Motivations of Employees' Knowledge Sharing Behaviors: a Self – Determination Perspective", *Information and Organization*, Vol. 25, No. 1, 2015.

Wasko Molly McLure, Faraj Samer, "Why should I Share? Examining Social Capital and Knowledge Contribution in Electronic Networks of Practice", *MIS Quarterly*, Vol. 29, No. 1, 2005.

Williams Geoffrey C., Lynch Martin F., Mcgregor Holly A., Ryan Richard M., Sharp Daryl, Deci Edward L., "Validation of the 'Important Other' Climate Questionnaire: Assessing Autonomy Support for Health – Related Change", *Families Systems & Health*, Vol. 24, No. 2, 2006.

Williams G. C., Gagné M., Ryan R. M., Deci E. L., "Facilitating Autonomous Motivation for Smoking Cessation", *Health Psychology*, Vol. 21, No. 21, 2002.

Williams Katherine Y., O'Reilly Charles A., "Demography and Diversity in Organizations: a Review of 40 Years of Research", *Research in Organizational Behavior*, Vol. 20, No. 1, 1998.

Williams Michele, "In Whom We Trust: Group Membership as an Affective Context for Trust Development", *Academy of Management Review*,

Vol. 26, No. 3, 2001.

Zhao Xinshu, Lynch John G., Chen Qimei, "Reconsidering Baron and Kenny: Myths and Truths about Mediation Analysis", *Journal of Consumer Research*, Vol. 37, No. 2, 2010.

后　　记

这本专著是在我的博士论文基础上，经扩充、修改之后完成的。当我坐在德州理工大学宽敞、明亮的办公室里校对本书时，读博期间的点点滴滴再次涌上心头。彼时的焦虑、迷茫逐渐散去，余下更多的是感激。

感谢我的导师安立仁教授。子夏曰：“君子有三变：望之俨然，即之也温，听其言也厉。”安老师正是这样的一位君子，他不仅教我如何做研究，更用自己的言行告诉我，所谓知识分子的风骨，是怎样的一种存在。

感谢西北大学经济管理学院的各位师长和同学，感谢西安石油大学经济管理学院的各位领导和同事，他们给予我很多帮助和指导，使我能够安心完成学业。

感谢张晓棠博士、邓渝博士，他们的鼓励和支持帮助我走过了那段困难时光。

感谢我的责任编辑刘艳女士，她的专业水准使得本书的最终出版成为可能。

感谢石玉娟博士。娟姐的帮助使我可以全身心地投入到工作之中，此外，她面对人生困局时表现出的勇气与坚持也时时激励着我，切不可心生怠惰。

感谢我的妻子月婷，这本书有一半属于你。Without you，I won’t be complete. 我们的儿子元宝马上就 6 岁了，天性好动的他终日忙于和小伙伴们打闹嬉戏，对我写的任何文字都不屑一顾，但我还是希望有一天，他能够拿起这本书，从这里开始，读懂爸爸。

刘灿辉

2019 年夏于德州理工大学